AF328969

LES RÉGIONS MOÏ

DU

SUD-INDO-CHINOIS

LE PLATEAU DU DARLAC

PAR

HENRI MAITRE

DES SERVICES CIVILS D'INDO-CHINE

Avec un portrait et une carte

PARIS

LIBRAIRIE PLON

PLON-NOURRIT ET Cie, IMPRIMEURS-ÉDITEURS

8, RUE GARANCIÈRE — 6^e

1909

Tous droits réservés

LES RÉGIONS MOÏ

DU

SUD INDO-CHINOIS

LE PLATEAU DU DARLAC

LES RÉGIONS MOÏ

DU

SUD INDO-CHINOIS

LE PLATEAU DU DARLAC

PAR

Henri MAITRE

DES SERVICES CIVILS D'INDO-CHINE

Avec un portrait et une carte.

PARIS

LIBRAIRIE PLON

PLON-NOURRIT ET Cⁱᵉ, IMPRIMEURS-ÉDITEURS

8, RUE GARANCIÈRE — 6ᵉ

1909

Tous droits réservés

A

MES FIDÈLES ANNAMITES DU DARLAC

Miliciens d'escorte et serviteurs,

compagnons constants de mes courses aventureuses,

je dédie ce livre de souvenirs.

HENRI MAITRE.

LES RÉGIONS MOÏ

DU SUD INDO-CHINOIS

PREMIÈRE PARTIE

LES POPULATIONS MOÏ
NOTES D'ETHNOGRAPHIE ET D'HISTOIRE

CHAPITRE PREMIER

DE NHATRANG AU DARLAC

Ninh-hoa et Nhatrang. — De Nhatrang au Darlac. — Ban mé-
thuot. — Heures de brousse. — Le Darlac et ses habitants.

I

Septembre 1905.

Les pentes sombres de la puissante chaîne annamitique
s'éloignent à l'occident ; l'exténuant passage du Déo-ca
n'est plus qu'un souvenir ; Quinhon, d'où nous partions
voilà une semaine, le long de la voie mandarine, est à

1

plus de 150 kilomètres derrière nous; le Phuyen entier est traversé et nous sommes en plein Khanh-hoa; la brousse rabougrie, au sol raviné par les pluies et creusé de profondes ornières, a remplacé les dernières cultures sablonneuses; enfin, voici le petit col qui annonce l'entrée de Ninh-hoa, joli village annamite aux nombreuses cases enfouies dans les aréquiers, autour des rizières.

Poste administratif de la province du Khanh-hoa, Ninh-hoa ne possède que peu d'Européens : Nhatrang, le chef-lieu, est à 37 kilomètres au sud, une demi-journée de trotte grâce aux relais des trams de la route mandarine.

La plaine au milieu de laquelle est bâti Ninh-hoa est couverte, aux abords du village, de huttes groupées, autour des rizières, en petites agglomérations dans les oasis de bambous et d'aréquiers; les montagnes l'enserrent, hauts contreforts de la chaîne annamitique, noirs de forêts; mais les cultures ne s'étendent guère au delà de la rivière; auprès des embouchures sablonneuses, le sable reconquiert vite le terrain qu'il a cédé devant la colonisation; la route incline vers la mer, emprisonnée en la baie de Binh-cang que défend, en face, le haut massif de Han-heo; le fond du golfe n'est qu'une vaste lagune couverte de palétuviers et d'herbes, hérissée d'îlots rocheux et incultes.

Deux heures et demie de marche nous mènent au sommet du petit col de Ro-tuong; de l'autre côté, c'est la plaine marécageuse s'enfonçant à droite comme un coin dans les hauteurs violettes; la route est en remblai, à peine exhaussée, sablonneuse, courant droit

comme un rail au milieu du marais plaqué de palétuviers, percé des trous de milliers de petits crabes rouges
et noirs à l'unique et énorme pince. Au pied des hauteurs, quelques bouquets d'aréquiers décèlent l'existence des huttes; de rares marchés, où l'on débite du
thé, des gâteaux et des fruits, viennent seuls rompre la
monotonie du chemin.

Mais avant le tram de Hoa-cat, l'on se rapproche de
la mer qui déferle sur les rochers; l'horizon se sème
d'îles pointues qui marquent l'entrée de la baie; des
entassements de blocs rocheux roulés dans les fourrés
épineux descendent jusqu'au rivage.

L'on appelle trams, le long de la grand'route
mandarine qui sur 1 800 kilomètres va de Hanoï à
Saïgon en longeant la côte d'Annam, les relais postaux
entretenus par les provinces et chargés du transport de
la poste qu'assurent des coolies régulièrement recrutés
dans la région. Ces coolies peuvent être employés
comme porteurs par le voyageur de passage muni d'un
« trat » ou réquisition délivrée par le résident, et cela
afin d'éviter les abus; des tarifs officiels affichés dans
chaque tram indiquent le prix dû à chaque porteur par
le voyageur entre chaque relais de la province.

Celui de Hoa-cat, où nous ne nous arrêtons que le
temps de changer les porteurs, est situé au centre d'un
gros marché planté de bananiers; la route, plus sauvage, n'est que rarement semée de pauvres huttes où
les villageois viennent vendre leurs fruits et où un
marchand de thé débite sa boisson aux porteurs, pour
lesquels deux gros pieux fourchus sont piqués en terre
à l'effet d'y recevoir les palanquins.

Bientôt, nous voici dans la gorge qui mène au col des Barricades, peu élevé mais assez raide, qui franchit un contrefort lancé par la grosse chaîne annamitique en un cap boisé sur la mer. Du haut du col, la vue est splendide; en arrière, parmi le chaos des collines, un morceau de la baie de Binh-cang étincelle comme un lac du Jura; partout, la montagne velue d'une végétation qui semble de la peluche foncée. Une descente en lacet et corniche mène dans la lande broussailleuse et sablonneuse que bossellent quelques mamelons rocheux.

*
* *

Nhatrang est sur la rive droite de l'embouchure du Song Cai; la rivière, large de 400 à 500 mètres, encombrée de bancs de sable et d'îlots, est piquée en son milieu d'un amas de rocs où dort une pagode; sur la rive gauche, dominant du haut de son mamelon les jonques et le village de pêcheurs, les belles ruines cham, du Po-Nagar d'où la vue embrasse tout l'estuaire frangé de verdure, le vaste horizon de la mer d'où surgit la masse prochaine de l'île Tré, les constructions blanches de Nhatrang, l'animation des jonques qui descendent la rivière dont le cours semble se heurter en amont, au cirque des montagnes.

La vie indigène n'est point intense en cette paisible résidence de la côte d'Annam; les gros villages annamites ne sont en effet point près du rivage mais en arrière, à quelques kilomètres en amont sur le Song Cai; une vingtaine d'Européens forment la population de Nhatrang dont les maisons claires et coquettes, en leurs jardins sablonneux hérissés d'aloès, s'étalent en bordure de la plage que longe une belle route conduisant à 5 kilomètres vers le sud, au mouillage de Chut où font escale les annexes des Messageries Maritimes.

Nhatrang, où plus tard je devais passer de si agréables moments, est maussade pour l'étranger, morne et triste, sans même l'animation de la vie indigène qui n'existe pour ainsi dire point; la ville laisse tout d'abord une impression d'ennui et de mélancolie; le marché est peu animé, les rues indigènes se réduisent à une ou deux artères jalonnées de constructions louches et pauvres; seule, à l'estuaire, la pointe de sable sur laquelle s'élève une agglomération de pêcheurs, présente quelque gaieté avec ses étalages variés de fruits, de pacotille et de fritures, tandis que, à côté, les grosses jonques de mer se dandinent lourdement au bout de leurs amarres.

Je n'aurai d'ailleurs pas eu grand temps de muser en la ville. Tout est prêt pour mon voyage au Darlac et, de Ninh-hoa que j'ai regagné en jonque par les pittoresques et putrides chenaux encombrés de palétuviers de la baie de Binh-cang, je vais enfin partir vers les hauts plateaux moï, en arrière des pics de la chaîne annamitique.

*
* *

De Ninh-hoa au Darlac, il faut compter 150 kilomètres, mais il n'existe pas encore de route digne de ce nom ; une piste se déroule sans ponts sur les gros cours d'eau. Comme le pays à traverser est, de plus, à peu près désert, il ne faut point songer aux porteurs : d'ailleurs, le passage de la chaîne annamitique, la saison pluvieuse qui bat son plein, la difficulté de franchir les rivières à gué rendent impérieux le mode de transport local qui est l'éléphant. Six de ces énormes montures sont rassemblées pour ma personne et mes bagages.

L'éléphant, qui à première vue semblerait devoir porter des poids énormes, ne peut être, en réalité, chargé qu'à 150 ou 200 kilogrammes ; c'est une bête extrêmement délicate, fort sensible à la fatigue, aux taons, aux moustiques, se blessant à chaque instant, exigeant, soir et matin, un bain minutieux et, après une période de marche suivie, un jour ou deux de repos pour lui permettre de paître en liberté. Son allure est des plus lentes ; dans les meilleures conditions, et en terrain plat, un éléphant rapide fait du 4 à l'heure, mais cette allure, en région montagneuse et par mauvais temps, fait vite place à une marche de tortue et du 2 à l'heure est alors chose normale.

Le chargement de la bête tient dans une cage étroite faite de colonnettes de bois réunies par des liens de rotin ou de bambou ; le fond de la cage, qui affecte la forme d'un V renversé, laisse place pour l'énorme échine que protège un épais tapis fait d'écorce battue ; un système de rotins passant, l'un sous la queue, l'autre sous le cou, un autre sous le ventre et parfois un quatrième sous l'un des membres antérieurs, maintient la cage qu'un roof, fait d'une couche de feuilles sèches pressées entre un treillis de bambous écrasés, abrite tant bien que mal de la pluie.

Le cornac, assis sur le cou du pachyderme, le dirige par une simple pression du genou ou un agacement du pied derrière l'énorme oreille; nul autre point d'appui pour le conducteur que la mince ficelle à laquelle pend, sous le cou, la clochette caractéristique formée d'un tube en bambou fendu latéralement sur lequel, de chaque côté, viennent battre deux petits marteaux de bambou articulés et indépendants.

De Ninh-hoa au Darlac, la durée normale du voyage est de cinq jours, mais la pluie a détrempé les routes et nous mettrons certainement davantage.

Le 4 septembre au matin, nos six éléphants chargés, notre installation dans les cages à voyageurs terminée après de laborieux exercices, nous finissons par partir; la route du Darlac n'est qu'une simple sente qui serpente entre les dernières cultures de la plaine de Ninh-hoa; une petite chaîne rachitique que traverse la rivière marque la limite occidentale de cette vallée; au delà, les cases de Binh-nguyen, dernier village annamite de la région après lequel la brousse s'épaissit; nous entrons en pays sauvage.

Les premières heures de déambulation à dos d'éléphant sont plutôt douloureuses; le mouvement de tangage et de roulis éprouvé à chaque pesante enjambée de l'animal remue désagréablement l'estomac; mais l'on s'y habitue assez vite et, demain, l'on ne s'étudiera plus qu'à éviter les heurts et les chocs qui, malgré matelas, couvertures et coussins, vous meurtrissent contre les parois de l'étroite cage.

Dans le lit d'une assez grosse rivière, nous nous arrêtons vers midi pour avaler un frugal repas ; les cornacs moï — chaque éléphant en a deux qui se relayent — installent rapidement leurs marmites de cuivre renfermant le riz cuit avant le départ. Assis sur les talons dans les galets du torrent, ils puisent à pleine main le riz gluant qu'assaisonnent à peine quelques piments et des fragments de poisson sec ; de larges feuilles en guise d'assiettes ; l'opération, d'ailleurs, ne traîne point ; la pitance avalée, les gourdes remplies au torrent, et l'on repart à nouveau sous la forêt humide dont les lianes et les branches accrochent les roofs des cages.

Mais bientôt les nuées, qui depuis le matin courent dans le ciel gris, crèvent en grosses raies pressées ; il fait frais et les roofs abritent à peine de la tornade. Leur couverture de feuilles sèches laisse passer de grosses gouttes qui, en un instant, nous trempent jusqu'aux os ; dans le sentier, transformé en ruisseau, les éléphants creusent des trous visqueux qui s'emplissent d'une mousse blanchâtre. Les torrents, grossis par l'averse, grondent sur les rocs, l'eau s'écroule en écume sur les jambes grises de nos colosses ; les berges glissent et se creusent en un clapotis de vase ; au-dessus des futaies, le tonnerre roule avec fracas ; en arrière, les autres bêtes du convoi semblent d'étranges fantômes s'estompant en gris sous la pluie qui cingle et crépite sur les feuilles.

Le crépuscule est proche lorsque nous entrons enfin

au tram de Suoi-trinh, deux belles huttes moï sur pilotis entourées d'une solide palissade. Les éléphants déchargés sont menés au bain dans le ruisseau en arrière du relais, puis, les pieds entravés, ils sont lâchés dans la brousse où toute la nuit ils pâtureront.

Le tram de Suoi-trinh est au pied de la chaîne annamitique, dont la crête noire de forêts se hérisse de pics et de tables dépassant souvent 1 500 et 1 800 mètres d'altitude.

Toute la nuit il a plu et, ce matin, le sol est détrempé; dès la sortie du tram, l'on s'engage dans la montagne : la montée est raide et glissante, couverte d'épais taillis aux rares clairières herbeuses. A 250 mètres au-dessus du tram, dans une grande éclaircie, la vue plonge sur la plaine traversée hier, toute velue de forêt moutonneuse; au loin, la petite barrière du chaînon qui ferme la vallée de Ninh-hoa; à l'extrême horizon, une bande très pâle qui est la mer enserrée de hauteurs se découpant sur le ciel embrumé, chaîne du Varella, au-dessus de laquelle monte le gris des nuées.

Puis, la forêt se referme et la montée devient très dure : l'échafaudage des bagages titube et vacille; dans nos cages, il nous faut prendre des positions bizarres pour conserver l'équilibre; voici enfin le col par 450 mètres au-dessus de la mer, le col du Yok-kao, étranglé entre les cimes.

Tandis que le versant oriental de la chaîne annamitique s'élève d'un jet au-dessus de l'étroite plaine côtière, le versant occidental se continue par des crêtes et des vallées, en arrière de la cime première qui ne forme ainsi qu'une sorte de bourrelet; c'est que la chaîne annamitique n'existe point à l'état de chaîne proprement dite et telle qu'on la pourrait supposer quand on la voit du rivage. Son versant occidental, d'abord tourmenté et hérissé des chaînons montagneux parfois fort hauts, finit par former le plateau moï qui descend en pente douce vers le Mékong.

Le tram de Mlang, où nous arrivons à temps dans l'après-midi du deuxième jour pour éviter l'averse, n'est, à vol d'oiseau, qu'à une huitaine de kilomètres de Suoi-trinh ; nous avons mis sept heures pour franchir cette misérable distance sur un terrain abominable, encombré de blocs rocheux, creusé de ravins, accidenté de pentes longues et raides. Le tram de Mlang est au débouché de cette zone sauvage et boisée, dans un cirque de collines pressées, couvertes en grande partie de la grande herbe paillote vert-jaune que nous n'allons maintenant plus cesser de rencontrer.

Les trams de la route du Darlac ne ressemblent en rien à ceux de la grand'route mandarine ; ce sont de simples abris entourés d'une solide palissade dressée contre les fauves qui pullulent, et immuablement composés de deux maisons moï sur pilotis et destinées, l'une aux Européens, l'autre aux gardiens et aux indigènes.

De bonne heure, le matin, dans la brume froide, les cornacs vont quérir leurs bêtes qui, toute la nuit, ont pâturé dans la brousse, lançant parfois leur vigoureux éclat de trompette à l'approche du tigre en chasse.

Au sortir du tram, l'on s'engage dans les mamelons herbeux menant à un rebord plus élevé d'où la vue plonge sur un cirque bossué tout couvert d'une herbe d'un vert doré et piqué d'arbres isolés rappelant ces

piquets coiffés de peluche verte ébouriffée des boîtes à
bergeries de Nüremberg; entre chacune des bosses qui,
allant d'une chaîne de bordure à l'autre, accidentent la
vallée, un petit marais ou un ruisselet vaseux. Puis les
croupes se rapprochent, le cirque se fait ravin et le ravin
gorge où les éléphants barbottent dans l'eau entre les
blocs rocheux; encore quelques montées et descentes,
quelques ruisseaux aux roseaux panachés et nous voici
dans l'étroite vallée du Song-Hine aux rives abruptes;
sur chaque rive, un tram — les trams de Barang —
permettant aux voyageurs de trouver un abri en tout
temps, car la rivière, aux grandes eaux, est souvent
infranchissable.

Après Barang, la sente se perd dans un nouveau
défilé au ravin encombré de blocs rocheux où le ruisseau murmure et cascade; de chaque côté, les pentes
escarpées de la montagne que recouvre la forêt vierge
enguirlandée de lianes, au sous-bois de fougères arborescentes, de bananiers sauvages; pariétaires, fougères,
iris d'eau, joncs, roseaux panachés croissent dans le
ruissellement des sources, entre les roches éboulées.
Les éléphants avancent lentement parmi ces pierres
glissantes; ils se laissent couler dans les flaques, tâtent
le terrain de la trompe avant d'y creuser l'empreinte
de leurs pieds massifs. L'allure est extrèmement lente
et le soleil a dépassé le zénith lorsque, du sommet
du dernier bourrelet de la région montagneuse, nous
découvrons enfin la plaine herbeuse, à peine piquée de
rares arbres, bornée encore de chaque côté par des
chaînes boisées qui vont aller en s'écartant de plus
en plus; nous entrons dans les hauts plateaux moï

ondulés; de loin, ces étendues apparaissent plates et
régulières grâce à cette herbe jaunâtre, vigoureuse et
uniforme qui noie les lignes et anéantit les contours.
Jusqu'à l'extrême horizon occidental, l'œil n'embrasse
que ces mornes espaces immuablement semblables,
cette terre des herbes violacée par la distance.

7-10 septembre.

Le poste administratif de Médrac, bâti sur un mamelon dénudé dominant le village du même nom, est au
tiers de la distance qui sépare la côte de Ban mé-thuot,
chef-lieu administratif du Darlac; la chaîne de partage
Annam-Mékong, qui n'est point formée, comme on
serait tenté de le croire, par les hautes crêtes montagneuses que nous venons de franchir, est en ces hauts
plateaux herbeux et en partie déserts, à 35 kilomètres
environ à l'ouest de Médrac qui dépend d'ailleurs admi-
nistrativement de la province de Khanh-hoa. Cette
ligne de faîte n'est même marquée par aucun chaînon,
par aucun accident de terrain. A l'ouest, le plateau
ondulé se meuble d'une épaisse brousse-taillis que coupent quelques bandes de hautes forêts-futaies et des
marais emmêlés de forêts-clairières aux environs des
premières rivières qui coulent au Mékong.

C'est surtout près du Grong Bouk, l'une des branches
de la haute Sé-bang-khane, — la Srépok des Cambodgiens — que se rencontrent ces mornes étendues marécageuses où s'ébattent, par couples, les grandes grues
Antigonne à chaperon rouge; parfois, quelques Moï
presque nus, la lance sur l'épaule, la hotte au dos,

s'éclipsent dans les herbes à notre passage. La terre rouge et gluante, d'origine volcanique, qui est la caractéristique du versant cambodgien du Darlac, forme parfois des cloaques où nos éléphants enfoncent profondément; des paons passent en travers du sentier; chaque matin, de bonne heure, nous en rencontrons se promenant sous la rosée qui tombe.

Ce soir, 9 septembre, nous trouve au dernier relais de la province, le tram de Ya-Kvang, à 32 kilomètres de Ban mé-thuot. Tout l'après-midi, il a plu; mais, ce soir, malgré l'ouate des nuages gris, la lune répand une lueur opaline et diffuse : une teinte douce glisse sur la solitude des grandes herbes que les arbres dominent de leurs fûts noirs. Des lucioles passent, fugitives : dans la brume légère, se dessinent la masse sombre des éléphants arrachant les touffes d'herbes qu'ils battent lentement sur leurs genoux massifs; les cigales crissent et ponctuent le silence de leur note criarde : au bord du ruisseau, la feuillée délicate des hauts bambous tressaille à peine sous la rosée. Le tram de Ya-Kvang s'endort, les cases rougeoient à peine des derniers foyers où cuisait le repas du soir. Assis sur les talons, drapés dans leurs couvertures d'un bleu sombre, les Moï fument leur pipe de bambou et leur voix ne monte plus qu'en un discret murmure; la fumée, qui sourd des toits de chaume, file toute droite dans la brume bleutée d'argent. Le tram s'assoupit dans la grande paix des nuits de jungle.

La sente, piste muletière, franchit de nombreux ponceaux et digues : les ondulations du plateau s'accusent de chaque côté de la route, qui suit le plus souvent la ligne de plus faible pente. Huit à neuf heures de marche nous font franchir cette dernière étape de 32 kilomètres et, du haut du dernier raidillon, subitement se découvrent à nos yeux les toits de chaume des habitations qui, échelonnées sur chacune des pentes d'un vallon, forment la résidence de Ban mé-thuot.

II

Les flancs de deux longues ondulations verdoyantes entre lesquelles serpente un arroyo boueux ; sur ces flancs, de chaque côté du ruisseau, des bâtisses sur pilotis en bambous tressés et en chaume, le tout encerclé de palissades et coupé de quelques belles routes. Sur le ruisseau, des ponts ; en haut des crêtes, la cime des arbres de la forêt-taillis, tel est l'aspect de Ban mé-thuot, oasis au milieu d'un désert de verdure.

Sur le flanc de l'ondulation méridionale, la résidence et ses dépendances au milieu d'un coquet jardin planté de goyaviers, de manguiers, d'ifs, de palmiers encore jeunes, de plates-bandes où fleurissent des soucis du Japon et des balsamines ; sur un palier, le tennis-ground cher aux Anglais ; un peu en arrière, sur un autre palier, derrière une haie de bananiers et d'hibiscus, la résidence elle-même, beau bâtiment sur pilotis, au plancher de planches, aux murs de bambous écrasés et tressés, au vaste toit de chaume ; quelque chose comme un coquet chalet suisse au-dessus duquel battent les plis du drapeau de France.

En face, sur le versant de l'ondulation septentrionale, les maisons des commis, le camp de la garde indigène ; plus haut, sur la route du village qui est à 500 ou 700 mètres dans l'ouest, les établissements du commerçant français de l'endroit, puis, redescendant vers l'arroyo et la route d'Annam, les paillottes des interprètes, des cornacs, le jardin potager, le débarcadère des éléphants ; tout en haut, très en arrière à la lisière de la brousse, les huttes moï du petit village de B. Kram. De belles allées séparent les enclos et vont disparaître à la lisière de la jungle fuyant à l'ouest vers le Cambodge, à l'est sur l'Annam, au sud vers le Lang-Biang.

Quatre ou cinq Européens peuplent ce petit centre dont l'aspect ne change qu'avec les saisons.

*
* *

Octobre vient de s'ouvrir et la saison des pluies touche à sa fin, mais comme dernier adieu, elle nous envoie ses plus copieuses cataractes et, plusieurs jours durant, il pleut à torrents. Pendant la journée, s'exhale une chaleur lourde et trempée, mais vers le soir un vent frais se lève. L'horrible terre rouge du Darlac, pétrie en boue visqueuse et gluante, se colle aux pieds ; tout suinte et semble se fondre en eau ; de l'aube au crépuscule, c'est le même jour gris et bas annihilant la signification des heures qui passent, lentes et monotones sous les raies d'eau crépitantes. L'arroyo gonflé a escaladé ses rives et l'étroite vallée est couverte d'une eau boueuse et sale couleur du ciel et d'où les arbres émergent comme des plumeaux fripés.

La nuit tombe, insensible, ponctuée du bizarre appel du gecko. Le clairon du camp a lancé ses dernières notes au ciel; voilant les astres, les nuages, pleins à crever, circulent sous le vent violent qui fait gémir et pleurer les arbres; le long des avenues noires, les réverbères clignotent, leur pauvre œil jaune alangui derrière leur paupière de verre noyée de pleurs.

Soudain, le cri du tigre en chasse déchire la nuit : « Cop! » un « Cop » très aigu qui jaillit tout près derrière les palissades.

« Cop! » Le second cri résonne; le féroce chasseur continue ses bonds pressés; il est maintenant à l'arroyo à plus de 500 mètres du lieu où il a poussé sa première note. Comme il file! Déjà, il doit avoir traversé la route, son aire de chasse est vers le nord, ce soir, dans la brousse du marais, parmi les grandes herbes au milieu desquelles fuit la sente des Jarai.

« Cop! » le dernier, lointain, la chasse commence. Et le silence se referme. Là-bas, au penchant du coteau, sourd comme un lointain tonnerre, monotones grondent le roulement des gros gongs et le martèlement de la petite massue de bois sur la peau tendue de l'énorme tam-tam indigène.

Tout autour, dans la vallée, sur le versant des collines, derrière les paillottes du camp, partout s'éveille la faune nocturne des jungles parmi la houle muette du feuillage noir. Puis, lorsque le matin brumeux et très gris se lèvera sur les herbes trempées, les grands fauves regagneront leur fourré ou leur roc solitaire; derrière eux, au bord d'une mare fangeuse, une charogne étripée et broyée achèvera de pourrir en cette immense tombe verte qu'est la brousse silencieuse.

III

Le matin, vers 5 heures et demie, le réveil égrène ses notes; la vie commence au poste, les miliciens s'agitent au camp, s'ébrouent, se rassemblent; les prisonniers secouent leurs chaînes et bientôt l'on va les voir déambuler lentement, en route pour leurs corvées matinales sous l'œil paterne d'un milicien qui suit, l'air maussade, le fusil à la bretelle. Puis voici le tour des charpentiers; en petite troupe joyeuse, ils descendent vers leur hangar de chaume au sol jonché de copeaux; les conversations sur verbe haut montent en bouffées avec la brume du vallon; le fer des outils se heurte, se mêle au brouhaha, puis tout se classe, se range, les planches grincent sous les scies de long, se rebiffent sous la morsure du rabot.

Huit heures, nouvelle sonnerie : du camp, viennent les commandements de l'exercice et, jusqu'à 11 heures, le bureau; par les portes ouvertes, une vue sur le jardin où les corvées travaillent; à l'arroyo, les palefreniers lavent les chevaux qui, chaque jour, s'échappent et galopent à perdre haleine dans les jardins et les enclos.

A 11 heures, à l'apéritif chez le résident, il y a parfois jusqu'à quatre Européens : on parle de tout et de pas
grand'chose. Le soleil tape dur, l'ombre du cadran
solaire approche de la méridienne et chacun s'en va
chez soi.

Après la sieste et le bureau, à 5 heures, lorsque le
clairon a sonné le « Rompez » qui marque pour les
miliciens la fin de la journée, les outils cessent leur
grincement, le troupeau de bœufs rentre lentement à la
bouverie, en bas, derrière le camp. Alors, de nouveau,
l'on se réunit au jardin, chacun émet les espérances
que semblent justifier le chou ou la tomate, les craintes
que motive l'attitude du chou-fleur ou des fraises. Puis,
l'on monte la grande artère centrale et l'on s'arrête soit
chez l'un, soit chez l'autre, en attendant l'heure triste.
L' « heure triste », c'est l'instant du crépuscule, le
moment entre chien et loup. Le soleil, derrière la
milice, envoie ses derniers rayons, le ciel revêt des
teintes d'une inattendue beauté : des verts perlés, des
ors opulents coupés de raies rouges fulgurantes; l'astre
s'abîme derrière les paillottes, les couleurs se fondent,
le vert d'abord, puis l'or, et tout le couchant devient
d'un orange rouge sous-teinté de mauve. La nuit tombe
sur le grand calme de la nature : les derniers coolies
sont rentrés, leurs charges de bambous sur l'épaule;
une mélancolie subite s'empare de tout l'être, un
malaise règne avec le crépuscule, les souvenirs reviennent des jours que l'on a vus ainsi, aussi glorieux, en
d'autres décors, se baissant sur la vie d'une civilisation
et d'une cité, non sur la solitude d'un désert.

Alors, pour secouer cette amertume, lancinante à

faire pleurer, le gramophone lance ses notes nasillardes : il fait noir, les réverbères s'allument et doucement l'on regagne son gîte tandis que dans l'air s'égrènent les tirades envoyées par Méphistophélès, les fanfares de la garde républicaine...

Les pluies deviennent de plus en plus rares : novembre touche à sa fin et les nuits sont maintenant d'une étonnante splendeur; l'atmosphère est d'une absolue pureté : au-dessus des grands arbres, la lune verse à flots sa lueur qui scintille sur l'arroyo : les étoiles, très pâles sous cette lumière bleue, brillent dans l'azur perlé d'une profondeur infinie. Le silence le plus complet règne, voile invisible tissé de ces picotements de l'espace qui en forment la trame. Parfois, le « cok-té » bizarre du gekko coupe cela comme un coup de marteau très sec et tout retombe dans ce bourdonnement silencieux qui enveloppe la brousse d'un suaire.

*
* *

Suivant que le ciel est gris ou éclatant de lumière, les scènes journalières semblent monotones à faire pleurer ou égayent le cadre immuable. Souvent, cependant, une grande mélancolie oppresse à se heurter la vue aux inexorables crêtes vertes qui nous encerclent. Il y a des jours où l'irrésistible envie vous saisit de voir ce qu'il y a derrière et, derrière, ce sont d'autres vallons pareils, une même verdure écrasante au delà de laquelle l'on voudrait encore regarder, et le jour semble alors plus long, et la brousse plus impénétrable.

Les nuits d'hiver, en cette région plus laotienne

qu'annamite, ne rappellent que par contraste les blancheurs de nos nuitées d'Europe à cette époque. Ici, ni neige ni glace, mais vers le soir, le vent se lève de foudre, violent comme un ouragan, frais et traître, ployant les arbres et, sous son étreinte, faisant craquer les paillotes, insinuant son souffle au travers des cloisons de bambous tressés. Tous les autres bruits se taisent et n'était le claquement sec du veilleur de nuit sur son bambou fendu, l'on croirait entendre le mugissement des flots sur la grève. Là-bas, dans le noir, ces feux symétriques surmontés, entre eux, d'un feu rouge, c'est le navire à l'ancre, ballotté sur les houles ; à l'arrière, ce fanal à mi-hauteur du feu rouge, c'est celui de la hampe de pavillon ; cette plainte du vent, c'est la lame qui déferle et qui hurle ; ces profondeurs obscures, c'est le large insondable... Hélas, non ; le navire ancré sur les vagues n'est que la paillote résidentielle piquée de ses fanaux, encerclée par le moutonnement des forêts-taillis : ce vent de foudre qui passe n'est pas la forte brise des étendues marines crachant les embruns : ce roulement de tempête qui hurle et souffle à jeter bas les arbres n'est pas le vent des océans ; c'est la rafale d'hiver, sinistre, plaintive et menaçante, qui apporte la fièvre sur les plateaux d'Annam.

IV

Il y a cependant deux jours par semaine qui sortent de l'ordinaire, le jeudi, jour de départ du courrier pour la côte, et le samedi, jour théorique de son arrivée. Mais il a plu ou bien encore l'éléphant est malade, un pont a été emporté et le bienheureux sac n'arrive que le dimanche, le lundi, voire le mardi. Oh! qu'elle est énervante, cette attente du courrier! Vingt fois, l'on scrute la route d'Annam en haut de la côte, au débouché de la brousse.

Ah! tiens, le voici! Ce cheval, ce groupe. Mais non, ce n'est qu'une bande de Moï qui s'en viennent la lance sur l'épaule, la hotte au dos, la tête couverte de leur grand chapeau plat. Et l'attente recommence jusqu'à ce qu'enfin il arrive. Pendant trois ou quatre jours l'on ne parlera plus alors que des nouvelles apportées, des menus faits de Hanoï ou de Saïgon. Puis, tout retombe dans la monotonie habituelle.

Le dimanche est particulièrement sinistre; c'est le jour du grand repos et pendant douze mortelles heures l'on n'a plus qu'à contempler la solitude morne, les hangars vides de leurs charpentiers, l'encerclement désert des mamelons; seuls, des coqs chantent à perdre haleine et, que le ciel soit éclatant ou livide, c'est la même impression lourde de tristesse, de calme trop profond, trop oppressant au milieu duquel la journée semble couler goutte à goutte.

Oh! cet ennui qui vous prend parfois à la gorge et vous étrangle, donnant le dégoût de vivre, emplissant l'être d'un vide étrange, insondable, d'une langueur morale qui s'exaspère jusqu'à faire mal, jusqu'à crisper les nerfs, qui ne l'a ressenti en cette vie de brousse isolée, où les plus fortunés ne voient que quelques visages amis toujours pareils? Les conversations s'arrêtent

devant les sujets mille fois ressassés; une oppression
monte qui donne envie de pleurer, de crier, de fuir;
c'est l'ennui, le spleen, contre lequel le mouvement
est le seul remède.

*
* *

Fin novembre.

La dernière semaine du mois aura été sinistre, cette
année. Chaque mois, la petite société du camp a bien
payé son tribut à la terrible fièvre, fléau de ces jungles,
mais aucun homme n'avait succombé; des femmes,
des enfants, mal nourris, débilités par de dures beso-
gnes, avaient seuls passé de vie à trépas; on considérait
même l'année comme ayant été relativement meilleure
au point de vue sanitaire, lorsque deux miliciens annamites sont morts brusquement, enlevés par le funeste
accès pernicieux.

La cérémonie a été très triste en sa simplicité; les
miliciens en blanc, fusil renversé, ont suivi le pauvre
cercueil fait hâtivement de planches ajustées au petit
bonheur; en avant, le clairon poussait de temps à autre
une note lugubre, prolongée, rappelant les sinistres
trompes chinoises. Et le cortège s'est rendu ainsi au
petit cimetière, un peu à droite de la route du lac, en
haut de la crête, simple clairière enserrée de brousse où
viennent paître les éléphants; des petits tertres ano-
nymes qui sont des tombes. Dans la fosse, par-dessus
le cercueil, des fleurs ont été jetées, pauvres fleurs de
brousse, débiles et sans odeur; des baguettes d'encens
fumaient péniblement. Une première pelletée de terre

jetée par le résident, puis est venu le tour des autres
Européens et des miliciens ; et le cercueil a disparu peu
à peu. Encore un qui est mort loin de son village, en
cette terre d'exil, épouvante des Annamites.

Le lendemain, pour les obsèques de la seconde victime, les miliciens ont voulu se mettre en kaki, par
pure superstition, invoquant je ne sais plus quelle
bizarre raison relative aux génies et aux bouddhas.

Trois jours après, ce fut le tour du petit enfant de
l'un des interprètes ; sa mère l'a trouvé mort à côté
d'elle, enlevé par la fièvre. Le misérable petit cercueil,
simple boîte, — le pauvre être avait un an — a filé,
suspendu à un bambou entre deux Moï ; deux baguettes
d'encens brûlaient au-dessus d'une petite croix tracée
à l'encre noire. Et, derrière la pauvre caisse, seul avec
deux ou trois indigènes, le premier interprète et les
fossoyeurs.

V

Janvier.

La saison sèche bat son plein ; les journées éclatantes
de pureté, balayées par une brise fraîche, sont délicieuses
et d'un calme inouï. La moisson est faite et les cultures
sont nues. Le riz rentré dans les greniers, l'indigo
placé dans des vases de terre sous l'abri de chaume, le
Moï est heureux, car il n'a plus rien à faire ; c'est le
repos absolu après le travail des champs. Les villages
sont animés et bruyants, hommes et femmes jacassent,

vont et viennent; toutes les huttes abritent les grands vans où s'étale l'éclatante blancheur du coton; autour des rouets, les femmes tissent et filent. Assises devant les grands métiers, la trame sombre tendue devant elles, les petites commères bavardent aussi, le travail ne va pas vite et de longues semaines s'écouleront encore avant que la couverture ou les habits à bordures polychromes soient prêts à être portés par le mari ou le frère.

La brousse elle-même semble s'animer; les sentiers sont sillonnés de théories joyeuses; ici, quelques lurons, la lance sur l'épaule, escortent la jument chargée de tabac ou de ballots divers; l'on se rend au chef-lieu faire quelques emplettes, échanger le pain de cire, la peau de buffle ou les cornes de cerf contre quelques babioles dès longtemps convoitées. Quelquefois, une ou deux femmes font partie de la petite troupe et leur hotte lourdement chargée fait honneur à leur vigueur.

Les chefs eux-mêmes circulent; on se reçoit de village à village; c'est l'époque pendant laquelle on muse et boit la jarre. Les riches descendent à la côte avec un ou deux éléphants, un convoi de quelques juments, chercher du sel; ils vont à Ninh-hoa, nantis d'une cargaison en tout semblable à celle que leurs compagnons moins fortunés apportent au chef-lieu; le volume seul varie. Et, sur la route d'Annam, ils déambulent pittoresquement derrière les lentes montures, s'arrêtent au bord d'un ruisseau pour faire cuire leur maigre pitance de riz et de viande, deviser en fumant la pipette de bambou. Le soir, ils arrivent au village hospitalier et c'est alors la veillée près du foyer, autour de la jarre, la fête joyeuse ; mais si l'étape a été longue, si la nuit est tombée trop vite, l'on s'accommode du simple campement sous l'abri improvisé de branchages et d'herbes, du brasier de fortune et du coucher sur la dure, sans autre matelas que la mince couverture de coton.

*
* *

De l'ouest les marchands laotiens arrivent aussi. Ils viennent commercer en région moï, qu'ils vont parcourir modestement à pied, le plus souvent portant eux-mêmes leur ballot de tabac, la boîte à bétel et, dans la ceinture, le sabre à longue lame. Ils parcourent les villages, achetant peaux, cornes, cire, échangeant et vendant quelques marchandises. Les plus riches sont escortés d'un éléphant ou de coolies.

Février.

Le soleil darde ses rayons plus doux sur la campagne qui jaunit. Les grandes menthes sont devenues brunes, sèches et cassantes, émiettant leurs graines noires avec un cliquettement de serpent à sonnette ; les indigènes commencent à choisir l'emplacement de leurs nouvelles cultures et, sous leurs coupes-coupes et leurs hachettes, les arbres tombent et s'emmêlent. Quand tout sera sec, l'on y mettra le feu et le déblaiement sera parfait. Ces incendies se communiquant aux herbes sèches s'étendront alors à de grandes portions de brousse. Déjà les premiers flambent. Pendant le jour, depuis le sommet des mamelons, la plaine moutonneuse apparaît, couverte de fumée noire qui monte en pilastres âcres et épais; des flammes livides sourdent des fourrés, les herbes grésillent, les troncs noircissent et, la nuit, par-dessus les crêtes qui masquent la vue, une lueur glo-rieuse, bande claire à la base, se répand en un rayon-nement très doux, envahissant un quartier du ciel, voilant les étoiles, tel le reflet d'une ville ou d'une grande gare splendidement éclairée.

*
* *

Mais assez longtemps le morne vallon nous a borné la vue de son irritante barrière verte; il est temps de prendre son essor : allons, les chevaux, les éléphants, les porteurs, l'escorte! Derrière les crêtes immuables, dorées de soleil ou fripées de nuages, nous allons enfin nous enfoncer plus avant dans la jungle au cœur même des forêts, des plaines, des marais et des mon-tagnes qui couvrent ce vaste plateau bosselé où vivent quelques-unes des plus intéressantes et des moins con nues tribus sauvages de l'Indo-Chine.

CHAPITRE II

LES PLATEAUX MOÏ INDO-CHINOIS

Aperçu géographique. — Les races moï. — Légendes et traditions.
Les Sadet. — Classification philologique.

I

L'appellation générale et assez vague de « plateaux
moï » est appliquée, en Indo-Chine, à la zone bornée au
nord par le 18e parallèle et, au sud, par le 12e; à
l'ouest, elle s'arrête à quelque distance du Mékong; à
l'est, elle ne dépasse guère les dernières pentes de ce
que l'on appelle « la chaîne annamitique ».

Le gros massif montagneux qui couvre le Yunnan,
le Koang-si et le Koang-ton, s'étend également sur la
plus grande partie du Tonkin et du Laos septentrional
pour fuir ensuite dans l'ouest sur la Birmanie et les
Indes. De ces massifs se détache un système montagneux parallèle à la côte et auquel on a donné le
nom de « chaîne annamitique ». Cette expression,
fort commode, il est vrai, donne malheureusement

une idée très fausse de l'orographie du pays. Il n'y a pas en effet de chaîne nettement indiquée servant, comme on serait tenté de le croire, de ligne de partage aux eaux du Laos et de la mer de Chine, mais il existe, au contraire, une série de murailles plus ou moins hautes, plus ou moins épaisses, courant du nord au sud et fort rapprochées de la côte qui leur est parallèle; cette zone montagneuse n'a laissé entre elle et la mer que l'étroit couloir d'Annam, interminable boyau divisé en vallées mièvres qui sont autant de compartiments aux cloisons formées des ramifications des hauteurs principales qui viennent finir à pic sur la mer en majestueux promontoires. La ligne de faîte des eaux Annam-Mékong est le plus souvent en arrière de cette « chaîne annamitique », en de faibles ondulations.

Vers le 12ᵉ parallèle, les montagnes d'Annam obliquent vers l'ouest-sud-ouest et, avant d'aller finir sur les confins septentrionaux de la Cochinchine, enserrent le massif du Lang-biang, ainsi appelé du nom que les indigènes donnent au trio de pics qui dominent le plateau supérieur de ce système.

Tandis que le versant oriental de la « chaîne » tombe en escarpements plus ou moins abrupts sur les plaines d'Annam, le versant occidental s'abaisse en une série de hauts plateaux d'où saillent quelques pics et chaînons secondaires. Du Lang-biang vers le nord, monte la série de ces plateaux ondulés qui, étalés entre Annam et Mékong, affectent la forme d'un long et large couloir divisé en gradins. Les Moï l'habitent, se mêlant, sur les bords, à des tribus mixtes fortement métissées d'Annamites dans l'est et le sud, de Cambodgiens dans le sud-ouest et de Thaï au nord et à l'ouest.

Le plus méridional de ces grands plateaux moï est celui de Darlac, qu'arrose le cours supérieur de la Srépok ; au nord de Darlac, s'étage le plateau du Kontoum, qui forme le bassin supérieur de la Sésane, et celui du haut Song Ba ; au nord-ouest de Kontoum s'élève le plateau des Boloven, composé de deux terrasses concentriques dont la seconde, plantée comme un bastion sur la plate-forme extérieure, atteint jusqu'à 1 200 mètres d'altitude. Au nord du plateau des Boloven commencent à se montrer les Pou-Thaï qui appartiennent à la grande race envahissante des Thaï. Passé la Sé-bang-hien, les Moï, désignés alors sous le vocable générique laotien de Khas, ne se trouvent plus que mêlés aux Thaï et aux autres races qui encombrent le Laos central et septentrional.

II

Le terme général de Moï, appliqué par les Annamites à ces sauvages des hauts plateaux d'Annam, est la prononciation annamite du caractère chinois « Man », qui signifie « sauvages, barbares » au sens que les Romains donnaient autrefois à ce mot. Les Laotiens désignent ces peuplades sous le nom de « Khas », vocable qui a exactement le même sens ; les Cambodgiens les appellent « Pnongs », forme altérée du mot « Mnong », nom que se donne l'une de ces grandes familles moï.

Les Moï de l'hinterland du centre-nord Annam se sont tellement mélangés aux Thaï, dont ils ont copié une partie des mœurs, de la langue et parfois l'écriture, qu'ils ont, pour ainsi dire, perdu leur physionomie propre; seuls, ceux du centre-sud Annam ont conservé leur indépendance et leur caractère primitifs; les tribus voisines du Cambodge et de la Cochinchine sont également fortement teintées de mœurs et de langage khmer et annamite.

Quelles sont donc ces races et d'où viennent-elles? Cette question n'est pas près d'être résolue. Tout ce que l'on peut affirmer est qu'elles appartiennent à la branche des Malayo-Polynésiens, mais une nuit épaisse enveloppe leur histoire. Il est d'ailleurs inutile de chercher chez elles des traditions de nature à nous éclairer; les quelques légendes que l'on peut arracher à ces mémoires rebelles ne sont que des histoires naïves, d'origine souvent laotienne.

Quoi qu'il en soit, il est intéressant de rapprocher entre eux ces divers contes, amusants et simples comme ceux qui charmaient notre enfance.

Diverses légendes laotiennes prétendent que les races peuplant l'Indo-Chine sortirent d'une même citrouille à Dien-bien (nom annamite, et Muong-theng, nom laotien), grand plateau sis dans l'angle nord-est du bassin de la Nam-hou. Une fois échappés de cette prison, les hommes se dirigèrent à l'est vers la mer, au sud vers les vallées du Mékong et du Ménam et à l'ouest vers la Birmanie.

D'ailleurs, parmi les rois de Luang-prabang, l'on

compte six souverains d'origine étrangère dont quatre de race kha, avant l'arrivée des Laotiens, venus de Dien-bien, qui s'emparèrent du sceptre et ne le laissèrent plus échapper.

Les annales de Luang-prabang, de leur côté, donnent la légende suivante (1) :

« A l'origine, le premier Kha et le premier Laotien étaient à Muong-theng (Dien-bien-phu). Ils se demandèrent où ils pourraient bien aller fonder un royaume. Après discussion, ils décidèrent que Luang-prabang réunissait toutes les conditions voulues. Chacun travailla alors de son côté pour faire une pirogue capable de le porter au lieu désiré. Celle du Kha, qui était l'aîné, fut en bois. Celle du cadet, le Laotien, fut en peau de buffle. A la date fixée, ils partirent. Le Kha, prévoyant, fit quelques provisions pour le voyage, tandis que le Laotien, plus jeune, n'y songea point.

« Cependant, la pirogue de ce dernier, légère et flexible, filait sans encombre à travers les rapides du Nam-youn tandis que celle du Kha, plus lourde, ne pouvait avoir la même vitesse. Quoi qu'il en fût, il parvint à rejoindre son frère le soir et lui proposa l'échange des pirogues. « Si tu veux me céder ta pirogue, lui dit-il, je te donnerai aussi mes provisions de bouche. » Il pensait, en effet, qu'arrivant le premier à Luang-prabang, il aurait le droit d'être le maître du pays.

« Le Laotien s'empressa d'accepter l'offre et ils con-

______

(1) Donnée par le docteur LEFÈVRE dans son ouvrage : *Un Voyage au Laos* Paris, Plon-Nourrit et Cⁱᵉ, éditeurs.

tinuèrent le voyage. Avant même d'avoir descendu complètement le Nam-youn, le Kha, affamé, avait déjà mangé la moitié de sa pirogue. Les bananiers des rives, craignant de voir leurs fleurs servir d'aliments au Kha, les dressèrent vers le ciel. C'est pour cela que, dans le Nam-ngoua, on ne voit aucune fleur de bananier se pencher vers le sol (1).

« Arrivés à Luang-prabang, le Kha se fixa à Ban Lakham, le Laotien à Pap'ai (2). Au bout d'un certain temps, les deux frères se gènèrent mutuellement et il fut convenu de décider lequel des deux serait maître du lieu.

« A cet effet, on fit deux « taléos » (3) de même hauteur : le Kha et le Laotien les plantèrent l'un près de l'autre, en invoquant les Dévadas (demi-dieux) et les priant de faire pousser le « taléo » qui appartenait à celui qui devrait être le seul maître du pays. La possession serait alors incontestable puisqu'elle découlerait de la volonté des dieux.

« Mais le Laotien, plus malin, avait planté le sien au cœur d'un bananier qu'il avait étronqué, ce qui fit que, naturellement, quelques jours après, son « taléo » dépassait en hauteur celui du Kha, puisque la souche du bananier continuait à pousser. Alors, le Laotien se proclama maître du lieu et força le Kha à partir. C'est

(1) Ce phénomène est probablement dû au voisinage d'une source thermale sulfureuse. Les plantes cherchent à fuir les vapeurs empestées et se dressent pour trouver l'air pur.

(2) Noms de deux quartiers actuels de la ville de Luang-prabang.

(3) Bambou surmonté d'une sorte d'octogone en fibres de bambou et dont on se sert au Laos en guise de gris-gris protecteur contre le tigre.

depuis lors que Luang-prabang appartient aux Laotiens (1). »

« Les BOLOVEN, eux, ont une légende qui ferait suite à la précédente : d'après ces traditions, tous les Khas viendraient du pays de « Vien-tiane » emmenés par les « chuong », magiciens armés d'une épée enchantée. En tête, marchaient les Radé et, en queue, les Boloven. Ceux-ci, épuisés par la fatigue et la maladie, ne purent dépasser la région où ils sont maintenant fixés et s'y établirent (2). »

« Cette légende existe presque identique chez les NIA-HEUN qui disent seulement être venus de Vientiane, conduits par les « pha-sai », espèce de sorciers, parents des « chuong ». Ce sont les « pha-sai », croient-ils, qui leur ont fixé leur résidence et leur dialecte, tous les Khas formant jadis un seul peuple et parlant la même langue (3). »

Les ALAK prétendent « qu'ils viennent du nord et habitaient jadis la région de Ban-dan-na-lao (près de Song-khône). Quant à l'origine de leur race, la légende raconte qu'aux temps anciens les Laotiens et les Khas habitaient, réunis en un seul peuple, les îles de la mer (?), où ils se trouvaient confinés. Ils eurent, un jour, envie de voir du pays. Une corde très longue en cuir de buffle fut préparée et le meilleur nageur la

(1) Citée par LAVALLÉE, dans ses *Notes ethnographiques sur diverses tribus du sud-est de l'Indo-Chine. — Bulletin de l'École française d'Extréme-Orient.* Octobre 1901.
(2) *Id.*
(3) *Id.*

porta à la côte du continent où il la fixa. Les insulaires
se mirent alors à l'eau en se soutenant au câble ; mais,
celui-ci venant à se briser, ceux qui étaient passés les
premiers se trouvèrent séparés de leurs frères. C'est
des premiers que descendent les Khas, les autres sont
devenus les Laotiens (1) ».

« Les légendes HALANG racontent qu'à l'origine
tous les Khas formaient une seule nation groupée sur
les rives de la Sésane. Or, en ce temps-là, vivait au
Vien-tiane un magicien — pha-sai — renommé pour
sa grande science, lorsque des géants, hauts de huit
coudées, venus de Lanka — Ceylan — envahirent le
pays qu'ils ravagèrent et emmenèrent prisonnier le
propre frère du magicien. Celui-ci, épouvanté devant
ces adversaires plus forts que ses enchantements, s'enfuit, descendant le Mékong en pirogue avec sa femme
et ses enfants. Mais en arrivant à Khône, la pirogue
fut engloutie dans la cataracte et la femme et les
enfants se noyèrent. Le magicien, sauvé par miracle,
continua à descendre le Mékong jusqu'à la Sésane, qu'il
remonta, si bien qu'il tomba un jour chez les Khas, qui
s'emparèrent de sa personne et le réduisirent en esclavage. Mais, lui, voulant montrer sa puissance, transforma, un jour, les enfants de ses maîtres en fruits divers,
puis leur rendit leur forme primitive, ce qui effraya fort
ces gens, qui résolurent de se débarraser de leur esclave.
Il y avait, en ce moment, dans un village voisin, un
chef que les génies avaient rendu riche de la façon

(1) Lavallée, *op. cit.*

suivante : étant un jour à la pêche, il ramena plusieurs
fois avec son filet une mâchoire de cuivre qui, rejetée
à l'eau, réapparaissait toujours. A la fin, étonné de ce
prodige, il prit la mâchoire et la rapporta chez lui. La
nuit qui suivit, il rêva que cette mâchoire parlait et lui
ordonnait de construire un temple où il la déposerait,
moyennant quoi il lui suffirait de désirer quelque chose
pour être exaucé. L'heureux pêcheur obéit et n'eut,
désormais, qu'à souhaiter les plus grandes richesses
pour les obtenir. On vint lui offrir en vente le « phai-
sai » dont on demandait un prix exorbitant : cent
buffles, cent plats d'airain, cent sabres, etc., que ce lui
fut un jeu de donner grâce à la précieuse mâchoire. Il
ignorait cependant les merveilleux talents de son esclave,
que celui-ci lui fit d'ailleurs immédiatement connaître.
Envoyé puiser de l'eau pour la préparation du vin de
riz offert à ses anciens maîtres, il s'amusa à rendre
solide cette eau qu'il se mit à découper en tranches. A
la vue de ce prodige, son nouveau maître, reconnaissant un être supérieur, lui rendit sur-le-champ la
liberté et y ajouta le don de ses quatre filles pour
épouses. Accepté bientôt comme chef suprême par tous
les sauvages, le phai-sai leur fixa leur langue, leur
résidence et leur industrie particulière (la recherche de
l'or pour les Halang), ce qui se rapporte aux traditions
de Nia-heun (1). »

Quant aux JARAI, ils n'ont, en fait de traditions, que
celles se rapportant au fameux sabre sacré du Sadet du
feu et dont nous parlerons plus loin.

(1) LAVALLÉE, *op. cit.*

Les **BAHNAR** n'ont que des légendes confuses. Ils prétendent seulement avoir vécu avec les Laotiens, qui les auraient quittés, un jour, pour s'en aller vers les parties inférieures des vallées.

Les **RADE** racontent une légende plus originale :

« A l'origine du monde, disent-ils, alors que les autres peuples habitaient depuis longtemps la surface de la terre, les Moï vivaient à l'intérieur, où ils étaient très malheureux. Un jour, quelques-uns d'entre eux se décidèrent à aller explorer la surface terrestre et sortirent par un trou qui y communiquait et appelé Kband Prigne, situé à l'est de Ban-mé-Pleut (village pih existant encore).

« Ils trouvèrent donc l'aspect du sol merveilleux et résolurent de venir s'y installer. Ils retournèrent appeler ceux qui étaient encore dans l'intérieur de la terre et ceux-ci se mirent en devoir d'émigrer avec tout leur bétail et ustensiles de ménage, mais les jolies femmes moï, coquettes comme en tout lieu, se crurent obligées de se mettre en frais de toilette pour cette occasion et restèrent en arrière. Malheureusement, lorsque à leur tour elles voulurent sortir, elles trouvèrent le trou bouché par un buffle à deux têtes qui ne pouvait plus rentrer ni sortir à cause de ses cornes et qui mourut là, laissant le trou fermé à jamais, et les femmes restèrent dans la terre.

« C'est pour cette raison, ajoutent les Moï, qu'on voit peu de jolies femmes en pays moï (1). »

Une autre légende radé explique pourquoi les Moï

---

(1) Besnard, *les Populations moï du Darlac.*

n'ont pas d'écriture, et se liment les dents, la voici :

« Lorsque le Bouddha (1) vint dans le pays moï, appelé Muong-Pa-Cha-Mit par les Laotiens (dépourvu de religion), pour y prêcher sa doctrine, tous les peuples du voisinage, Cambodgiens, Laotiens et Siamois, vinrent solliciter l'enseignement de l'écriture. Les Moï également. Mais, tandis que les premiers avaient pris la précaution de se pourvoir de feuilles de palmier afin d'y tracer les caractères qui leur seraient enseignés, les Moï, paresseux comme toujours, n'avaient rien apporté. Ils tuèrent alors un buffle et, sur sa peau, gravèrent les caractéres d'écriture, mais, toujours paresseux, ils oublièrent la peau et, pendant la nuit, les chiens la dévorèrent. C'est pourquoi les Moï ignorent l'écriture.

« Ce même jour, pour remercier le Bouddha, tous ces peuples voulurent lui offrir un repas d'honneur, mais les Moï, ignorants et toujours paresseux, au lieu de piler le riz dans les mortiers, ce qui est fatigant, se contentèrent de le préparer en le màchant. Le Bouddha, furieux de cette malpropreté, aurait, pour punir les Moï, prescrit que, désormais, ils devraient se couper les dents et, de plus, pour montrer leur infériorité, porter au cou, aux poignets et aux chevilles des anneaux de cuivre.

« Cette légende, quelque peu méprisante à l'égard des Moï, paraît être d'origine laotienne, mais elle est connue des Moï qui la racontent volontiers en en riant (2). »

(1) Pour les Laotiens, c'est le Bouddha ; les Moï l'appellent Pô-thê.

(2) BESNARD, *op. cit.*

III

Un fait qui demeure certain est la possession par les Cham du plateau du Darlac et de la partie méridionale du Kontoum. Les ruines de leurs monuments que l'on y a découvertes ne laissent aucun doute à ce sujet. En plus de ces constructions qui datent des douzième et quatorzième siècles, les Cham ont d'ailleurs laissé chez les tribus sauvages d'assez nombreux dépôts d'objets plus ou moins précieux qu'ils confiaient à la fidélité de ces montagnards au fur et à mesure de leur retraite devant les invasions postérieures.

La famille des Jarai, l'une des plus importantes peuplades moï, possède en outre des traditions se rapportant aux Cham contre lesquels ils paraissent avoir lutté sous les ordres des deux fameux chefs connus sous le nom de «Sadet»; le Sadet du Feu et le Sadet de l'Eau.

A l'heure actuelle, ces deux chefs sorciers, qui ont dû avoir dans le temps une autorité incontestée, ne possèdent plus aucun pouvoir. Depuis un certain temps déjà leur influence n'existait plus qu'à l'état de souvenir et la colonne de répression dirigée contre le Sadet du Feu, auteur de l'assassinat de l'administrateur Odend'hal, en avril 1904, anéantit complètement le peu de prestige qui environnait encore ces deux chefs. Cependant, bien que destinés à n'être bientôt qu'un souvenir, ils méritent une mention spéciale tant pour le rôle qu'ils ont dû jouer lors de la domination cham que

pour les curieuses légendes qui se rattachent à leur per-
sonnalité.

Il y a deux Sadet, celui du Feu et celui de l'Eau ;
quelques voyageurs en comptent un troisième, celui du
Vent qu'ils n'ont d'ailleurs jamais cité que pour mémoire, car il est absolument insignifiant.

Le village du Sadet de l'Eau est actuellement situé
sur le Ya Lop, affluent du Nam Lieou, gros tributaire
de la Srépok moyenne. Celui du Sadet du Feu est près
du poste de milice de Plei Tour, à une petite journée de
marche du premier, sur un affluent de l'Ayoun, l'une
des branches du Song Ba, la plus importante rivière de
l'Annam central.

Ces deux chefs ont reçu nombre d'appellations
diverses qui n'ont pas manqué d'être emmêlées et con-
fondues ; aussi, est-il utile de les reproduire ici avec leur
signification :

SADET DU FEU	SADET DE L'EAU
Laotiens. Sadet Faï (Roi du feu).	Sadet Nam (Roi de l'eau).
— Sadet Theung (1) (Roi supérieur).	— Loum (Roi) inférieur) (1).
Jarai et Radé. Patao Poui (Roi du feu).	Patao Ya (Roi de l'eau).
— Patao Ngo (Roi de l'est).	Patao You (Roi de l'ouest).
Bahnar, Hatau, etc. Bok Rodau.	
— Bor Dau.	
— Oi Rdau.	
Annamite. Hoa Xa (Village du feu).	Tuy Xa (Village de l'eau).
Cambodgiens. Sadacht Pleung.	Sadacht Teuk.
Mnong de Ban Don. Adecht Leû (Roi supérieur).	Adecht Tang (Roi inférieur).

(1) Au point de vue de la situation géographique.

C'est le roi du Feu qui possédait le fameux sabre sacré, précieux fétiche, emblème et souvenir de ce qui a dû être sa toute-puissance sur les populations moï environnantes. Il court sur l'origine de cette arme divine les légendes les plus curieuses.

« A la suite d'aventures diverses, dit l'une d'elles, Pô-thê, nom donné par les Moï au Bouddha laotien, descendant le Mékong, arriva à l'endroit même où se trouvaient réunis tous les rois des peuples de la terre : Cham, Cambodgiens, Annamites, Laotiens, Radé et Jarai. Tous ces rois étaient alors occupés à plonger dans les eaux du fleuve afin de s'emparer d'un sabre sacré qui venait de tomber du ciel et qu'on voyait briller au fond de l'eau, car, bien qu'il fût dans sa gaine, il était encore incandescent.

« Les Cham sortirent vainqueurs de cette épreuve, mais Pô-thê leur enleva leur sabre et l'apporta au pays des Jarai pendant que les Cambodgiens, qui avaient pu s'emparer du fourreau, l'emportaient au Cambodge.

« Les Cham, furieux de se voir ravir le sabre sacré, firent aux Jarai une guerre acharnée qui dura un grand nombre d'années.

« Pô-thê, grâce au talisman qu'il possédait, résista longtemps aux Cham, mais ceux-ci jouissaient aussi de certains pouvoirs magiques et il arriva que l'issue de toutes ces luttes devint incertaine. Alors Pô-thê, s'adressant au sabre sacré, lui dit : « Si vous êtes vraiment « venu du ciel, prouvez votre puissance en prenant parti « soit pour les Jarai, soit pour les Cham, désignez enfin « par qui vous voulez être gardé. » Et il offrit au sabre sacré le sacrifice d'un buffle blanc et d'un buffle noir.

« Prenant ensuite le sabre sacré en sa main, Pô-thê le dirigea vers les Cham. Aussitôt, le sabre produisit en si grande quantité du feu et de l'eau que tous les Cham furent brûlés ou noyés. Aucun d'eux ne put échapper à ces deux fléaux parce que, sur l'ordre de Pô-thê, l'un de ses talismans, le bâton de rotin, produisit une profonde obscurité, ce qui empêcha les Cham de retrouver leur route.

« Peu de temps après, Pô-thê disparut sans laisser de lui nulle trace, après avoir confié le sabre sacré au Sadet appelé « Ly-patao » (Roi du Feu). Il avait en outre recommandé aux Jarai de vivre en bonne intelligence avec les Cambodgiens, maîtres du fourreau du sabre sacré, car le ciel, en donnant le sabre aux Jarai et le fourreau aux Cambodgiens, avait marqué qu'ils devaient être alliés. Mais en donnant aux Cambodgiens le fourreau qui est moindre que le sabre, il a indiqué que les présents échangés régulièrement entre les rois des uns et les rois des autres doivent être plus importants de la part des Cambodgiens. Les présents envoyés par les Cambodgiens comprenaient des éléphants, des cages richement ornées, comme seuls savent les fabriquer les Cambodgiens. Le roi du Cambodge envoyait aussi des étoffes et les Jarai lui envoyaient en retour des esclaves, de l'ivoire et des cornes de rhinocéros (1). »

Une autre légende, rapportée par quelques auteurs (2)

----

(1) BESNARD, *op. cit.*

(2) Voir le R. P. GUERLACH, dans la *Revue indo-chinoise,* le 15 février 1905, et LAVALLÉE, dans le *Bulletin de l'Ecole française d'Extrême-Orient,* octobre 1901. C'est de ces deux récits presque identiques qu'est tiré notre récit.

et émanant des Bahnar, raconte la chose différemment :

« D'après elle, il y a fort longtemps, vivait chez les Jarai un nommé Xep, possesseur de grandes richesses parmi lesquelles se trouvaient deux lingots de fer, un petit et un gros. Celui-là, doué d'une nature magique, avait son destin noué, ou plutôt identifié avec celui de son possesseur, de sorte que Xep ressentait en lui tous les changements que subissait la barre de fer. Personne ne connaissait cette particularité que Xep cachait avec grand soin. Un jour, son fils vint lui demander un de ces lingots pour se forger un sabre : « Surtout, prends « le plus gros », répondit le père qui ne pouvait alors se déranger. Mais le jeune homme, oublieux de la recommandation paternelle et trouvant le petit bloc plus facile à traiter, l'emporta, ignorant complètement la nature magique de cette masse de métal. Il la mit donc au brasier, mais, lorsqu'il se mit à la forger, forgeant ainsi « l'âme de son père » (1), elle se mit à dégager une telle chaleur que la pierre d'enclume fondait comme de la cire et que l'eau prenait feu au contact de la lame ébauchée. A côté du forgeron, un esclave était occupé à préparer le fourreau de rotin destiné au sabre ; en fendant les brins de son couteau, il s'entailla le doigt. Le sang coula et l'esclave en jeta sur la lame bizarre afin de « voir ». A ce contact, le fer lança un vif éclair et, l'esclave, transporté, s'écria alors que le sabre était fétiche et qu'il voulait le manger.

(1) *Sic*. R. P. Guerlach, *op. cit.*

« En un clin d'œil, la renommée de l'incident se répandit et l'on offrit à l'esclave un festin d'honneur ; celui-ci, ayant mangé une cuisse, le cœur et le foie d'une poule, se fit apporter le sabre toujours incandescent ; il se précipita sur cette lame et la mordit. Aussitôt, l'esclave disparut au milieu d'un panache de flammes, le corps absorbé par l'arme, qui redevint aussitôt froide. D'aucuns disent qu'il fut englouti par un gouffre qui s'ouvrit sous ses pieds.

« Le fer fétiche, que personne n'osa plus toucher, fut alors mis en un panier de bambou recouvert d'andrinople rouge. On garda également le rotin que tressait l'esclave lorsqu'il se coupa, ainsi qu'un couvercle de marmite, un tube de bambou rempli de sel et de piment qui avaient appartenu à Xep. Jamais on ne sort de son étui le sabre fétiche, car ce serait la fin du monde.

« Tous ces objets sont conservés dans une petite case voisine de l'habitation du Sadet et on leur attribue des propriétés phénoménales.

« Durant une violente épidémie d'influenza qui fit beaucoup de victimes chez les sauvages, les Hagou m'ont dit : « Bien d'étonnant, le Bok Rodau, fâché de « ce qu'on ne lui donnait pas assez de marchandises, « a ouvert et secoué le tube où il conserve le piment ; « c'est pour cela que nous éternuons tous et que nous « avons le nez bouché (1). »

Quant au Sadet de l'eau, dont la renommée est bien moins grande et dont l'influence était encore moins

____

(1) Cupet, *Voyages au Laos et chez les sauvages du sud-est de l'Indo-Chine*. Mission Pavie, t. III, Paris, E. Leroux, 1900.

étendue que celle de son voisin, il ne posséderait, d'après les uns, qu'un sceptre de bois orné de pierres précieuses et appelé « Tambong Phek » dont le pouvoir serait de faire périr la personne qui en est touchée; la victime, cependant, ressusciterait incontinent au contact de l'extrémité opposée à celle qui l'a fait mourir. D'autres prétendent qu'il détient une pierre représentant le fruit «Mak-yang» qui doit mûrir à l'approche de la fin du monde.

Suivant les renseignements recueillis par le capitaine Cupet, le bâton orné de pierres précieuses ne serait qu'un rotin portant des fleurs que le temps n'a point fanées, et la pierre, le fruit d'une liane restée verte de temps immémorial. Ces fétiches peuvent, en outre, causer un déluge universel. A ce sujet, « les sauvages racontent qu'autrefois, un des Sadet de l'Eau, mécontent de ses voisins, usa de la puissance de son fétiche. Tous les hommes périrent à l'exception du sorcier qui se sauva dans un tam-tam. Resté seul pendant fort longtemps, il fut pris d'un tel ennui qu'il recommanda à ses successeurs de ne jamais plus recommencer. »

*
* *

Au point de vue historique, un fait existe, probant : les rois du Cambodge, comme on l'a vu, envoyaient autrefois des cadeaux au Sadet du Feu et de l'Eau. La charte d'édification du monastère de Samboc, en 1601, découverte en 1903 par M. A. Leclère, donne la liste de ces présents envoyés tous les trois ans, vers la fin du mois d'août. Ce séculaire usage tomba en désuétude il y a une quarantaine d'années environ.

Lorsque notre domination s'implanta sur les plateaux moï, l'autorité des Sadet n'existait déjà plus; le cérémonial et les rites spéciaux qui entouraient la vie et les actes du Sadet du Feu n'étaient plus observés depuis longtemps; le pouvoir même du sabre sacré était considéré comme bien amoindri depuis une douzaine d'années, à la suite d'une colonne de police qu'avait dirigée vers 1892 le commissaire de Stung-treng. Soulevés contre cette intrusion, les Jarai avaient mis le Sadet du Feu en demeure d'employer le pouvoir magique de son arme afin d'exterminer les envahisseurs. « Le Sadet obéit, mais sans doute le talisman avait perdu sa puissance, car aucune manifestation surnaturelle ne se produisit et l'épée, malgré les exhortations qu'on lui adressa, ne put faire descendre sur les Français les feux du ciel. Du reste, le soir même, les plus favorisés parmi les gens du Sadet virent distinctement un globe de feu s'élever au-dessus de la case où était renfermée la relique et, après avoir gagné le ciel, disparaître dans la direction du sud. La puissance magique s'était donc retirée, sans doute parce que les Français possédaient des maléfices supérieurs (1). »

IV

Telle est la collection des légendes que nous connaissons actuellement sur les sauvages de l'hinterland

(1) BESNARD, *op. cit.*

d'Annam ; comme on le voit, elles se réduisent à peu de choses, à un faisceau de contes naïfs et obscurs n'apportant que peu ou point de lumière sur l'histoire de ces peuplades dont l'étude est loin, d'ailleurs, d'être terminée. Peut-être des découvertes archéologiques viendront-elles nous aider à résoudre les problèmes que l'on se pose.

Quant à la philologie, elle ne peut tenir compte que des attaches plus ou moins fortes reliant ces dialectes primitifs aux langues environnantes plus civilisées, car, malgré le nombre extrêmement grand des dialectes moï, il est d'ores et déjà possible de les faire rentrer dans des familles-types en observant :

« 1° Que les peuplades qui habitent l'ancien Champa (1) (Kanchos, Jarai, Radé, Raglai Kha, Pi ou Bi, etc.) parlent des dialectes apparentés au cham et chargés d'un grand nombre d'éléments malayo-polynésiens ;

« 2° Que celles qui sont cantonnées dans le Cambodge et les régions adjacentes (Stiengs, Pnongs, Chongs, Pors, Samrès, Chraus, etc.), ont un lexique largement imprégné de mots khmers ou d'origine khmère ;

« 3° Que les tribus resserrées dans les montagnes de l'Annam et entre la rive gauche du Mékong, le plateau du Lang-biang et celui des Bolovens (Tarengs, Kasengs, Kon-Tus, Sués, Alaks, Lavés, Bolovens, Churus, etc.) s'expriment en des langages dont le

____

(1) Nom donné au royaume comprenant autrefois l'Indo-Chine méridionale.

bahnar pourrait être pris pour type, offrant une parenté
évidente avec ceux des tribus établies au nord jusqu'au-dessus de Luang-prabang (To, Nanang, Mi,
Khmus, etc.), et dont la structure et le lexique les rapprochent sensiblement de ceux du groupe précédent
(Stiengs, Pnongs, etc.);

4° Que les sauvages de l'extrême nord du Laos et
du Tonkin (Man, Thô, Méos, Khas-Thôs, etc.), usent
de dialectes nettement distincts des précédents, plus ou
moins tibéto-birmans, taïs ou chinois;

« 5° Qu'enfin la présence de mots d'origine chame
ou plutôt malayo-polynésienne, si nombreux dans
les dialectes du sud qu'ils y forment parfois presque
la moitié du lexique et vont en diminuant à mesure que
l'on s'avance vers le nord, s'explique par l'existence en
Indo-Chine, dans les temps anciens, d'une population
de pêcheurs arrivés à un certain degré de civilisation,
puisqu'elle connaissait l'usage du fer, et parlait une
langue malayo-polynésienne. Cette population mari-
time, dont l'habitat était probablement le Champa et la
côte jusqu'au Tonkin, fut sans doute absorbée dans le
cours des siècles par les races aborigènes de l'intérieur
ayant leur langue propre et il en est résulté les langues
mixtes encore en usage aujourd'hui.

« Ces grandes divisions ainsi posées, on en peut
déduire le classement suivant.

« A. 1ʳᵉ *famille*. — Dialectes dont le lexique est le
plus largement pourvu de mots malayo-polynésiens,
cham, raglai, radé, jarai, piak, kancho, kha, bi, etc.

« B. 2ᵉ *famille*. — Qu'on peut arbitrairement
diviser en trois groupes, *a*). Dialectes de l'ouest où l'on

constate le plus grand nombre de mots apparentés au khmér (stieng, chrau, kouy, pnong, por, prou, samrè, etc.) : *b*). Dialectes de l'est où l'élément khmèr est moins considérable : bahnar, boloven, kon-tu, sedang, halang, alak, sué, etc.) *c*); Dialectes du nord, intermédiaires en quelque sorte entre ceux de la 2ᵉ et de la 3ᵉ famille (khnus, lemet, mi, etc.).

« C. 3ᵉ *famille*. — Pouvant se subdiviser en : *a*) tibéto-birmane, et, *b*) taï, comprenant tous les dialectes plus ou moins apparentés au taï et au chinois parlés dans l'extrême nord de l'Indo-Chine jusqu'au Yunnan (1). »

L'étude postérieure et la plus approfondie de ces populations moï nous révélera-t-elle quelque secret encore ignoré, capable de soulever le voile qui enveloppe l'histoire de ces races? Espérons-le sans oser pourtant l'affirmer.

(1) CABATON, *Dix dialectes indo-chinois recueillis par Prosper Odend'hal. Etude linguistique. Journal asiatique*, mars-avril 1905, et aussi : E. AYMONIER et Ant. CABATON, *Dictionnaire cham-français*, Paris, E. Leroux, 1906.

CHAPITRE III

LE PLATEAU DU DARLAC

Situation géographique. — Les races moï du Darlac. — Caractères
généraux. — Le brigand Mé-sao, « Roi des Moï ». — État social
et croyances. — Pratiques relatives à la naissance, au mariage
et à la mort. — Mœurs relatives à la vie journalière.

I

Le plateau du Darlac est situé sur le cours supérieur
de la Srépok, l'un des deux gros affluents du Sé-kong,
qui est lui-même le plus important tributaire reçu par
le Mékong sur sa rive gauche.

Ce plateau se divise en deux parties bien distinctes,
au sud et à l'est, la région des hauteurs, de 700 à
1 500 mètres d'altitude, couverte de forêts épaisses,
creusée de vallées étroites, gorges torrentielles entre les
pics et les chaînes issus du Lang-biang et des montagnes qui le continuent vers le nord-est. La seconde
zone, d'une altitude variant de 450 à 700 mètres, est
le plateau lui-même, large séric de longues ondulations

tapissées d'herbe paillote et de taillis, s'élevant graduellement à mesure que l'on s'enfonce vers le nord, où il atteint près de 1 900 mètres d'altitude, et s'abaissant au contraire dans l'ouest en un insensible glacis planté des forêts-clairières désertes qui descendent jusqu'au Mékong.

La haute Srépok est formée de deux branches principales : le Krong knô et le Krong hana ou Krong Boung, tous deux issus du puissant nœud orographique situé au nord-est du Lang-biang dans l'angle formé par la chaîne annamitique en son coude vers le sud-ouest.

Le bassin du Krong knô, très montagneux et difficile, est le moins connu ; à son entrée en plaine, ce fleuve est grossi de quelques affluents descendus des contreforts du Lang-biang et des montagnes de Djiring; le Krong hana ou Krong Boung, qui est la branche principale, reçoit, en plaine, le Krong Pach venu de la chaîne annamitique en arrière de Nhatrang et qui est grossi lui-même du Krong Bouk, importante rivière au cours généralement orienté nord-sud et issue des ondulations limitrophes du Kontoum.

Avant de se réunir au Krong knô dans les vastes marais de Ban Tour, le Krong hana reçoit les eaux du petit lac Tak-lak qui draine une importante poche marécageuse. Après le confluent des deux branches, la rivière, qui est appelée Krong Boung par les Mnong et Sé-bang-khan par les Laotiens, se coude vers le nord-ouest et traverse, par des cataractes, des chutes et des rapides, les dernières collines du Darlac sud-occidental. A Ban Don elle prend la direction définitive ouest-nord-ouest pour aller, sous le nom cambodgien de Srépok,

se jeter dans le Sé-kong un peu avant le confluent de
cette dernière rivière avec le Mékong à Stung-treng.

*
* *

Trois grandes familles moï peuplent le plateau du
Darlac : les montagnes de l'est, du sud, du sud-ouest et
les collines de l'ouest sont habitées par les sauvages
Pnong ou Mnong, le plateau lui-même est occupé par
la grande famille des Radé, plus civilisée et plus intelligente ; les marais du confluent Krong knô et Krong
hana abritent la famille des Pih : au nord, sur les confins du Kontoum, se trouvent les premiers villages de
la puissante et belliqueuse famille des Jarai qui occupent
le Kontoum occidental et méridional ; entre le Jarai et
les Radé, s'étendent des familles secondaires telles que
les Kroung, les Chur, les Blao, etc., parlant une langue
mêlée de radé et de jarai. La race montagneuse des
Mnong va de la Cochinchine et du Cambodge à l'Annam ;
elle se divise en de nombreuses tribus encore peu
connues dont les plus importantes sont les Stiengs dans
le bassin du moyen Donnaï, les Phiet et les Bouneur
dans le Darlac sud-occidental, les Gar et les Chil ou Kil
dans le Darlac méridional et sud-oriental, les Rlam
dans le bassin du lac Tak-lak. Les tribus du Lang-Biang
et celles qui relèvent de la Cochinchine appartiennent
également pour la plupart à cette grande famille.

Les Radé se divisent en plusieurs tribus, qui sont les
Kapa, au centre du Darlac ; les Ktul, dans l'est ; les
Atham, au nord ; les Kadung dans la vallée du haut
Krong Boung.

Au point de vue linguistique, les populations du Darlac appartiennent à deux groupes bien distincts. Les Radé, les Jarai et les Pih parlent un dialecte fortement mélangé de cham; quant aux diverses tribus mnong, elles se servent d'un idiome totalement différent rentrant dans le premier groupe de la deuxième famille qui comprend, comme on l'a vu, les langues les plus fortement imprégnées d'éléments khmer.

Au point de vue ethnographique, les différences entre les diverses peuplades sont également très fortes. Tandis que le Jarai, le Radé et le Pih sont ordinairement de taille élancée, atteignant parfois 1^m,70 de hauteur, ont la figure souvent fine, ouverte et intelligente, — tout en faisant cependant quelques réserves pour les Pih, — les Mnong sont de taille plus petite et leur niveau intellectuel est bien au-dessous de celui de leurs voisins. Ces tribus mnong, hirsutes, sales, sachant parfois à peine compter, vivant dans le cadre étroit de leurs montagnes, en de misérables huttes enfumées et malsaines, occupent dans l'échelle sociale un degré nettement inférieur à celui qu'y tiennent les Radé et les Jarai, car ces derniers, doués d'un rudiment de civilisation, ont su améliorer, dans une certaine mesure, les conditions de leur existence primitive.

II

La mentalité et les mœurs de toutes ces peuplades sont cependant, à peu de chose près, les mêmes, et des divers faits de leur vie quotidienne, il est facile de dégager leur caractère d'ensemble

D'une paresse invétérée, d'une crédulité déconcertante, le Moï est loin d'être l'être doux et poétique que divers auteurs ont voulu se représenter. Difficile à manier, ombrageux et fier, le Moï ne se laisse conduire que par une certaine douceur alliée à une grande fermeté; la reconnaissance étant, pour lui, chose inconnue, il ne se laisse guider que par l'intérêt et la crainte et ce serait folie que de vouloir chercher à l'atteindre par les sentiments.

Quelques auteurs ont dépeint le Moï comme un être franc et libre, doué de toutes les vertus, ne connaissant ni le mensonge ni le crime. Rien n'est plus faux que ce tableau; le Moï est menteur et fourbe et d'autant plus dangereux que l'on se fait de lui une idée faussement favorable. Pour obtenir une jarre, un kong, un buffle, voire un cochon, il ne reculera devant rien et viendra, s'il le faut, accuser d'un crime son plus inoffensif voisin.

Rancunier et processif, il n'oublie pas les offenses et, le moment venu, sait s'en souvenir pour tirer vengeance et profit. Peu lui importe d'attendre pour cela des mois, même des années; le temps n'a en effet, nulle valeur pour lui, et si le Moï n'est pas oublieux, il est encore plus insouciant et fêtard. Sans aucun remords, il quittera tout pour s'adonner au plaisir de faire bombance autour d'une jarre d'alcool de riz et d'un copieux repas. A la résidence du Darlac, il m'a été donné de voir de nombreux exemples de ce que j'avance. Fort souvent, des indigènes venaient se plaindre d'un vol dont ils avaient été victimes plusieurs années auparavant. Interrogés sur les causes de leur retard à dénoncer le fait, ils répondaient ingénument avoir été fort occupés.

— Mais, encore, quelle était cette importante occupation ?

— Monsieur, j'ai été invité à boire la jarre et à manger un bœuf au moment où je voulais venir vous trouver ; je n'ai pas pu venir plus tôt.

Et la réponse ne varie pas, que la victime ait à se plaindre du vol d'un de ses poulets ou de l'assassinat d'un de ses plus proches parents.

La crédulité du Moï est extrême ; exploitée et développée par les sorciers, elle peuple de génies tout phénomène naturel, toute manifestation d'une intelligence supérieure et, en s'appuyant sur cette superstition, il est facile d'obtenir du Moï ce qu'il refuserait à la persuasion et à l'amitié. Ce penchant est d'ailleurs mis à profit par quelques gens sans scrupules, écumeurs sans village et sans famille qui parcourent parfois le pays, se faisant nourrir et offrir la jarre sur la simple assurance qu'ils ont un puissant génie dans le ventre ou que, la nuit venue, ils peuvent se changer en tigres et dévorer ceux qui leur refuseraient ce qu'ils demandent ; quelques chefs plus énergiques et moins crédules, parce qu'en relations constantes avec nous, osent bien parfois arrêter, non sans appréhension, d'ailleurs, ces audacieux filous, mais les villages éloignés se laissent rançonner à discrétion, ne pensent même pas à user de leur force contre ces brigands, qui n'opèrent jamais que par très petits groupes.

Cet instinct de piraterie qui anime ces voleurs est

d'ailleurs l'un des caractères de la race. D'une paresse
invétérée, ne cultivant que juste de quoi suffire à sa
nourriture, se contentant, à l'épuisement de son riz,
des racines de la forêt et de sa chasse, le Moï devait être
amené, par cette horreur de tout travail suivi, à chercher
dans le pillage ce qu'il répugne à se procurer par un
honnête labeur. Les Jarai, les Sédang et autres populations du Kontoum avaient même fait de la piraterie
l'occupation presque unique de leur existence; les Radé
et les Mnong, plus pacifiques, ne l'ont pratiquée que
sur une moindre échelle et seulement en guise de
passe-temps et de vengeance.

Un village est-il en dette envers un autre ou jouit-il
d'une dangereuse aisance? S'il ne se garde pas, il craint
fort de se voir, une belle nuit, entouré et razzié. Ces
expéditions de banditisme étaient très fréquentes avant
notre établissement dans le pays; l'insécurité était constante et les villageois ne se hasardaient en brousse qu'en
groupes bien armés. Notre venue a fait cesser cet état
de choses, quoique, de temps à autre, l'on apprenne
encore inopinément la destruction, sur les frontières,
d'un village attaqué, pillé et brûlé par un voisin.
Ceux qui échappaient à la chute de leur foyer se
réfugiaient en un autre village qu'ils gagnaient à leur
cause; en promettant le partage du butin reconquis, ils
arrivaient, à leur tour, à grouper autour d'eux une
troupe bien armée et décidée qui, un beau jour, se
ruait sur le village envahisseur et lui faisait, en
représailles, subir les horreurs du massacre et du pillage. Ces vendettas continuelles avaient engendré un
état complet d'anarchie grâce auquel certains audacieux

réussirent à devenir de puissants chefs, redoutés à la ronde et jouissant d'une certaine puissance assise sur la terreur et maintenue par la force des armes. L'exemple le plus célèbre fut celui du fameux Mé-sao, ce chef du Darlac central auquel l'auréole de ses méfaits avait valu le nom pompeux de « Roi des Moï ». L'histoire de ce brigand, tragique et sanglante, vaut la peine d'être contée, car elle éclaire d'un jour très vif la mentalité curieuse de ces sauvages et primitives peuplades.

Mé-sao était un simple habitant de B. Tang, village radé Kapa à quelque 16 kilomètres au nord-est de la résidence du Darlac; il s'appelait Y-Yène et était fils d'une famille libre mais pauvre qui ne possédait, pour toute richesse, qu'un éléphant et un jeu de gongs.

Elle fut un jour pillée par un chef voisin du nom de Aï-loa, qui emmena Y-Yène en esclavage. Racheté par sa famille, notre héros alla se fixer à B. mé-phi, village de la région de Mé-yach; comme il était courageux, il servit à Ma-phi de chef en ses expéditions de pillage contre les villages de la contrée. En récompense de ses services, Y-Yène reçut en mariage la fille de Ma-phi; mais, à la mort de ce dernier, sa veuve se remaria et le nouveau chef, jaloux des richesses qu'avait rassemblées son beau-fils, les lui confisqua et le chassa du village.

Suivi de quelques hommes déterminés, Y-Yène, qui était déjà connu sous le nom de Mé-sao, alla s'établir à B. mé-oal — qui devint B. mé-sao — sur la route du Darlac à Ninh-hoa, au centre d'une région alors peuplée et riche; faisant de son village un repaire de brigands, le nouveau chef se mit à rançonner et à piller villages voisins et voyageurs, si bien que tout ce canton, redoutant le pirate, se dépeupla rapidement et devint le désert qu'il est encore actuellement.

Sa première femme morte, Mé-sao épousa une nommée Ha Gai qui, pour s'unir au fameux chef, empoisonna son mari; de cette union naquit une fille qui devait épouser Mé-vian, l'un des seconds de Mé-sao.

Solidement installé à Mé-oal, à quelque 35 kilomètres à l'est de la résidence actuelle du Darlac, Mé-sao se mit en relations avec les commerçants annamites de l'hinterland; ceux-ci lui procuraient, en échange des esclaves, produits de ses rapines, les marchandises et bimbeloteries de la côte dont il était friand. Ce fut le point de départ de sa fortune (vers 1880). Ces commerçants annamites ou « thuoc-lai », devinrent vite les intermédiaires entre le chef moï et les mandarins annamites du Phuyen et du Khanh-hoa qui reçurent, dès lors, en notoire quantité, la cire, les peaux, les cornes et quelque ivoire enlevés par Mé-sao à la faiblesse de ses voisins. La région environnante, sur un rayon parfois fort étendu, était devenue un vrai grenier pour le forban, qui puisait dans les villages au gré de son bon plaisir, massacrant sans pitié ceux qui osaient lui résister. Les caprices de Mé-sao étaient, de plus, nombreux et fantasques; la haine, l'intérêt, la vengeance, la cupidité, la cruauté, la débauche et la superstition étaient les seuls mobiles auxquels obéissait le redoutable brigand. Avait-il vu en songe un individu traverser ses rizières? Le malheureux était certain d'être, à son réveil, saisi et mis à mort; le même sort attendait ceux qu'il s'imaginait être responsables de la maladie des siens ou des désagréments divers qui traversaient son existence. Variés étaient les supplices infligés par Mé-sao à ses victimes. Il pratiquait parfois l'épreuve de la résine bouillante; le patient devait plonger sa main dans la marmite contenant la gomme en ébullition; retirait-il la main brûlée? Il était coupable. La main était-elle, par miracle, indemne? La victime était alors accusée d'être un sorcier du feu et, par conséquent, également dangereux; dans les deux cas, c'était la condamnation à mort. Un coup de lance dans la poitrine suivi de la décapitation par le simple coupe-coupe était la peine ordinaire; d'autres fois, on enterrait la victime vivante ou on l'abandonnait en brousse, les membres rompus quand on ne la pendait pas purement et simplement.

L'épouse du pirate était digne de son mari. Cupide et foncièrement cruelle, elle joignait à ces précieuses qualités la dépravation d'une Messaline. Rencontrait-elle une résistance chez celui que son caprice voulait lui faire prendre comme amant? Elle accusait aussitôt le malheureux de l'avoir voulu inciter à l'adultère et c'en était fait du pauvre Joseph; le même sort attendait d'ailleurs l'amant qui avait cessé de plaire ou celui qui devenait trop compromettant. La vieille était surtout experte en poisons et elle connaissait certaines herbes qui, réduites en soupe ou plongées dans l'alcool de riz, envoyaient dans l'autre monde ceux dont les biens étaient convoités. Les familles des victimes étaient, de plus, réduites en esclavage. Le produit de ces meurtres était échangé contre des denrées de la côte aux « thuoc-lai » fréquentant la contrée et qui flattaient la passion du chef dont ils tiraient esclaves, peaux, cire, bétail et chevaux.

Ivrogne invétéré, Mé-sao s'adonnait au plaisir de la jarre et, sous le plus futile prétexte, sa maison s'emplissait du bruit des gongs de la foule qu'il conviait à ses libations et de chanteurs qui, pendant des heures, célébraient les mérites, la puissance et la gloire du bandit, qui, tard dans la nuit, était emporté ivre-mort par ses esclaves. Il s'était également mis à fumer l'opium; ce vice, qui est d'ailleurs inconnu chez les Moï, lui avait été communiqué par ses amis les « thuoc-lai » et, vers la fin de sa vie, il était complètement intoxiqué; malheureusement, comme il n'avait parmi ses gens personne qui sût préparer les pipes, ne s'était-il pas avisé, en sa candeur de sauvage habitué à voir tout plier devant lui, de demander au résident du Darlac de lui faire cadeau d'un milicien annamite fumeur qui serait devenu son esclave et aurait·été spécialement chargé de lui confectionner ses pipes.

Lorsque l'administration française commença à s'établir en région moï, Mé-sao, après quelques tentatives destinées à contrarier nos projets et poussé en cela par les Annamites qui ne nous voyaient pas sans appréhension nous immiscer en leur champ d'exactions, comprit vite qu'il ferait mieux de profiter de l'inévitable. Fourbe et rusé il réussit à merveille et sut tirer un admirable parti des circonstances. A la frontière des hinterlands de l'Annam et du Laos, il joua un jeu de bascule qui réussit au delà de toute espérance; à Cung-xon, poste administratif du Phuyen (Annam), il allait humblement se plaindre d'avoir été pillé, de voir ses terres ravagées par des incursions de voisins dont il n'osait pas tirer vengeance, mettant ainsi, avec une rare fourberie, sur le compte d'autrui, les méfaits dont il se rendait journellement coupable.

Trompé par les « thuoc-lai » qui représentaient Mé-sao comme un grand chef auquel ses méchants vassaux ne voulaient point obéir, et enchanté de soutenir le « Roi des Moï » contre le Laos dont ce dernier relevait géographiquement, le résident du Phuyen ne manquait jamais de prendre fait et cause pour le brigand qui ne tarda pas à étendre ses rapines dont le fruit, étalé pompeusement en sa magnifique maison longue de 215 mètres, porta à son comble la réputation du bandit, qui bientôt acquit, à son insu d'ailleurs, une incompréhensible réputation de chef magnanime et de souverain suprême du Darlac.

Cette situation ne prit fin qu'en 1905, après le passage du Darlac à l'Annam. Le résident, M. Besnard, qui connaissait Mé-sao à sa juste valeur, voulut mettre un terme à ses exploits ; mais celui-ci, se voyant menacé, prit peur, se sauva en brousse et se mit à prêcher la révolte contre nous. Cette attitude le perdit ; las de ses cruautés, ses trois cents esclaves l'abandonnèrent en masse ; ce qui restait autour de lui le livra en janvier 1905 ; deux mois plus tard, il mourait en prison.

Le règlement de sa succession révéla tous ses crimes ; des diverses plaintes recueillies et contrôlées, il résulta que Mé-sao et sa femme l'empoisonneuse avaient commis au moins deux cents assassinats, volé une vingtaine d'éléphants ainsi qu'une innombrable quantité de bétail, de chevaux, de gongs, de jarres, de marmites, etc.

Cette histoire de meurtres et de sang montre sous son véritable jour les instincts de ce peuple, instincts qui, dans le cas de Mé-sao, se sont évidemment développés d'une façon exceptionnelle et anormale, mais qui n'en sont pas moins ceux de toute la race. Nombreux sont les chefs qui, sans avoir suivi aussi loin dans la voie du crime l'exemple de Mé-sao, ont assis leur autorité sur la rapine et les cadavres, et il n'y a pas un village, pas une famille qui ne puisse relater une affaire de vol ou de brigandage dont ils aient été ou coupables ou victimes.

III

La nation moï n'existe pas et n'a jamais existé. L'unité sociale est, chez ces sauvages, le village, chaque agglomération étant indépendante de sa voisine sous la protection et le despotisme de son chef. Quelquefois cependant, comme dans le cas de Mé-sao, certains chefs plus puissants réussissent à grouper plusieurs villages sous leur autorité, mais le fait est devenu très rare depuis l'établissement de notre administration.

Le chef est généralement issu d'une famille aisée; après lui, viennent les familles libres du village, propriétaires de quelque bétail et de quelques gongs ou jarres. La troisième classe est celle des engagés pour

dettes et des esclaves; cette dernière est naturellement
la plus nombreuse, mais, à vrai dire, son sort n'est pas
des plus lamentables. L'engagé pour dettes et même
l'esclave de guerre faisaient vite partie de la famille à
laquelle ils appartenaient, buvant avec les maîtres à la
jarre des fêtes ou battant le tam-tam, n'ayant, en
somme, qu'assez rarement à supporter la colère des
chefs. Et cela est tellement vrai que, malgré la sup-
pression de l'esclavage par notre administration, il est
au courant de voir des gens ne possédant rien s'engager
volontairement et se faire les « serviteurs » d'une
famille plus aisée.

Citons enfin les sorciers qui tiennent en chaque village un rang assez considérable; ils interviennent
constamment et en chaque circonstance de la vie moï;
pas une fête, pas une cérémonie ne se passe sans que
le sorcier ne vienne réciter ses litanies, ses formules et
accomplir quelques cérémonies grossières. « Le métier
est assez considéré et même lucratif, surtout si le sorcier
compte à son actif quelques guérisons ou quelques pré-
dictions heureuses, mais il ne va pas sans inconvénients
et même sans quelques risques de mort. Un sorcier a-
t-il été impuissant à guérir nn chef ou quelqu'un
de sa famille? Ou bien a-t-il été vu en rêve par un habitant influent qui pleure un de ses proches récemment
trépassé? Aussitôt le sorcier (ou la sorcière) du village
est accusé du méfait.

« Aujourd'hui, depuis notre intervention, on se
contente de le chasser du village; mais autrefois il
était condamné à mort d'un commun accord. Il devait
auparavant subir ou l'épreuve de l'eau, qui consiste

à boire un nombre considérable de bols d'eau sans
en être incommodé, ou bien celle de la résine ou
du plomb fondu, qu'on versait dans un récipient;
l'accusé devait y plonger la main et la retirer indemne!
Une ordalie employée quelquefois consistait à faire
boire de l'alcool à l'accusé pendant plusieurs heures
et même toute une nuit sans discontinuer. Si le patient
s'enivrait, ce qui était immanquable, il était jugé coupable.

« Les malheureux ainsi condamnés étaient parfois
exécutés immédiatement après l'épreuve. La plupart du
temps on se bornait à les tuer d'un coup de lance dans
la région du cœur, ou à leur trancher la tête d'un coup
de coupe-coupe; mais si la victime avait encouru la
haine de quelque chef ou de quelque puissant personnage, il arrivait aussi qu'on la laissait en pâture aux
fauves dans la forêt voisine après lui avoir rompu les
quatre membres. D'autres fois encore, on enterrait
vivant le condamné (1). »

*
* *

« Il n'y avait pas à proprement parler de justice chez
les Moi et les parties en cause s'en référaient à un
arbitre qu'elles choisissaient elles-mêmes parmi les
chefs. Si cette manière n'offrait que peu d'inconvénients
quand les adversaires étaient de classe sociale égale (ce
qui était rare), et quand le juge choisi était honnête (ce

---

(1) Toutes les citations faites dans ce chapitre sont tirées de
l'opuscule de M. BESNARD, *les Populations moï du Darlac. Bulletin
de l'Ecole française d'Extrême-Orient*, janvier-juin 1907.

qui était plus rare encore), par contre dès qu'un individu de classe inférieure avait affaire avec un chef ou
même seulement avec un personnage influent, sorcier
ou riche, c'en était fait de sa liberté. L'arbitre choisi,
soit qu'il craignît de s'attirer l'inimitié du plus puissant,
soit qu'il en eût reçu un cadeau, condamnait toujours
le faible. Il en résultait alors que bien souvent le per-
dant se faisait justice lui-même, soit en capturant du
bétail appartenant à son ennemi, soit même en l'assas-
sinant.

« Il va sans dire que lorsque c'était un chef qui
croyait avoir à se plaindre d'un esclave ou d'un individu peu redouté, l'affaire était plus simple. Si c'était
un esclave, il était mis à mort ou vendu dans un village
éloigné; si c'était un homme libre, il était réduit en
esclavage ainsi souvent que toute sa famille.

« Ces coutumes barbares ont heureusement disparu
depuis l'intallation du commissariat, du moins dans
les villages soumis, et nombreux sont les esclaves qui
viennent chaque jour apporter leurs doléances au chef
de la province qu'ils choisissent toujours aujourd'hui
comme juge et arbitre.

« En général, en dehors de quelques ventes clandes-
tines d'esclaves qui se produisent encore parfois, les
seuls conflits à régler aujourd'hui entre les Moï soumis
du Darlac sont les enlèvements de bestiaux, et encore
ces faits ne se produisent-ils guère qu'en réparation de
dommages causés. Mais quand celui qui a été lésé n'a
pu faire rendre gorge à celui dont il a à se plaindre, il
lui arrive fréquemment de rentrer dans ses pertes au
détriment d'un tiers; il va alors le plus tranquillement

du monde prendre chez le premier venu ce qu'on lui a enlevé; c'est ce qu'on appelle « trong-kdi ».

*
* *

Au point du vue de la religion, celle des Moï est des moins compliquées. Ils « croient que la terre est plate et ronde comme un disque et que le soleil y touche par les bords. Autrefois, disent-ils, le ciel et la terre se touchaient sur toute leur surface. Le vent, le tonnerre, les nuages, la pluie sont pour eux des manifestations de la colère du génie qui habite le ciel. Le soleil, la lune sont autant de génies puissants. Du reste ils attribuent immédiatement une puissance occulte à tout ce qu'ils ne comprennent pas ; nos armes, nos instruments de musique, nos appareils photographiques sont habités par des génies.

« La plupart des Moï savent néanmoins désigner les quatre points cardinaux. Ils donnent aussi des noms aux principales constellations. Ainsi, la Petite Ourse s'appelle en radé « Kho-i-rit » — « le piège du génie Rit ».

« Les Moï croient à l'existence d'un être suprême qui aurait créé le ciel et la terre, mais ils ne lui donnent pas de nom. Il habitait autrefois, disent-ils, près des humains lorsque la terre et le ciel se touchaient; mais comme il y a très longtemps qu'ils se sont séparés, personne n'a conservé le souvenir du nom du créateur.

« Par contre, cet être suprême aurait encore communiqué avec les humains par l'intermédiaire d'Ai-thès (d'autres l'appellent Ai-tu; c'est le Pô-thê de l'Épée sacrée), lequel se trouvait encore sur la terre au moment où les Cham luttaient contre les Moï. Cet Ai-thès ou Pô-thê représente à leurs yeux le génie bienfaisant qui veille sur les cultures, les existences, enfin le bien-être des humains. Le créateur distribue le soleil, la pluie et commande aux éléments.

« Le nom de Pô-thê ne serait autre que celui de Buddha qui, d'après les Laotiens, serait venu chez les Moï professer sa doctrine; mais les légendes qui se rattachent à lui ne paraissent pas d'origine bouddhique.

« A part ces deux esprits puissants — le Dieu dont ils ignorent aujourd'hui le nom et Pô-thê dont ils parlent souvent — les Moï ont une foule de divinités secondaires qu'ils désignent sous le nom de « Phi; les Phi se divisent en génies bienfaisants et malfaisants et habitent les montagnes, les forêts et même certains cours d'eau. Il importe de se les rendre propices par des offrandes proportionnées à la puissance du génie ou plutôt à la crainte qu'il inspire et au degré d'aisance de l'adorateur. L'offrande consiste le plus souvent en une jarre d'alcool qu'on boit en nombreuse société en mangeant un bœuf.

« Les Moï n'ont aucun édifice religieux; cependant ils élèvent parfois, près de leurs villages, de petits autels en bambous, grossièrement construits, sur lesquels ils placent leurs offrandes (riz, œufs et fruits). Ils n'ont pas de personnages chargés plus spécialement de leurs rapports avec les génies; il n'y a chez eux aucune trace d'une caste sacerdotale, à moins qu'on ne considère comme telle la classe des sorciers.

« Les Moï ne semblent pas se préoccuper beaucoup

de ce qui les attend après leur mort. Ils paraissent cependant croire à une autre vie puisqu'ils craignent les revenants et qu'ils disent devoir subir une transmigration ; mais leurs idées sont très vagues et très confuses sur ce sujet.

« Ils croient que les revenants mangent les vivants. Les revenants sont généralement invisibles quand ils ne sont pas malveillants ; mais, s'ils veulent nuire, ils revêtent la forme d'un tigre ou de quelque animal féroce. On doit se rendre ces âmes errantes propices par des sacrifices nombreux et surtout en buvant beaucoup en leur honneur. Les tigres, les serpents, les pythons, les oiseaux de nuit sont autant d'animaux possédés par l'âme des morts et le Moï qui rencontre l'un de ces animaux doit lui faire une offrande en rentrant chez lui s'il ne veut pas encourir son ressentiment.

« Les Moï croient aussi aux présages ; ainsi, si l'on rencontre le matin un oiseau appelé « mlang » (un genre de pic) chantant sur la droite, c'est signe que la journée sera bonne ; s'il paraît à gauche, ce sera un jour néfaste et les Moï s'abstiendront soigneusement de rien faire dans cette journée afin de conjurer le sort. Le cri du chevreuil est aussi un augure favorable ou défavorable suivant qu'on l'entend à droite ou à gauche. »

Enfin le Moï croit à l'existence de génies invisibles ne revêtant aucune forme et auxquels il donne le nom de « yang ». Ces esprits peuplent, concurremment avec les « phi », les sources, les marais, les chutes d'eau et certains endroits des forêts et de la brousse.

IV

Les coutumes relatives aux principaux actes de la vie sont à peu près identiques chez toutes les tribus moï ; cependant celles qui sont décrites ici se rapportent plus spécialement à la grande famille des Radé.

La naissance est un acte des plus simples. La femme moï reste assise pour accoucher. Lorsqu'elle ressent les premières douleurs, elle fait appeler une sage-femme — simple voisine experte en la matière — et dont tout le rôle consiste, « lorsque l'heure de la délivrance est proche, à masser de haut en bas le ventre de la parturiente tout en lui comprimant fortement le dos avec le genou. Une autre femme reçoit l'enfant, qui est immédiatement lavé à l'eau tiède. Le cordon est ensuite coupé à une longueur d'un doigt avec une lamelle de bambou affilée en lame de couteau ; la ligature est faite avec un fil de coton. Le nouveau-né est mis au sein immédiatement. Dans le cas où la montée du lait se ferait attendre, une autre femme allaite l'enfant momentanément à la place de la mère. »

Le mari et les amies sont seuls admis à assister à la délivrance ; celui-là, dès que le nouveau-né est sorti, va chercher la sève d'un arbre nommé « sapan » : après cuisson, elle est administrée en une seule fois à l'accouchée : d'un goût amer, elle aurait pour effet d'activer la circulation du sang.

La mère est ensuite installée avec l'enfant auprès d'un foyer : le corps frotté de gingembre, elle y restera couchée une dizaine de jours, période après laquelle elle vaquera à nouveau à ses occupations, son nouveau-né sur le dos, installé dans une couverture nouée sur la poitrine. L'enfant tète jusqu'à ce qu'il sache prendre le riz et se nourrir lui-même, c'est-à-dire jusque vers l'âge de deux ans ; mais, dès après sa naissance, l'enfant est habitué au riz que la mère mâche préalablement et lui insuffle dans la bouche.

Après les relevailles, une petite fête est célébrée ; l'on boit les jarres et l'on mange poulets et cochons, suivant la richesse de la famille.

« C'est la femme qui a aidé à l'accouchement qui donne généralement un nom à l'enfant, mais cette règle n'est pas absolument suivie et principalement chez les Pnong, les parents choisissent eux-mêmes le nom de leur progéniture. I-hi, I-diok, I-kwi, I-thet, I-ngoai, I-koi, sont des noms de garçons, et Ha-pi, Ha-nit, Ha-pru, des noms de filles. Quelquefois le nom est choisi pour sa signification comme « Prok » (écureuil), « Kwi » (souris), et est donné pour rappeler quelque incident qui a précédé ou accompagné la naissance ; d'autres fois il est choisi sans raison spéciale ».

Quoique assez rares, les avortements se pratiquent parfois et surtout dans la classe aisée, lorsque l'enfant est le produit d'un amant. Ils sont provoqués vers le cinquième ou sixième mois par la sage-femme qui, ayant constaté la position de l'enfant, l'étouffe sans plus de cérémonie : si l'évacuation ne peut avoir lieu naturellement, la matrone introduit la main dans le vagin de la patiente et en extrait le fœtus. Sur dix cas d'avortement de ce genre, l'on ne compte guère que deux ou trois insuccès entraînant la mort de la mère.

*
* *

Les mariages sont conclus de différentes manières suivant les tribus : chez les unes, c'est le jeune homme qui déclare ses sentiments à la jeune fille qui lui plaît. « Les futurs époux se fixent un délai pour les accordailles officielles. Ce délai expiré, ils se servent d'un entremetteur pour prévenir leurs parents du désir qu'ils ont de s'unir. Le consentement des parents suffit pour sanctionner l'union. On tue un porc, on boit l'alcool aux frais des parents du mari et celui-ci va ensuite habiter chez les parents de sa femme : toutefois, les chefs ou indigènes aisés ont une maison à eux où ils vont habiter avec leur femme. »

Quelquefois, ce sont les parents qui font, après entente, proposition de mariage à leurs enfants. Une fois d'accord, la jeune fille envoie une vieille femme demander aux parents du jeune homme la main de ce dernier. Si la demande est agréée, celui-ci se rend chez la jeune fille où il devra rester et travailler. En général, les relations intimes commencent dès ce moment, en cachette : mais parfois le jeune homme peut demeurer de longs mois dans la famille de sa future épouse avant la conclusion définitive du mariage, qui est rompu en cas d'inconduite de l'un des fiancés : la famille du coupable est alors tenue d'indemniser celle de l'outragé.

Le mariage se célèbre naturellement au milieu d'une fête au cours de laquelle le sorcier supplie les génies de protéger les nouveaux époux : pour ce faire, il mêle du sang de cochon à de l'alcool de riz ; après avoir prononcé une invocation aux génies, il prend le mélange et y trempe les pieds des deux conjoints. Le mariage est conclu.

« Un autre mode de mariage tout à fait spécial aux Radé mérite d'être décrit. Une veuve qui désire se remarier envoie, quelquefois même sans prévenir celui qu'elle se choisit, un entremetteur faire sa demande aux parents. Si ceux-ci et le garçon consentent, l'affaire est conclue et le nouveau marié va habiter chez les parents de sa femme ; mais, dans ce cas, les frais de la noce incombent aux parents de la mariée. Cette manière de faire est également imposée aux veuves de chefs ou d'indigènes libres et aisés, afin que la succession du défunt reste en entier à la famille du mort. Dans ce cas, la veuve doit faire son choix parmi les membres de la famille et prendre, de préférence, un frère ou un neveu du défunt. Aucun délai n'est fixé aux veuves pour se remarier. Il arrive parfois en pays moï qu'elles se remarient le lendemain du décès de leur conjoint.

« Il va sans dire que, même si elle est vieille et laide, la veuve d'un chef trouve toujours à se remarier. Le nouveau mari devient le chef du village ; mais le village, au lieu de s'appeler « Ban mé... », devient « Ban noi... » (noi signifie remplaçant). Le mariage entre consanguins est rigoureusement prohibé. Les Moï pratiquent même l'exogamie au point de proscrire l'union entre cousins

germains ou entre descendants de famille du même
nom ; la tradition a conservé en effet, en pays moï les
noms des ancêtres qui sont, chez les Radé : Dok,
I-pan, Ha-yun, de race noble : Ya-né, Bun, Krong,
To, Kang-tla, Knul, Mok, d'origine roturière.

« La polygamie est permise, mais comme une femme
est une charge, il en résulte que seuls les chefs ou les
indigènes aisés en ont plusieurs. »

Les adultères sont nombreux en pays moï. Lorsque
le mari apprend son infortune, il demande au chef du
village de se faire verser une indemnité par l'amant;
mais, si celui-ci est pauvre, le mari, lorsqu'il est courageux, s'arrange de façon à surprendre les coupables
en flagrant délit : il tue alors son rival et demande une
indemnité aux parents de sa femme. Si ceux-ci sont
trop pauvres pour payer, l'épouse coupable est renvoyée, ce qui ne l'empêche d'ailleurs pas de se remarier. Les bâtards sont inconnus, les filles-mères trouvant mari aussi bien que les veuves avec enfants.

« Chez les indigènes aisés, en cas de décès de la
femme, les biens des époux restent acquis aux parents
de la femme : mais afin d'en conserver la jouissance,
le veuf peut se choisir une nouvelle femme dans la
famille de la première. Quand c'est le mari qui meurt
le premier, si sa femme ne se marie pas avec un
frère ou un parent du défunt, les biens sont partagés
entre la veuve et les parents du défunt. Chez les
pauvres et les esclaves, aucune règle n'est suivie ni
même nécessaire puisqu'ils ne possèdent rien. »

*
* *

Les Moï croient que l'homme possède dans le ventre une âme « bong » qui, à la mort de son possesseur, se promène dans les villages, causant les maladies et la mort. Certains prétendent voir parfois ces âmes en peine errer dans les villages : violents et subits coups de vent, gerbes inattendues d'étincelles, etc., sont autant de leurs manifestations. Elles rendent malades les corps chez lesquels elles élisent domicile; l'on appelle alors le sorcier; celui-ci arrive, nanti d'un bambou qui servira d'intermédiaire entre lui et le « bong ». Il commence généralement par faire servir un bol de riz au milieu duquel est un bracelet et une jarre dans laquelle il verse lentement le contenu d'une calebasse d'eau en chantant et en scandant sur un ton traînard les paroles rituelles. Puis, jetant un grain de riz sur le malade, il entame son invocation au génie et s'arrête pour mesurer, les bras étendus, le bambou dont la longueur est d'une brasse environ : le bâton reposé à terre, la prière continue; après quoi, le bambou est repris : en modifiant habilement la tension des bras, le sorcier déclare qu'il s'est allongé ou raccourci; s'il s'est raccourci, c'est que le génie réclame sans miséricorde la mort du malade; dans le cas contraire, le génie veut bien entrer en composition. Le sorcier fait alors l'offre d'un buffle; si l'esprit refuse, toujours par l'intermédiaire du bambou, le sorcier prie ce dernier d'ajouter l'offre d'un cochon ou d'un bœuf et ainsi de suite jusqu'à ce que l'esprit se déclare satisfait. La

famille du malade tue les bêtes désignées, qui forme-
ront la base d'un plantureux repas dont le sorcier
prendra sa large part.

Souvent, cependant, le sorcier se contente de sabler
la jarre et ne demande aucun sacrifice, se bornant à
déclarer indispensable l'intervention d'une sorcière.
Celle-ci, dès son arrivée, palpe le malade, lui masse le
ventre, se penche et aspire violemment un coin de
chair; elle se relève, la bouche tachée de sang qu'elle
crache avec dégoût; deux fois, elle répète l'opération
sur le ventre et une fois sur les reins, puis, apposant
la main sur le malade, elle frappe légèrement en comp-
tant et en invoquant le génie; elle reprend ses massages
et ses succions sur diverses autres parties du corps, le
front notamment. Après chaque succion, elle recrache
le sang en une feuille d'arbre qu'elle plie et casse avec
un feint effort, déclarant que, mêlé à ce sang, se trouve
un corps dur, principe du mal; l'on ne doit pas regarder le contenu de cette feuille, car cela porterait
malheur au patient. Ces sorcières, qui se font naturellement payer grassement, se bornent à exercer ces pratiques bizarres et ne remplacent point le sorcier en ses
consultations magiques. Chaque village possède une ou
deux de ces mégères.

Lorsque le malade meurt malgré toutes ces belles sor-
celleries, le sorcier déclare que l'offrande n'a pas été
assez abondante ou que le malade a commis quelque
acte qui a indisposé le génie. Nous avons vu cependant
que cette simple explication ne suffisait pas toujours et
que le sorcier malheureux payait souvent de sa vie l'insuccès de ses conjurations.

En dehors de ces pratiques bizarres, les Moï accordent néanmoins confiance à certaines plantes et à quelques simples que nous étudierons plus loin.

*
* *

Au son des trois coups de tam-tam qui annoncent le décès d'un membre du village, tous les habitants se rendent à la maison mortuaire : le cadavre a les deux genoux et les deux orteils attachés par des cordonnets de coton, les bras sont ramenés le long du corps, la figure est lavée et recouverte d'une étoffe, la mâchoire inférieure attachée et, tandis que les visiteuses apportent quelques menus cadeaux, riz et œufs, l'on pare le corps de ses bracelets, colliers et autres atours ; l'on suspend autour de la couche mortuaire tous les plus beaux habits du défunt, l'on entasse bols, gongs, marmites, etc., et trois ou quatre personnes restent près du cadavre et l'éventent pour chasser les mouches : les femmes jouent de la flûte tandis que les hommes boivent les jarres. Le lendemain, l'on se rend en forêt chercher un arbre pour faire le cercueil ; pour les riches, l'on emploie diverses essences de haute taille qui demandent de sept à huit jours pour être creusées en forme d'auge ; pour les pauvres, l'on se contente généralement d'un tronc de faux cotonnier. Le cadavre demeure donc exposé pendant plusieurs jours, parfois même une semaine. Une marmite est placée sous la maison afin de recueillir le pus qui suinte des chairs en voie de décomposition, pus qui, selon les croyances moï, sert de nourriture aux « seuk ».

Le « seuk » est un esprit plutôt malfaisant — un diable — obéissant à un ou deux patrons généralement inconnus aux hommes du village; chacun n'a cependant point un « seuk » et l'on ne sait jamais quels sont les habitants qui en possèdent. Ce « seuk » revêt la forme visible d'un courant d'air, d'une étincelle, parfois aussi celle d'un chat, d'une chèvre ou d'un singe. Les Moï n'ont d'ailleurs à ce sujet que des idées vagues et confuses qu'il est extrêmement difficile de leur faire expliquer.

Pendant tout le temps que dure la confection du cercueil, la famille et les amis sont tenus de rester autour du cadavre à manger, boire et dormir en signe d'affliction. Une fois le cercueil achevé, il est recouvert de dessins grossiers qu'un artiste peint avec le sang des animaux tués à l'occasion des funérailles. Les gens aisés sont enfermés dans deux cercueils emboîtés l'un dans l'autre et dont la forme extérieure rappelle celle de nos bières.

« On y place le cadavre avec tout ce qu'on peut trouver de menus objets lui ayant appartenu de son vivant, tels que pipes, bois, bijoux, verroterie, plus quelques chiques de bétel. Le cercueil une fois fermé doit rester toute une nuit dans la maison... Enveloppé d'une couverture et suivi de tout le village, la famille marchant en tête, il est porté à bras, au milieu des lamentations des femmes, au cimetière situé à proximité du village. La tombe a été creusée à une profondeur de 2ᵐ,50 à 3 mètres. Dans les côtés de la fosse on a ménagé des niches pour y placer des jarres vides ou remplies d'alcool. Avant de descendre le cercueil, on jette au fond de la fosse une certaine quantité de cendres dans le but d'éloigner les insectes qui rongent le bois. Chez les Radé seulement, la tête du mort est tournée vers l'est. Les Jarai et les Pnong, comme les Cambodgiens et les Laotiens, placent la tête vers l'ouest. Une fois le cercueil au fond de la fosse, avant de la recouvrir de terre, on place dessus une claie de bambous et de feuillage et, sous cette claie, directement sur le cercueil et au-dessus de la tête du mort, est déposé un panier plein de riz. Un tuyau de bambou, dont l'extrémité émergera au-dessus de la tombe, est fixé également à la tête du cercueil et servira chaque jour à introduire les aliments destinés à l'âme du défunt. Un autre bambou, dont l'extrémité inférieure aboutit dans une jarre et qui est également assez long pour dépasser la masse de terre qui recouvrira la tombe, est placé aussi dans la fosse : c'est dans ce tube qu'on versera l'alcool apporté au cimetière dans certaines occasions, à la lune croissante par exemple.

« La tombe une fois comblée, on creuse tout autour un fossé circulaire d'un mètre de largeur et profond de deux. La terre de ce fossé est rejetée dans l'intérieur du cercle en tas sur la tombe et forme un monticule de 2 mètres environ de hauteur. On a soin, bien entendu, de laisser dépasser les deux tuyaux de ravitaillement.

« Suivant le degré de puissance et de richesse du défunt ou encore suivant les regrets qu'il laisse après lui, on rend chaque jour des visites à sa tombe pendant six mois, un an et quelquefois plus. Au bout de ce temps, on juge que les devoirs ont été suffisamment rendus à sa mémoire et on fait la cérémonie appelée « lui msat », abandon de la tombe.

« C'est à cette époque seulement qu'on place sur la

tombe une maisonnette en bois ressemblant assez exactement à un pigeonnier et dans laquelle on met quelques aliments à la tête de la bête, buffle ou bœuf, mangée à cette occasion. On boit encore à la mémoire du mort et on ne revient plus à la tombe. A cette dernière cérémonie, il est lâché un poulet vivant qui est donné en pâture à l'âme du défunt afin que cette âme ne revienne pas sous forme d'esprit malfaisant manger les vivants.

« Les Radé Atham et Ktul déterrent quelquefois leurs morts au moment de l'abandon de la tombe et dispersent les ossements. Les Moï ne brûlent pas leurs morts, sauf toutefois les gardiens de l'épée sacrée du Roi du Feu ; ceux-ci doivent être brûlés sur un bûcher quand ils viennent à mourir, ainsi que le veut la tradition. »

Chez les Atham et les Ktul, la petite maisonnette funéraire n'affecte pas la forme de pigeonnier que lui donnent les Radé Kpa ; de dimensions plus considérables, elle repose sur quatre pilotis : les cloisons sont peinturlurées au sang et elle renferme de nombreuses offrandes faites au mort ; la tombe elle-même diffère de structure : au lieu d'être circulaire, elle est rectangulaire et le fossé est traversé, au milieu de chaque côté, par une petite chaussée de terre que l'on y a ménagée lors du creusement. Chez les riches, deux poteaux de bois sculptés ornent, extérieurement, les quatre angles de la tombe : marmites, animaux divers sont les sujets les plus souvent représentés. De hautes perches surmontées de gris-gris divers complètent la décoration de ces tombes.

Chaque tribu possède, en somme, sa forme de tombeau : les Mnong du sud ne font qu'une modeste levée de terre entièrement abritée par un toit de chaume dont les quatre poteaux de soutènement sont diversement sculptés et peints; sur la plate-forme du tertre, qui affecte la forme d'un tronc de pyramide rectangulaire, un semis d'éclats de bois, de flèches et d'oripeaux divers.

Chez les **Phiet** et les **Stieng**, la tombe n'existe point. Les sépultures sont simplement marquées par une bizarre rangée de sculptures grossières, figurines humaines et animales, articulées, vieilles poteries que domine une haute claie en bambous tressés, dressée en losange et peinturlurée de dessins bizarres.

Au nord, au contraire, chez les Jarai, les tombes atteignent les dimensions de véritables monuments : des poteaux sculptés en fourches légèrement incurvées, des paons et autres animaux ornent les angles de ces tombeaux qu'encercle souvent une forte palissade de pieux solides; parfois, la maisonnette qui recouvre la tombe est une véritable œuvre d'art et son toit démesuré, atteignant deux ou trois fois la hauteur des cloisons de soutènement, décoré de pendentifs divers, est d'architecture identique à celle des constructions bahnar.

CHAPITRE IV

LES RACES MOÏ DU DARLAC
MOEURS ET COUTUMES

Habitations et vie familiale. — Culture et élevage. — Nourriture. — Maladies et médicaments. — Vêtements, tissage et teinture. Ornements et parures. — Industrie et ustensiles divers. — Chasse et pêche. — Armes et poisons. — Arts décoratifs. — Peinture, gravure, sculpture. — Fêtes, chants et folk-lore. — Musique, danse.

I

HABITATIONS ET VIE FAMILIALE

Nous avons vu plus haut que le village est, chez les Moï, l'unité sociale. Toujours situé près d'un cours d'eau, d'un marais et d'une mare, il est diversement construit suivant la tribu à laquelle il appartient. D'importance très variable, puisqu'il peut comprendre de trois à soixante maisons et même plus, il est parfois entouré, et surtout chez les Mnong, d'une palissade percée de portes solidement défendues par des abatis. Chez les

Mnong Rlam du lac, les agglomérations sont augmentées de greniers à riz ; chez les Mnong de la montagne, elles sont situées sur des crêtes de mamelons secondaires fortement palissadés de trois et même quatre enceintes ; elles commandent de très loin le pays environnant.

Chez les Radé, les Jarai, les Pih et les Mnong Rlam, la maison est bâtie sur pilotis et orientée nord-sud chez les premiers ; elle comprend une avancée ou plate-forme destinée à faciliter le chargement des éléphants. Sous le plancher, entre les colonnes, se trouvent les étables où, la nuit venue, l'on rassemble buffles, chevaux et cochons que défendent des palissades mobiles faites de minces troncs d'arbre. Au-dessus du plancher — fait de bambous tressés ou, chez les Brao, de lattes attachées par des liens, — et légèrement inclinée vers l'extérieur, se dresse la cloison haute d'un mètre à 1ᵐ,25 et percée de fenêtres ; par-dessus, dépassant la paroi, la structure du toit à pente assez forte que recouvre un épais matelas d'herbe paillote.

Ces bâtisses, très solides, entièrement faites de bois et de bambous, sont susceptibles de durer longtemps et résistent victorieusement aux intempéries ; elles présentent même un réel confort et, lorsqu'elles sont neuves, un air vraiment coquet et agréable. Leur longueur varie suivant la tribu ; tandis que chez les Radé Kapa du Darlac central elles ne dépassent guère une cinquantaine de mètres, chez les Atham et les Ktul elles atteignent de bien plus grandes dimensions ; celle du fameux Mé-sao ne mesurait pas moins de 215 mètres de longueur et celle du chef Mé-oal, la plus belle qu'il m'ait été donné de voir en tous mes voyages, est longue de 185 mètres.

Chez les Jarai, elles sont plus petites mais un peu plus larges, et chez les Pih et les Mnong Rlam, elles ne dépassent guère 20 à 30 mètres de long.

Chez les Atham et les Jarai, les grandes solives se prolongent quelquefois en éperon pointu en avant des avancées d'entrée et les colonnes de cette partie de la maison saillent parfois au-dessus des troncs d'arbustes formant le plancher de cette véranda, se terminant en des manières de larges escabeaux rappelant par leur forme les bittes des navires.

L'escalier est formé, en toutes ces maisons sur pilotis, d'une épaisse planche ou bille de bois appuyée contre l'avancement d'une solive. Cette bille est découpée, jusqu'au niveau du plancher, de marches étroites; sa partie supérieure est ornée de deux seins jumeaux en relief au-dessous desquels se trouvent un croissant de lune et toute une série de gravures plus ou moins compliquées montant jusqu'à la marche supérieure.

Cet escalier, qui est de somptueuses dimensions chez certains chefs, — les deux plus beaux que j'aie vus sont ceux de Mé-drac et de Mé-oal, — est remplacé, dans les maisons pauvres, par un simple bambou de gros calibre taillé de grossières encoches.

La maison radé est divisée en deux parties bien distinctes : derrière l'entrée, se trouve la salle commune et de réception, tenant le plus souvent la moitié au moins de l'édifice; c'est là que l'on se rassemble pour boire la jarre et où se trouvent entassés les richesses du propriétaire et tous les ustensiles nécessaires à la vie familiale.

Généralement, à droite en entrant et toujours chez les chefs et les riches, s'étale le long de la cloison l'immense lit de camp taillé à coups de coupe-coupe, de 0ᵐ,30 à 0ᵐ,50 au-dessus du sol, de 0ᵐ,60 à 0ᵐ,80 de largeur et parfois long de plus de 10 mètres, bloc splendide fourni, il y a des ans, par quelque admirable géant de la forêt; au bout de ce banc se trouvent un ou deux tam-tams énormes, tendus de peau de buffle, et c'est là que s'assoient les joueurs de gongs, en face de l'endroit où l'on dresse la jarre des fêtes que l'on ficelle, le moment venu, à son poteau sculpté.

A hauteur d'homme, une des poutrelles du toit sert de râtelier aux lances et aux coupe-coupes, que l'on passe dans des trous ménagés dans le bambou ; tout le long des cloisons, c'est un amas de bancs de moindres dimensions, d'arbalètes, de carquois pendus aux nœuds des bambous. Disséminés dans la pièce, des sièges grossiers, faits de billots de bois taillés, et quelques foyers, des longueurs de cordes en lanières de peau de buffle, tout un extraordinaire fouillis d'articles hétéroclites; sur les entraits sont posées des claies de bambou sur lesquelles s'échafaude toute une collection de vases, de vans, de récipients à riz, que patine la fumée; des lanières de viande boucanée, des épis de maïs jaunis pendent aux chevrons et aux pannes.

Chez les chefs riches et puissants se trouve également, à gauche en entrant, le « knöl », sorte de vaste lit de camp carré ou rectangulaire, adossé à la cloison, fort bas et composé d'une vaste claie en bambou bordée d'un encadrement en bois décoré de dessins grossiers et terminé en pointe recourbée. C'est là que prennent place

les chefs pour boire la jarre, présider aux cérémonies, et
où couchent les passagers de marque.

La seconde partie de la maison, séparée de la première par une cloison de bambous écrasés et tressés, est
strictement réservée aux familles habitant la maison ;
elle est divisée en petits compartiments ou chambrettes
accolés à la muraille et desservis par une sorte de couloir ménagé dans l'axe de la bâtisse. Chacune de ces
chambrettes abrite un foyer conjugal ainsi que les ustensiles d'usage plus intime tels que marmites, métiers à
tisser, etc. ; c'est là que demeurent les femmes vaquant
à leurs occupations. Les foyers sont uniformément composés d'une couche de terre glaise soigneusement tassée
et posée sur un clayonnage que maintient sur chaque
face une bordure de bambous. Au milieu de cette plate-
forme, haute de 0^m,10 et 0^m,15, se dressent trois pierres
sur lesquelles l'on pose les marmites ; les visiteurs seuls
sont admis à faire cuire leurs aliments sur ces âtres particuliers, qui sont strictement réservés à l'usage de la
famille à laquelle ils appartiennent. Les foyers qui se
trouvent dans la pièce d'entrée sont, par contre, communs.

Chez les Mnong Rlam du lac, les maisons comprennent en outre un vaste grenier à riz qui s'étend sous le
toit ; chez les Mnong de la montagne, les maisons sont
posées à même le sol ; la cloison, fort basse, de 1^m,20
d'élévation à peine, est recouverte d'un chaume avancé
qui fait ressembler la hutte à une vaste meule de foin.
Il faut se baisser pour pénétrer en ces tanières qu'encombre, contre la cloison du fond, un vaste lit de camp
en bambous tressés sur lequel s'emmêlent les jarres et

autres ustensiles ; sous le toit, courant sur presque toute la longueur de la hutte, un vaste grenier à paddy formé d'épaisses planches peinturlurées au noir et blanc et assez fortement incurvées.

Tous ces villages, dont la construction exige parfois une grande somme de travail, sont facilement abandonnés ; une épidémie s'abat-elle sur l'agglomération, un présage funeste s'est-il manifesté, l'eau est-elle déclarée mauvaise, il n'en faut pas plus pour motiver un abandon complet. Les familles vont provisoirement habiter en leurs huttes des cultures en attendant le choix d'un nouvel emplacement. Le vieux village ne tarde pas à succomber sous l'assaut de la jungle ; les cases croulent sous les lianes et deviennent les repaires des paons et des reptiles. Le nouveau, bâti à quelque distance et souvent de longs mois seulement après l'abandon, subira le même sort à son tour. Ces continuelles migrations rendent fort difficile l'établissement d'une carte de la région.

II

CULTURE ET ÉLEVAGE

La base de la nourriture moï étant le riz, cette céréale est la principale culture du plateau. Les diverses espèces de riz sont extrêmement nombreuses : sauf dans les plaines marécageuses du lac et du confluent du Krong knô et du Krong hana, où le riz est cultivé en rizières, tout le reste du pays ne produit que du riz de montagne; les méthodes d'ensemencement sont des plus simples; un coin de brousse est choisi, la végétation qui le recouvre est abattue; une fois sèche, elle est livrée aux flammes et seuls les troncs d'arbres non résineux demeurent à peu près intacts, encombrant pour longtemps la culture de leurs cadavres noircis; cela se passe en saison sèche, vers février et mars : dès les premières pluies, les semailles sont faites; le grain est simplement déposé en de petits trous, empreintes faites avec un bâton; la terre est négligemment rejetée sur la semence et la nature se charge du reste. Les récoltes sont échelonnées suivant les espèces de riz; les plus précoces ont lieu quatre mois après la semence; ce sont celles du riz hâtif : le riz normal n'est moissonné qu'un ou deux mois plus tard; en novembre et décembre se récolte le riz tardif. Ces riz de montagne ne valent cependant point les riz de rizières et leur rendement est bien inférieur à celui de ces derniers; aussi les Moï du plateau ne sauraient-ils se contenter de cette céréale et cultivent-ils également le maïs. Cette plante, très vivace, vient admirablement dans tout l'hinterland où, dans les cultures, on la fait alterner avec le riz; elle constitue la seule nourriture pendant la première moitié de l'année. En ces régions, cette graminée atteint des proportions gigantesques; les pieds de 2 à 3 mètres de haut sont chose commune et sur le plateau du Lang-biang, il n'est pas rare d'obtenir des spécimens de 4 à 5 mètres.

Mêlés aux champs de riz et de maïs, poussent de

nombreuses espèces de cucurbitacées dont les fruits
sont très prisés des Moï ; les plus communs sont les
courges, les citrouilles, les pastèques et les concombres ;
les melons se rencontrent plus rarement et seulement
en août et septembre ; une sorte d'aubergine ronde,
épineuse et d'un jaune doré, des piments, l'indigo, le
safran, les patates, l'igname, le manioc sont également
cultivés ainsi qu'une sorte de petits oignons, des hari-
cots et du coton.

Toutes ces cultures, plus ou moins abondantes suivant les districts, sont emmêlées les unes aux autres et
ne font l'objet d'aucun soin raisonné ; les ananas
forment cependant des champs spéciaux dans le Darlac
central ; les bananiers sont partout nombreux ainsi
que les papayers ; l'oranger, qui pousse d'ailleurs à
l'état sauvage, ne se rencontre que dans les cantons
nord-orientaux des Atham et des Ktul, au-dessus de
650 mètres d'altitude. Les autres arbres fruitiers
n'existent que peu ou point : le manguier, le caféier,
la pomme-cannelle ont été importés par les Européens
et donnent de bons résultats ; une sorte de manguier
sauvage, aux fruits petits et très acides, croît en brousse,
particulièrement sur les confins des Jarai et autour du
lac. Le ricin pousse à l'état sauvage mais ne sert à
aucun usage. La canne à sucre à tige lie de vin et celle
à tige verte sont cultivées dans les districts montagneux,
à proximité des torrents ; ce roseau est peu abondant
dans le Darlac central ; le tabac croît à merveille dans
toute la région ; très fumeur, le Moï soigne quelque
peu cette solanacée, qu'il plante à proximité des villages
et, surtout chez les Mnong, en de coquets jardinets

autour des maisons. La feuille cueillie verte est passée dans le feu, roulée, coupée et fumée sans autre préparation. A la récolte annuelle, les feuilles sont cependant séchées plus soigneusement au soleil ; empilées et roulées en forme de gros cigares pointus, elles sont enveloppées de feuilles sèches et le ballot est soigneusement ficelé à chaque extrémité ; ces paquets serviront de réserve ou d'articles d'échange.

Les champs, qui sont souvent fort étendus, ont malheureusement à souffrir de l'incursion nocturne des herbivores ; cerfs, sangliers, agoutis, lièvres se donnent rendez-vous dans les cultures où ils détruisent les jeunes pousses ; les oiseaux, et principalement les tourterelles qui abondent, pillent de leur côté beaucoup de grains, et les naturels ont fort à faire pour éloigner ces gênants visiteurs. Dans ce but, ils établissent un véritable système de pièges et d'épouvantails dont quelques-uns fort ingénieux.

Contre le gibier à poil, le champ est entouré le plus souvent d'une palissade formée avec les troncs des arbres abattus et dont l'enchevêtrement constitue un sérieux obstacle ; parfois même des pièges sont ménagés en ces clôtures. Le champ est, en outre, semé de huttes aux dimensions restreintes, bâties sur hautes colonnes ou même sur des arbres dont les branches ont été coupées en plate-forme ; l'on accède à ces demeures aériennes par un système d'échelles instables, simples bambous de grosse taille où des encoches servent de marches. De ces huttes et de ces miradors partent de longues lignes faites de rotins noués ou de cordes reposant, d'espace en espace, sur des branches fourchues piquées en terre ; ces cordes actionnent des battants de bois qui frappent sur une grosse racine de bambou fendue latéralement. Parfois, et surtout chez les Mnong montagnards où les torrents sont nombreux, un ingénieux système de bascule mis en mouvement par la chute de l'eau remplace avantageusement et mécaniquement la corde des Radé. Des manières de girouettes et des crécelles mues par l'action du vent, des oripeaux attachés à des piquets contribuent également à éloigner les oiseaux pillards.

*
* *

Les animaux domestiques sont assez nombreux : les buffles, grosse richesse des villageois, constituent notamment de magnifiques troupeaux : toute la journée, ces imposants ruminants vaquent dans la brousse sous la conduite d'un gamin nu et crasseux qui, juché sur le chef de la troupe, le mène par une cordelette passée dans les naseaux ; de nature délicate, craignant beaucoup le soleil et les taons, ces pesantes bêtes ne rendent que peu ou point de services ; leur habitat favori est quelque trou vaseux où elles se plongent jusqu'aux cornes, s'y remuant doucement des journées entières : chez les Pih et les Mnong Rlam, elles sont cependant employées à piétiner les rizières dont elles réduisent la terre en une purée grise où sera semé le riz. Chaque soir, le troupeau est soigneusement rentré sous les maisons ou dans les parcs palissadés, véritables cloaques où les bêtes sont, par mesure de précaution, attachées à des pieux par les naseaux. Leur voisinage est en effet des plus dangereux ; une panique s'empare-t-elle des jeunes bufflons, toutes les autres têtes exécuteront leur furieuse charge devant laquelle fuit le tigre lui-même ; le passage d'un Européen leur est particulièrement désagréable et il n'est pas rare que celui-ci soit chargé sans cause apparente par les bêtes affolées.

Les buffles servent surtout de base aux sacrifices rituels : entravés à un arbre, ils ont les genoux brisés à coups de coupe-coupe avant d'être assommés et dépecés.

Les troupeaux de bœufs sont également nombreux et renferment de splendides individus roux, pies et blancs comparables à nos plus belles bêtes d'Europe : contrairement aux buffles, ils ne sont l'objet d'aucun soin et déambulent en brousse à leur gré : le tigre leur enlève nombre de jeunes têtes, car personne ne s'occupe de les rentrer le soir au village ; la viande de bœuf est, d'ailleurs, tenue par les Moï en moindre estime que celle du buffle.

Le cochon est extrêmement répandu ; d'assez forte taille, l'épine dorsale souvent incurvée sous le poids d'un ventre traînant à terre, il est assez soigné par son propriétaire ; châtré dès son jeune âge, il est logé en de petites étables sous les maisons et, chez les Mnong, en de petites porcheries séparées des habitations ; la nourriture leur est donnée chaque jour en des auges taillées en forme de pirogue. Les poulets sont fort abondants et les Moï s'occupent particulièrement des pondeuses qu'ils installent en des paniers suspendus aux cloisons d'entrée des huttes ; chaque soir, la mère et ses poussins sont enfermés en des cages de bambous tressés.

Les chèvres ne se rencontrent guère que dans quelques villages atham ; les canards sont rares et confinés en quelques villages mnong ; les chiens, assez nombreux, sont de race annamite au poil ras, aux oreilles droites comme celles du loup ; les chats, enfin, sont très aimés en raison des services qu'ils rendent. Les chevaux sont devenus rares depuis l'exportation outrancière qu'en ont faite les commerçants annamites de la côte ; de petite taille, comme tous leurs congénères de la péninsule, ils sont fort vifs, extrèmement vigoureux et résistants ; les juments sont surtout employées comme bêtes de bât ; ces animaux ne rentrent qu'assez rarement au village, demeurant le plus souvent dans les cultures.

Avant de terminer, citons enfin l'éléphant domestique qui est une richesse de la province. En 1906, l'on en connaissait deux cents disséminés dans les villages et déclarés par les propriétaires ; ils sont naturellement, pour la plupart, propriétés de chefs qui en possèdent souvent deux et même plus.

Les cages de bât sont achetées aux Laotiens, les Moï se bornant à confectionner en écorce battue l'épais tapis qui protège l'échine de l'animal.

III

NOURRITURE

Les Moï se nourrissent d'une façon plutôt rudimentaire. Comme je l'ai dit plus haut, la base de leur alimentation est le riz et le maïs, mais on peut dire cependant qu'ils mangent de tout ; certaines plantes, de nombreuses racines, même des fleurs servent à confectionner des soupes et des plats qui, fortement pimentés, sont, avec les ragoûts de citrouille et d'aubergines, les mets les plus courants.

Le poisson, le gibier et toute viande en général, sont également fort prisés : les lézards, certains serpents, l'iguane, les jeunes couvées et, en un mot, tout ce qui peut être mangé, est absorbé goulûment et sans préparation oiseuse ; les rats sont juste passés au feu, les viscères des divers animaux sont à peine vidés ; les éphémères et certains autres insectes sont avalés avec plaisir et, certain jour que, poussé par la faim, mes bagages s'étant égarés, je m'étais laissé aller à faire quelque honneur au dîner d'un chef, je ne fus pas peu émotionné d'apprendre que j'avais avalé une omelette aux abeilles.

Le chat et le moineau des maisons sont seuls respectés.

Le riz est préparé avec grande propreté et soin ; il est parfois cuit en des tubes de bambou et est alors excellent ; il est ordinairement cuit à l'étouffée, mode de préparation commun à toutes les peuplades indochinoises.

Le sel est très apprécié des Moï, qui l'achètent fort cher aux trafiquants de la côte ; lorsqu'ils en manquent, ils le remplacent par les cendres d'une herbe qu'ils sèchent au préalable au soleil : les Mnong du lac emploient au même usage une herbe aquatique qui encombre cette nappe d'eau.

Les Moï mangent parfois avec des baguettes comme les Annamites, les femmes ne se servent que de leurs doigts ; des calebasses et des sortes de compotiers en terre, voire des feuilles de grande dimension leur tiennent lieu d'assiettes.

Comme boisson ordinaire, les Moï ne connaissent que l'eau que les femmes vont chercher à la source en des gourdes empilées dans les hottes ; cette eau est généralement fort propre, car les villageois attachent un grand prix à sa qualité ; il est en effet fort rare de les voir la puiser à même dans le cours d'eau qui sert à leurs ablutions ; ils la prennent en amont ou en des sources voisines qu'ils font écouler en des bambous percés de part en part, agencés en véritable canalisation et dont le débit constant entretient la fraîcheur et la limpidité.

Les femmes sont seules chargées d'aller remplir les gourdes, de même qu'elles sont seules à piler le riz en les lourds mortiers, armées du volumineux pilon fait, suivant les tribus, d'un tronc d'arbuste plus ou moins grand et grossièrement arrondi.

A l'occasion des réjouissances, l'on boit, en des jarres, le vin de riz que tout bon Moï avale avec délice jusqu'à la plus complète ivresse. La confection de cet alcool exige certaines préparations.

« On prend quelques bols de riz de bonne qualité, le « nêp » annamite de préférence, qu'on fait cuire à l'étuvée, comme pour le manger, et sécher ensuite à l'air. Puis, dans un mortier on pile un ferment composé : 1° de farine de riz ; 2° du tubercule appelé « kué » en radé (espèce de gingembre) ; 3° de l'écorce de l'arbre

« ziam », qui a le goût du bois de réglisse ; 4° de l'écorce de l'arbre « kier » (le « koki » cambodgien). On y ajoute le riz déjà cuit et on mélange le tout avec de la balle de paddy.

« La boule ainsi obtenue est ensuite placée dans une jarre à l'abri des mouches, et au bout de trois jours la fermentation est déjà assez avancée pour qu'on puisse boire le liquide en y ajoutant de l'eau ; mais l'alcool a un degré très faible et il faut attendre généralement de trois semaines à un mois pour obtenir un produit présentable. Les riches conservent même jusqu'à deux et trois ans des jarres enterrées, et alors on a une liqueur d'une force extrême en alcool.

« Le moment de boire arrivé, les hommes de la maison emplissent la jarre avec de l'eau puisée à la rivière voisine dans des tubes de bambous entiers ; on doit la verser lentement dans le récipient. Quelques minutes après, on peut boire en aspirant sur un tuyau en roseau pendant qu'un assistant placé en face du buveur de l'autre côté de la jarre la remplit au fur et à mesure que le niveau de l'eau baisse. Après avoir goûté et amorcé le tuyau, le maître de la maison fait les honneurs de son produit à la personne qu'il veut honorer. Les coutumes exigent que seuls les hommes aillent puiser l'eau qui doit être versée dans les jarres.

« Ce sont les femmes qui fabriquent cet alcool. Aux hommes incombe le soin d'enterrer les jarres. Souvent même ils ont l'habitude de se cacher les uns des autres pour enfouir la jarre qui leur a été confiée, sans doute de peur qu'un malveillant n'y vienne ajouter quelque mauvais produit et il arrive parfois que quand un homme meurt ou disparaît brusquement, il emporte avec lui le secret de sa cachette (1). »

IV

MALADIES ET MÉDICAMENTS

Les maladies les plus fréquentes chez les Moï sont les maladies cutanées et plus spécialement la gale. Les Mnong, qui sont d'une saleté repoussante, sont encore plus sujets à ces désagréments que les Radé. Les ophtalmies sont également communes.

En dehors des pratiques des sorciers et des sorcières, les Moï accordent leur confiance à des simples qu'ils recueillent en forêt; quoiqu'il soit assez difficile de se faire renseigner à ce sujet, j'ai pu néanmoins recueillir les quelques informations suivantes que je livre au lecteur.

Contre les clous et les furoncles, l'on se sert de la sève de l'arbuste appelé « tha-kué » ; les coliques sont soignées par l'absorption de la tisane obtenue par l'infusion de l'écorce du « mnga-iam », arbre de 5 à 6 mètres de haut. L'infusion des radicelles issues des tubercules du « prâk », sorte de liane rampante, est employée dans le même cas.

Contre la syphilis, l'on se sert d'une décoction d'écorce d'un gros arbre appelé « khouh » ; cette décoction est

(1) Besnard, *op. cit.*

injectée dans le vagin de la femme malade au moyen d'une gourde taillée en cuiller et est appliquée en lotion sur le pénis et les plaques syphilitiques.

Contre les ophtalmies, l'on utilise une sorte d'ail appelé « shoun » ; le petit oignon en est écrasé entre les doigts et ses émanations sont soufflées dans l'œil atteint.

Les brûlures sont soignées par l'application du jaune des œufs de poule fraîchement pondus.

Contre les maux de tête, l'on emploie une sorte de gingembre appelé « knet-muï » ; le rhizome, de la grosseur du bras, est râpé puis écrasé, le liquide jaunâtre qui en découle est mis sur la tête et le front du patient.

L'arbuste appelé « keiao-krai » est employé contre les maux de dents ; l'on en fait sécher l'écorce pendant quelques jours dans le feu : une fois racornie, elle est mise en contact avec un morceau de fer chaud qui lui fait rendre une sorte de laque noire que l'on applique sur la dent malade.

Contre la piqûre des serpents, les Moï mangent le fruit d'une petite liane appelée « ening ».

Les blessures sont lavées à l'eau chaude et sont aussi enveloppées dans une charpie faite avec un tubercule appelé « ntrao-phi ». Pour les fractures, les Moï savent poser des attelles composées de fines lattes en bambou : le membre se guérit ordinairement au bout d'une quarantaine de jours.

Quant aux lépreux, ils sont isolés en forêt ; on leur élève une petite cabane où ils vivent misérablement, la famille leur apporte à quelque distance la nourriture journalière.

La région moï est parfois visitée par des épidémies

de variole qu'il est assez difficile d'enrayer par suite de
la répugnance que montrent les Moï à se laisser vac-
ciner; ne s'imaginent-ils pas, en effet que la marque
laissée par l'inoculation n'a d'autre but que celui de
nous les faire reconnaître pour nos esclaves.

En cas d'épidémie, les villages atteints sont abandonnés par les habitants, qui se dispersent en brousse,
dans les cultures, et sont tenus en sévère quarantaine
par leurs voisins.

V

VÊTEMENTS, TISSAGE

Les Moï sont généralement vêtus de la façon la plus
sommaire; une simple ceinture enroulée autour des
reins constitue tout leur accoutrement; quand il fait
frais, ou à l'occasion des fêtes, les hommes revêtent une
tunique extrêmement collante rappelant nos chemises
européennes; cette tunique boutonne sur la poitrine;
elle est ornée, suivant la richesse du propriétaire, de
boutons et de perles aux entournures des manches et
sur les fentes des hanches. Des brandebourgs de flanelle
rouge sont également fort souvent cousus sur la poitrine
ainsi que, dans le dos principalement, de grands carrés
d'étoffe blanche et rouge.

La ceinture, qui atteint couramment plus de 2 mètres
de long, est une sorte d'écharpe assez étroite, haute de

0^m,30 au maximum, souvent ornée sur les bords de belles bandes polychromes tissées dans l'étoffe ; aux extrémités pendent parfois les franges colorées passées dans des perles ; cette dernière disposition est quelque peu spéciale aux Jarai. Enroulée autour du ventre, la ceinture passe par derrière, puis entre les jambes, remontant ensuite sous le ventre, cachant ainsi les parties sexuelles ; les élégants laissent retomber le pan le long de la cuisse ; certains le portent même si long qu'ils le jettent sur l'épaule ou le font revenir jusque sur le bras.

Les femmes ont généralement le buste nu ; la partie inférieure dn corps est enroulée dans une sorte de jupon qui, retenu autour des hanches, tombe au-dessous du genou, la fente se trouvant le long de la jambe. Pour sortir, elles mettent cependant une petite veste beaucoup plus courte que celle des hommes.

En plus de ces vêtements, les Moï possèdent chacun une couverture, vaste pièce d'étoffe formée de deux parties cousues par le milieu ; les plus grandes mesurent 1^m,50 sur 1^m,80 et sont ornées, dans le sens de la hauteur, de larges bandes polychromes à dessins fort élégants et compliqués. Certaines ont même des rayures dans toute leur étoffe et la variété des teintes des bandes de bordure ainsi que celle des dessins est fort grande et du plus bel effet. Les Moï se drapent en ces couvertures, rejetant l'un des pans sur l'épaule, à la façon des ponchos.

La dernière partie du vêtement des Moï est le turban, uniquement porté par les hommes. Le plus souvent, c'est un morceau de chiffon crasseux enveloppant la tête et le chignon ; cependant les gens de quelque condition portent des sortes de mouchoirs de diverses couleurs ; celles-ci varient généralement suivant les tribus ; c'est ainsi que les Radé affectionnent les coupons violets ou bleus ; les **Mnong de B. Don** préfèrent les étoffes noires qu'ils enroulent autour de la tête de façon à laisser retomber un pan sur l'épaule gauche ; les Jarai portent des mouchoirs rouges.

Chez les **Mnong**, plus sauvages, les étoffes sont inconnues ; ils achètent à leurs voisins des ceintures d'une repoussante saleté et se confectionnent, en écorce battue, de grossières tuniques serrées à la taille par une corde.

Le plus souvent, ils n'ont point de turban et, chez certaines familles, les hommes emmêlent leur chevelure hirsute de bouts de laine blanche et rouge, agrémentant ces mélanges de peignes monumentaux, en étain généralement.

Les femmes portent le chignon sans ornements de tête.

Les chapeaux moï sont tressés en forme de calotte sphérique dont la corde ne mesure pas moins de 0^m,50 de longueur. La coiffe est un cercle de légers bambous reposant sur le sommet de la tête ; une jugulaire en part qui est une petite bande de flanelle rouge ou une légère cordelette de ramie. Pour les fêtes, hommes et femmes portent un autre chapeau de cérémonie beaucoup plus profond et d'importation annamite ; les chapeaux coniques de la côte sont également fort prisés.

Les Moï portent parfois des sandales faites d'un simple morceau de cuir muni de deux lanières dont la jonction passe entre l'orteil ; cette sandale est, en tout, analogue à celle des Annamites.

Les Moï couchent sur de simples nattes étendues sur le plancher ou sur un des lits de camp de la salle d'entrée ; ces nattes sont tressées avec diverses espèces de joncs ; les plus communes sont blanches et parfois longues de plusieurs mètres ; celles que confectionnent les Atham sont plus petites, mais plus fines et ornées de dessins et de bordures teintées en rouge.

Comme oreillers, les Moï se servent de simples bambous, de blocs de bois affectant la forme d'un demi-cylindre coupé dans le sens de son axe et aussi d'oreillers plus doux, mais massifs et sales, composés de bourre de faux cotonnier enfermée dans une étoffe fruste et grossièrement cousue.

VI

TEINTURE

Les tuniques, les couvertures, les ceintures et les jupes sont tissées par les Moï eux-mêmes. Pendant les longues et lumineuses journées d'hiver, alors que, les moissons rentrées, les travaux des champs sont suspendus, les femmes demeurent à la maison, occupées à la confection de ces étoffes dans lesquelles n'entre que le coton, seule matière première connue. Le rouet est assez primitif ; c'est sur une carcasse de bois, une roue légère, mue à la main ; le fuseau est une tige de bois ou un morceau de bambou. Le métier à tisser est un simple assemblage de plusieurs bâtons de formes et de dimensions diverses, polis et brunis ; la trame est circulaire ; la tisseuse travaille assise, les reins maintenus par une planchette ; les dessins des étoffes sont exécutés à l'aide d'une aiguille fine et longue en bois, appelée « gé-dèch ».

Avant de servir au tissage, les fils de coton sont teints. Les Moï ne savent extraire qu'un nombre restreint de couleurs que leur fournissent certaines plantes ; ces couleurs sont le noir, le bleu, le rouge brun, le jaune et le rouge vif.

L'indigo, qui est cultivé dans les champs, fournit le noir, le bleu foncé et le bleu clair. La plante une fois coupée est mise à macérer deux ou trois jours dans l'eau, puis retirée ; un peu de chaux à bétel est ajoutée à la décoction qui, sans autre préparation, est la teinture demandée. Trempé une seule fois dans cette eau, le fil de coton prend une teinte bleu clair tirant sur le vert : plongé cinq fois, il devient indigo. Pour obtenir la couleur noire, l'on emploie les résidus du bain dans lesquels le fil est plongé six fois.

La gamme des rouges allant du rouge brun au rouge vif est fournie par deux arbustes dont la taille est de un mètre environ ; le « nao » et le « anoïch ». C'est le « nao », plante sauvage, qui donne le rouge brun ; sa racine est soigneusement pelée et ces pelures, une fois pilées, sont, pendant un jour, plongées dans de l'eau qui devient d'un rouge foncé ; le fil de coton y est trempé cinq fois de suite ; des plongées plus ou moins nombreuses donnent une série de teintes assez variées.

Le rouge vif est tiré du « anoïch », arbuste cultivé dans les champs, mais qui ne sert qu'à teindre les nattes. On le déracine en entier et, les feuilles une fois enlevées, tout est pilé, racine, écorce et bois ; la bouillie ainsi obtenue est jetée dans de l'eau que l'on place sur le feu ; après un jour de cuisson, le mélange est décanté ; dans l'eau, qui est d'un beau rouge, sont plongés, durant un jour, les joncs qui serviront à tisser les nattes.

La couleur jaune est fournie par deux espèces de safran, l'une domestique, l'autre sauvage. La racine pilée est mise à macérer pendant un jour, après quoi l'on enlève les débris de l'eau, où l'on plonge une seule fois le coton.

Les femmes moï savent coudre grossièrement ; leur aiguille est un morceau de fil de laiton aiguisé en pointe, leur fil, un brin de coton.

VII

ORNEMENTS ET PARURES

Comme tous les sauvages, les Moï adorent la parure, hommes et femmes portent aux poignets et aux chevilles des bracelets d'étain et de laiton : ce dernier métal est même enroulé en spirales montant comme une armure du poignet au coude et de la cheville à mi-jambe ; les bracelets simples servent également de gages et d'aide-mémoire, celui-ci devant se rappeler le sacrifice d'un cochon promis à un génie, celui-là l'engagement pris vis-à-vis d'un ami ou d'un voisin.

Les colliers de verroterie de tous genres, agrémentés, surtout chez les Mnong, de gris-gris et d'amulettes (dents de tigre, de chien...), sont fort prisés des Moï ; les colliers rigides en laiton ou en étain, de diamètre variant de 0ᵐ,15 à 0ᵐ,20, sont moins en vogue et ne se rencontrent guère que chez les Mnong, où la tribu des Phiet porte ces colliers ouverts et aux pointes enroulées en spirales.

Les boucles d'oreilles varient de forme suivant les tribus. Les Radé n'affectionnent que les minces crochets recourbés en étain passés dans un petit bout de flanelle rouge et qui les distinguent des autres familles ; des boucles en laiton, rappelant nos « attaches parisiennes » pour les papiers, sont également de rencontre fréquente. Chez les Mnong et les Pih, les hommes portent des bouchons d'ivoire ou d'os de taille variable ; les plus gros qu'il m'ait été donné de voir mesuraient 0ᵐ,05 de long sur 0ᵐ,01 de diamètre. Les femmes ont le lobe atrocement distendu par des disques de bois ou de lourds bracelets d'étain qui, par deux ou même trois, viennent battre sur l'épaule.

Les peignes sont de dimensions restreintes chez les Radé ; ils sont en bois, à larges dents, à l'arête ornée d'une mince bande d'étain, aux cornes relevées et sont plantés en avant du chignon, mais ne sont pas d'un port constant.

Chez les Mnong Phiet, au contraire, la chevelure est

hérissée d'aiguilles de laiton et de cuivre bizarrement contournées, de peignes monumentaux et de pendeloques de tous genres.

Au point de vue de la toilette, les élégants moï des deux sexes soignent quelque peu leur personne; après le bain qu'ils prennent à la rivière chaque jour, ils se frottent le corps avec la poudre obtenue en pilant, après dessiccation, les racines du vétivier, poudre qui leur sert également à parfumer vêtements et cheveux. Certains rhizomes et tubercules odorants écrasés sur une pierre donnent une sève que l'on emploie au même usage. Certains arbustes fournissent une sorte de laque à l'aide de laquelle les dents sont passées au noir, ornement et aussi protection contre les effets de la chique de bétel employée par nombre d'individus.

Les feuilles de l'arbuste « semrang », cultivé dans les champs, servent à teindre en rouge vif les ongles des élégantes moï; écrasées, elles sont placées sur l'ongle, que l'on entoure d'une petite feuille de bananier maintenue par de fines attaches; on chauffe le doigt pendant un instant et, le lendemain, l'on enlève le petit bandage; l'onge est teint à souhait.

VIII

INDUSTRIE ET USTENSILES DIVERS

Les Moï n'ont pas d'industrie; ils ne fabriquent guère que les ustensiles dont ils ont un constant besoin et ils ne les vendent qu'en petites quantités à leurs voisins.

Les ustensiles et articles de ménage sont peu nombreux ; ils se réduisent à quelques poteries massives, à large col, faites principalement par les Pih, dont les marais leur fournissent la terre glaise nécessaire à ce travail ; simplement séchées au soleil, elles sont malheureusement très fragiles.

L'eau est entreposée dans les vastes marmites en cuivre de fabrication annamite que viennent vendre les trafiquants de la côte ; pour aller la puiser à la fontaine, les femmes se servent de gourdes percées à l'extrémité du col ; chez certaines tribus mnong, l'embouchure est sur le côté ; les plus grosses, qui sont souvent de proportions imposantes, peuvent contenir trois litres et plus et servent de réservoirs.

Des fonds de vieille gourde, des coquilles de noix de coco tiennent lieu d'assiettes et de plats.

Pour les libations, les Moï se servent de sections de bambous ornées de gravures au couteau. L'eau que l'on verse dans les jarres est puisée en de longs bambous dont les nœuds ont été crevés.

La hotte est un article de courant usage chez les Moï ; elle est de formes variées ; les plus simples sont très évasées au sommet et en simple vannerie blanche ; les plus belles sont plus élancées, à couvercle conique et tressées en vannerie multicolore, teintée par les mêmes procédés que ceux employés pour les nattes et les étoffes et formant des dessins d'une belle variété. Toutes comprennent un socle de $0^m,20$ de hauteur, quadrangulaire et destiné à protéger le fond même de l'ustensile.

Chez les Pih et les Mnong se rencontrent des petites

hottes fort simples, en vannerie robuste, à couvercle presque plat et dont la poignée est un bouton central également tressé. Ces hottes sont employées par les femmes à ramener, le soir, la provision de bois, les gourdes pleines d'eau, le paddy, les fruits des champs; les hottes de couleur servent surtout à entreposer les fils de coton et des denrées plus légères.

Des grands vans et des corbeilles de surface parfois considérable sont utilisés pour le nettoyage des grains, son entrepôt temporaire, le séchage des récoltes de coton et de tabac.

Les chandeliers sont de véritables meubles; hauts parfois de plus d'un mètre, ils sont formés d'une tige de bois sculpté plantée dans un socle de bois léger taillé en forme de coussin. A cette tige, aux deux tiers de la hauteur, est attaché le luminaire, qui varie de forme et de nature; les principaux sont constitués par de la résine et de la graisse.

La résine est fournie par diverses essences forestières appartenant pour la plupart à la grande famille indochinoise des diptérocarpées; elle est obtenue par simple incision à la manière dont est extraite celle de nos pins maritimes. Pour celle du « hrach », l'on creuse un trou dans le tronc à quelques pieds au-dessus du sol et l'on y allume un feu qui fait couler l' « huile » en des tubes faits d'une sorte de bambou extrêmement mince; attachés aux chandeliers, ces tubes brûlent sans mèche, à la façon d'une torche.

Certaines autres résines se coagulent et donnent des blocs assez durs, à l'aspect graisseux et que l'on concasse en une soucoupe de terre retenue au chandelier par un lien de bambou recourbé que l'on passe dans l'orifice ménagé dans la tige. Un autre mode d'éclairage est fourni par la graisse de buffle et de bœuf mise dans une calebasse et alimentant une mèche faite de fils de coton tordus ; la cire des abeilles pétrie autour d'une mèche semblable donne une véritable bougie. Des flambeaux de paille coagulés avec de la résine servent parfois aussi de torches.

Les Mnong montagnards emploient de simples éclats de pin qui donnent une flamme brillante et odorante mais dégageant une épaisse fumée.

Les Moï ne possèdent pas d'instruments aratoires. Seuls, les Pih et les Mnong du lac, qui cultivent leur riz en rizières, exécutent un semblant de labourage avec une sorte de houe en bois à la pointe renforcée par une bande d'étain et dont la forme rappelle exactement une ancre européenne réduite à sa tige et à l'un de ses bras.

Les forgerons moï, qui sont assez rares, — il y a à peine un forgeron par village — façonnent le fer des hachettes, des couteaux et des lances. La forge est semblable en tout point à toutes les forges primitives ; deux cylindres creux en bois dont les ouvertures inférieures convergent par des tubes de bambou fin sur les charbons des foyers ; dans ces cylindres, les soufflets, simples bâtons fichés dans un disque de bois entouré de plumes pour faciliter l'adhérence ; l'enclume est un bloc de fer enchâssé dans une bille de bois ; le marteau, un second bloc enchâssé dans un bambou.

Le fer des hachettes est de forme à peu près rectangulaire ; il est fiché dans un manche de bois dont l'extrémité a été recourbée afin de pouvoir être porté sur

l'épaule; le fer est planté au sommet de la convexité.
Ces coupe-coupes servent de hachettes et sont portés
par les Moï de façon presque constante. A l'occasion
des fêtes, les chefs et les riches portent des coupe-
coupes d'apparat au fer plus volumineux allongé
en forme de losange arrondi, orné de pointes acérées.

Les couteaux sont à lame étroite, de diverses longueurs; le manche, généralement assez long, est le plus
souvent de bois orné de plaques d'étain ou de laiton; le
fourreau est composé de deux lamelles de bois réunies
par des anneaux et des bandes de rotin. Ces couteaux
sont toujours passés dans la ceinture.

Grands fumeurs, les Moï sont toujours nantis de leurs
pipes; celles-ci sont de simples bambous minces,
recourbés et dont un renflement forme le fourneau :
des dessins gravés à la pointe du couteau, des plaques
d'étain ou de cuivre ornent le tuyau et l'embouchure.

Les Mnong Gar fabriquent de belles pipes en cuivre
gravé très analogues aux pipettes chinoises; le fourneau
est fort petit et le tuyau atteint parfois plus de 0^m,30 de
longueur; elles se vendent entre naturels jusque chez
les Pih qui en sont très friands.

Chez les Jarai, les pipes sont souvent en cuivre, moins
longues, au fourneau plus larges et sont ornées de dessins plus finis et plus compliqués. Toutes ces pipes sont
portées à la ceinture ou dans le chignon quand elles ne
sont pas trop volumineuses.

Avec les fibres de la ramie, qui pousse à l'état sauvage
et encombre parfois les cultures abandonnées, les Moï
tressent des cordes et des cordelettes malheureusement
très cassantes et de peu de résistance; l'écorce de cer-

tains arbres, les fibres de diverses plantes ainsi que certaines lianes et le rotin en particulier fournissent des liens plus solides mais moins souples et s'abîmant souvent à dessiccation. Les cordes les plus robustes sont celles fabriquées avec des lanières de peau de buffle : ces lanières, d'une résistance à toute épreuve, forment de véritables câbles d'une très grande longueur et dont le diamètre atteint couramment 15 et 20 millimètres; elles sont employées, concurremment avec des liens formés de fortes lianes, à entraver les buffles et les éléphants.

Les Moï construisent, en bambous écrasés et tissés, des greniers de réserve où ils entreposent leur riz et leur paddy. Ce sont de simples cloisons enroulées en cylindre, de capacité souvent fort grande.

IX

CHASSE ET PÊCHE

Les Moï sont grands chasseurs; le gibier qui abonde leur fournit un précieux appoint pour leur nourriture. En dehors des serpents qu'ils capturent dans les fourrés, des porcs-épics, des tortues et autres bestioles qu'il est facile de dénicher en brousse ou de prendre en leurs terriers, les Moï font une chasse raisonnée au gibier de plus forte taille tel que sangliers, cerfs, etc.

Pour capturer ces rapides et méfiants animaux, ils se

servent de pièges fort habilement construits, dissimulés avec soin dans la brousse; un signe à peine visible pour l'œil non exercé annonce au passant l'existence de ces engins qui sont parfois de véritables dangers pour le chasseur européen non prévenu; un morceau de bois posé en croix sur l'entaille d'une branche, une coche faite au tronc d'un arbre, un arbuste à demi coupé à un pied au-dessous de la base sont autant de ces signes que le Moï sait reconnaître à première vue.

Les Radé emploient principalement deux sortes de pièges : le « khao », composé d'une branche élastique on d'un bambou retenu par une corde et formant détente actionnant une petite lance ou un épieu pointu; ce piège, destiné aux cerfs et aux sangliers, se détend sous le passage de la bête qui brise la cordelette; l'arme traverse alors l'animal par l'avant-train.

Le « ghung », réservé aux lièvres, aux agoutis, aux paons, aux coqs et poules sauvages, est un piège à assommoir : il consiste en un gros tronc d'arbre suspendu par un système de cordelettes et de bambous; un passage est ménagé de telle sorte que le gibier doit y passer en brisant la corde, qui laisse retomber les bambous et le tronc d'arbre. Ce piège est plus spécialement usité aux alentours des cultures.

La chasse à l'affût est également fort pratiquée. Doué d'une patience à toute épreuve, le Moï se glisse dans la brousse comme une couleuvre sans faire le moindre bruit et, pendant des heures, il attendra le passage de sa proie, qu'il abat avec sûreté d'une flèche généralement empoisonnée.

Les Mnong de la montagne creusent, dans les ravins

humides et sous les fourrés impénétrables, de vastes
fosses recouvertes de terre et de branchages où viennent
s'abattre les rhinocéros et les éléphants sauvages. La
viande de ces animaux est une nourriture estimée; la
corne des premiers est, nous le verrons plus loin, un
précieux article d'échange et l'ivoire des seconds sert
aux Mnong à confectionner certains instruments de
musique et les bouchons d'ivoire qu'ils portent aux
oreilles.

Les oiseaux sont pris au « kdong », piège composé
de petits morceaux de bambou et rappelant nos trébu-
chets; c'est par ce moyen que sont capturés les magnifiques perroquets aux chatoyantes couleurs, sortes
d'aras à longue queue que l'on rencontre chez les Jarai,
les perruches hargneuses et les petits « inséparables »,
espèce de perroquets criards vivant par troupes nombreuses et qui s'abattent indiscrètement sur les champs;
tous ces grimpeurs sont conservés par les chasseurs,
dont ils ornent la maison; un anneau de fin rotin glissant sur une baguette retient les captifs par la patte :
des bâtonnets terminés en ressaut et passant dans un
tube de fin bambou servent aussi de perchoirs, l'oiseau
y est retenu captif par le même nœud de rotin. Les
merles mandarins sont apprivoisés et les Moï, de même
que les Annamites, s'amusent à leur apprendre à parler;
les jeunes paons sont souvent domestiqués et gardés
en liberté dans les villages; les autres oiseaux sont
généralement mangés.

Le Darlac central ne possédant que peu de cours
d'eau de réelle importance, la pêche y est peu développée; roulant leurs eaux en un lit étroit et rocheux,

les rivières ne nourrissent que des poissons de petite
taille ; des barrages en bambous ne laissant qu'un
étroit passage central barré en aval par un filet permet-
tent la capture de ce fretin. Le poison est également
employé pour obtenir une pêche abondante ; chez les
Radé, l'on se sert d'une liane appelée « ble » dont la
racine est pilée et jetée dans l'eau ; la tige d'un arbuste
épineux, le « kpam », est écrasée et sert aux mêmes
usages.

Sur les rivières plus considérables et principalement
tout le long du cours des branches de la Srépok et sur le
lac, les naturels se servent de filets et de nasses. Les
filets sont faits en fibres de ramie obtenues comme celles
des cordes, par un simple râclage au couteau ; ces filets
sont de tailles diverses ; à côté des réseaux à fines
mailles se trouvent les grands éperviers lestés de
plomb avec lesquels l'on ramène les belles carpes et
les majestueux « calap » ; un autre genre de filet tendu
par deux bambous en croix et appâté avec du riz est
laissé dans l'eau et relevé au milieu du jour et au crépuscule.

Les nasses, de fortes dimensions, très allongées, sont
posées dans l'angle des rives ; elles sont de grand usage
chez les populations du lac, où elles atteignent parfois
la hauteur d'un homme.

Certains marais du bas Krong hana donnent des
espèces de moules d'eau douce de grande taille dont la
coquille, calcinée et pilée, fournit une chaux à bétel
fort présentable.

Avant de terminer, il faut dire un mot de la récolte
du miel sauvage à laquelle se livrent tous les Moï ; les

abeilles ne sont point domestiquées chez ces peuplades, mais, par contre, elles sont nombreuses dans la forêt où elles affectionnent les maîtresses branches de certains géants séculaires appartenant à une espèce bien connue des sauvages. Les ruches, de couleur jaunâtre et volumineuses, sont suspendues à de grandes hauteurs et rappellent, par leur forme, les nids de mésanges ; au Darlac central, où la brousse-taillis assez basse ne renferme que d'étroites bandes forestières, les arbres chers aux abeilles — « les arbres à miel », comme on les appelle — sont rares et appartiennent à certains villages ou à des chefs ; ces droits bizarres et séculaires donnent d'ailleurs lieu entre voisins à d'interminables contestations.

La récolte du miel est faite au printemps ; agiles comme des singes, les Moï se hissent dans ces arbres géants au moyen de baguettes fichées dans le tronc à la façon d'échelons rudimentaires ; tout est capturé dans la malheureuse ruche ; le miel, maculé de cire, de cadavres d'abeilles et de détritus de toute sorte, est recueilli dans des tubes de bambou ; la cire sera fondue et coulée dans des calebasses pour être vendue aux trafiquants ; le miel est consommé comme friandise. La récolte est particulièrement abondante chez les Mnong où la forêt recouvre toutes les pentes des massifs montagneux.

X

ARMES

Les Moï, batailleurs et pillards, ont su, de tout temps, se confectionner des armes et des défenses que l'on retrouve à peu près identiques chez les différentes races de l'hinterland.

Les approches des villages sont protégées par de dangereuses lancettes en bambou très effilées, longues de $0^m,25$ à $0^m,30$ et que l'on pique obliquement en terre, la pointe dirigée dans la direction de venue de l'assaillant; ces engins sont destinés à blesser les jambes; d'autres lancettes, hautes de $0^m,70$ à un mètre, dissimulées dans les fourrés, atteignent l'ennemi au bas-ventre; d'autres, enfin, taillées en losange, longues de $0^m,15$ au maximum, sont enfoncées perpendiculairement dans les sentiers et percent cruellement la plante des pieds. Répandues à profusion de chaque côté des sentiers, cachées dans les herbes et les fourrés, ces lancettes sont fort dangereuses, causant des blessures très profondes et longues à guérir, les fibres du bambou envenimant les plaies. Afin de protéger sa retraite, le Moï jette derrière lui un système de trois lancettes réunies en leur centre par une ingénieuse encoche et qui tombe naturellement toujours de façon à présenter un menaçant faisceau.

Des trous à loups munis de lancettes et de pieux effilés sont parfois creusés en avant des palissades que défendent des abatis d'arbres à demi coupés à un pied au-dessus de leur base.

Pour entraver les prisonniers de guerre, les sauvages se servent de monumentales menottes en bois.

L'arme principale et que tout villageois porte avec lui en ses sorties est la lance, qui tient d'ailleurs bien plutôt de la pique, n'étant jamais une arme de jet. Chez les Radé et les Jarai, elle est composée d'une hampe fort longue, remarquablement droite et faite d'un bois spécial souple et résistant qui semble appartenir à la famille des ébéniers. Le fer, long de 0^m,20 à 0^m,40, a, chez ces deux tribus, la forme d'un losange très allongé, à quatre faces peu saillantes et rappelant la sagaie de jet de Madagascar; l'arme entière mesure jusqu'à 3 mètres de longueur; à l'emmanchement du fer, se trouvent parfois des ornements d'étain et des crins de queue d'éléphant. Chez les Mnong, la lance, plus décorative, est moins terrible que celle des Radé; ne dépassant jamais 2^m,30 environ de longueur totale, elle est formée d'une hampe en bois quelconque, souvent même d'un simple bambou; le fer, moins long, affectant des formes diverses, est de belle élégance mais plus grossièrement forgé; il est fabriqué par les Mnong Gar, qui lui donnent la forme d'une pertuisane et, le plus souvent, d'un triangle extrèmement affilé; l'emmanchement est entouré d'une bande de cuivre joliment orné et forgé. Les Pih et les Mnong Rlam ne savent point travailler le fer et achètent leurs lances chez les Radé.

Avant de finir, je dois citer l'existence fort rare de lances au fer en forme de flamme appelées « krek » par les Radé et rappelant le kriss malais ; les spécimens existant au Darlac sont d'une grande vétusté, probablement d'origine annamite, et je crois pouvoir affirmer que les Moï ne fabriquent plus de fers semblables, s'ils en ont même jamais fabriqué.

Le bouclier est usité surtout chez les Radé et les Jarai ; principalement chez les premiers, il est formé d'un disque de bois parfaitement rond renflé au centre, assez lourd et porté par deux poignées intérieures. Leur diamètre est généralement de $0^m,50$ à $0^m,70$. Les Radé en ornent le tour avec la petite graine d'un rouge vif et extrèmement dure de l'arbre « hlëïch » ; les Jarai agrémentent l'arme elle-même de dessins concentriques formés par des lamelles d'étain.

Les Pih se servent d'un bouclier rond en forme de calotte sphérique fait en peau de buffle tendue sur un treillis et bordée d'une bande de bambou ; ce bouclier, extrêmement grossier et rustique, est, de plus, fort lourd et plus grand que celui des Radé, atteignant souvent $0^m,70$ de diamètre.

Les Ktul fabriquent des boucliers en forme d'écu, hauts de $0^m,60$ environ, faits d'une peau de buffle ou de bœuf amincie, montée sur deux baguettes de bambou ou d'osier posées dans le sens de la longueur et qui soutiennent les deux poignées ; les Jarai confectionnent également des écus semblables en peau de tigre et de panthère tendue sur un large treillis en bambou soigneusement fait.

Les Mnong de l'ouest et les Jarai fabriquent des sabres et des coutelas à longue lame et à long manche. Chez les Jarai, cette arme est légèrement incurvée et le manche est plus long que la lame. Les sabres tiom poueun, sont fort jolis avec leur grand manche de cuivre ciselé de style laotien et leur fourreau parfois aussi de même métal travaillé ou de bambou recouvert soit de rotin tressé, soit de lamelles d'étain et de cuivre ; l'on rencontre ces sabres chez les chefs ; ils pénètrent au Darlac par le nord, importés par l'intermédiaire des Jarai, qui sont voisins des Tiom Poueun, tribu moï de la basse Sésane.

Les Mnong, voisins du Cambodge, et les Jarai, voisins des Laotiens, possèdent quelques fusils à pierre de modèle suranné ; chez les Mnong la balle est remplacée le plus souvent par un long morceau de bois de diamètre et de longueur à peu près égaux à ceux du canon ; la pointe est terminée par un morceau de fer à large extrémité tranchante ; ce projectile est cependant plus souvent usité pour la chasse au rhinocéros.

Mais les armes de jet nationales sont exclusivement les flèches. La flèche est lancée par l'arbalète, belle arme au manche long et droit chez les Radé et les Jarai ; l'arc, façonné comme le manche, en un bois souple et résistant, est tendu par une corde de peau de buffle ; l'extrémité du manche sur laquelle repose la flèche est légèrement élargie et ornée de dessins gravés ; chez les Mnong, l'arbalète est bien plus petite, le manche fort court et terminé en spatule à l'extrémité inférieure. L'arc est armé avec une certaine difficulté, la tête en terre, le pied du manche appuyé sur l'aine, à la ceinture. La force de cette arme est fort grande et la flèche va facilement à 20 et 30 mètres, traversant une cloison de bambous tressés.

Des arbalètes géantes, que l'on tend à l'aide d'une sorte de manivelle, sont de véritables armes de siège; le manche, robuste et court, supporte un arc de 2 et 3 mètres de long; le projectile est alors une lance de petit calibre; l'une de ces machines de guerre fut notamment capturée chez les Pih par une colonne de milice du Darlac.

Les flèches sont conservées en des carquois faits, chez les Radé et les Jarai, d'un simple tube de bambou que l'on porte suspendu à l'épaule par une cordelette; ce carquois est souvent orné de dessins gravés au couteau. Les Pih et les Mnong se servent de carquois de plus fortes dimensions et d'une réelle élégance; le corps est formé d'un treillis de bambou terminé à sa partie inférieure par une pointe en peau d'où partent deux cornes de bouquetins; deux autres cornes ornent la partie supérieure du carquois, auquel elles sont rattachées par un mastic noir orné de ces mêmes petits grains rouges qui servent à l'enjolivement des boucliers.

Les flèches, en bambou, sont munies d'un penne rigide fait d'un morceau de feuille sèche d'aréquier; la pointe est souvent droite ou encochée; chez les Mnong et les tribus guerrières, elles sont terminées par un fer

ou un cuivre barbelés, voire un simple morceau de
silex ou d'os ; ces dernières sont le plus souvent empoi-
sonnées.

XI

POISONS

Il est fort difficile de se faire indiquer par les Moï les
poisons dont ils se servent pour enduire leurs flèches ; j'ai
pu néanmoins arriver à réunir sur ce sujet les quelques
renseignements suivants :

Chez les Ktul, c'est l'arbre « kam » qui fournit le
virus ; la sève, recueillie dans une calebasse ou une
section de bambou, est soumise à l'action du feu qui la
fait épaissir. Une fois réduite en pâte, on y plonge la
pointe de la flèche à empoisonner. Lorsque l'on veut
rendre ce poison encore plus terrible, on chique du
bétel mélangé à du tabac et l'on crache le tout dans la
sève que l'on pétrit afin d'obtenir une pâte consistante
qui est le poison le plus violent dont puissent se servir
les sauvages.

Le « kam » ne se trouve qu'au sud d'A-tep, près du
village de B. treng, au milieu de la forêt ; c'est un arbre
fort rare et c'est à ce village que tous les Moï, et même
les Pih, vont acheter le terrible suc que les habitants
de B. treng échangent contre des cornes, de la cire, etc.
Un « kam », mais un seul, existe près du village de B.

mé-nguol, à 2 kilomètres de B. mé-thuot, mais le fait est fort rare de « kam » croissant en cette région.

Les Pih se servent également de la sève d'un autre arbre appelé « keck ».

Il est probable que le « kam » est le fameux ipoh ou Upas (Antiaris) dont la sève est employée, concurremment avec celle de la liane du même nom, — mais qui appartient à la famille des strychnées, — par les populations sauvages de la péninsule malaise. D'après divers auteurs rapportés par W. Skeat et O. Blagden, celles-ci se servent aussi parfois du « tuba » ou Derris elliptica; elles ajoutent également au poison du poivre, du tabac, de l'oignon et quelques autres ingrédients. Les dards de scorpions et les crocs de serpents, etc., sont également mélangés à la mixture, ainsi que le Pangium edule, Reinw, qui contient de l'acide prussique. Les principes vénéneux de cette dernière plante doivent cependant s'évaporer par l'ébullition et il est probable que l'usage de toutes ces additions est dû à des croyances superstitieuses.

Sur les petits mammifères et les oiseaux, le poison de force moyenne est d'effet presque foudroyant; les plus grands singes mettent à mourir un quart d'heure et quelquefois plus. D'après de Morgan, un homme ou un gros animal blessé par l'une de ces flèches ne ressent, pendant quelques minutes, que la douleur de la blessure. Cette sensation est suivie de spasmes musculaires; la mort suit en quelques minutes si l'on s'est servi d'un poison de forte préparation. Si le virus est vieux ou trop faible, l'agonie dure plusieurs heures au cours desquelles la blessure s'enflamme et prend une teinte bleuâtre.

Ces symptômes sont justement ceux qui se produisent sur les êtres blessés par le poison moï; l'on peut donc avancer sans grande chance d'erreur qu'il est bien fourni par l'Upas antiar; d'ailleurs, M. Vernet, chimiste à l'institut Pasteur de Nhatrang, a constaté, chez les Raglai, tribu moï de la chaîne annamitique, la présence de cet arbre et l'usage, par les naturels, de la résine vénéneuse qu'il secrète.

D'après Geiger, l'Antiaris est répandu dans tout l'archipel malais, — Sumatra, Java, Bali, Lumbok, Sumbawa, Sumba, Florès et Timor, — la grande Célèbes, à Bornéo, dans les îles méridionales des Philippines — Palawan et Calamian — et dans toute la péninsule indo-chinoise et malaise.

XII

ARTS DÉCORATIFS

Chez les Moï, l'art n'existe qu'à l'état très rudimentaire. Chaque village possède un ou plusieurs individus sachant peindre, sculpter ou graver et dont les œuvres, malgré leur évidente naïveté, ne manquent cependant point de charme.

Les dessins sont généralement exécutés avec le sang du buffle ou du cochon tué en sacrifice; ils sont le plus souvent linéaires, représentant des losanges et des carrés, des points et des ronds et sont surtout appliqués sur les poteaux auxquels est liée la jarre et sur ceux que l'on plante sur les tombeaux. Des pendeloques, minces feuilles de bois tendre, sont également peinturlurées et attachées en couronne à la partie supérieure de ces pieux.

Chez les Atham et les Ktul, les maisonnettes mortuaires érigées sur les tombes sont ornées de dessins du même genre; quelques représentations grossières d'animaux, tortues et pythons principalement, se rencontrent dans l'enchevêtrement des dessins linéaires teints au sang ou ponctués de blanc de chaux et de noir de laque.

Les hottes, les nattes, les couvertures sont, comme nous l'avons vu, ornées de dessins exécutés dans le tissage, dessins fort réguliers et d'un agréable effet.

La gravure est obtenue à l'aide d'une pointe de couteau et décore les objets les plus divers.

Les œuvres les plus intéressantes sont celles qui ornent les grands escaliers donnant accès aux maisons sur pilotis des Radé; la partie supérieure de ces énormes pièces de bois, partie qui dépasse le niveau des avancées, est souvent recouverte de gravures linéaires parfois très compliquées. Chez les Pih et les Mnong Rlam, il m'a été donné de recueillir des dessins plus originaux mais plus frustes, représentant des tortues, des feuilles et des fruits de lianes et plantes diverses, de part et d'autre de la demi-lune que surmontent les deux seins en relief.

Les carquois et les pipes sont enjolivés de festons en

dents de scie, mais le génie du graveur se révéle de façon toute spéciale dans l'ornementation des tubes à libation. Ces tubes sont souvent gravés de haut en bas et représentent tout ce qu'est susceptible de reproduire le génie artistique moï. Sans entrer dans les minutieux détails savamment développés par MM. W. Skeat et O. Blagden au sujet de l'art décoratif des peuplades sauvages de la péninsule malaise, il est intéressant de noter la grande parenté qui existe entre les motifs décoratifs de ces tribus et ceux des Moï de notre Indo-Chine. Il ne rentre pas dans le cadre de cette étude de discuter les déformations qu'ont subies les modèles; un tel travail nous conduirait bien au delà des limites de notre ouvrage. Je me contenterai d'indiquer ce que représentent les principaux dessins et, cela, d'après ce que m'ont dit les Moï eux-mêmes.

Le monde végétal est celui qui fournit le plus grand nombre de suggestions à l'artiste moï : fleurs et fruits de la brousse sont reproduits en foule; les bandes du tigre, les pattes du scolopendre, les barbillons de flèches, les ailes de papillon, les œufs de lézard, les nattes, les écailles du crocodile, les boutons d'étain des vêtements sont les principaux motifs qui, violemment déformés, sont gravés également avec plus ou moins de bonheur.

Les tubes à libations des Mnong Gar sont plus fouillés et plus soignés; ils sont en outre passés à la teinture, qui renforce singulièrement les traits. En un village mnong gar, j'ai même trouvé une superbe section de bambou fort bien décorée de dessins noirs et blancs du plus bel effet.

La représentation linéaire des animaux n'est répandue que chez les Mnong.

La sculpture n'est que peu en honneur chez les Radé et les Jarai; quelques chandeliers aux arêtes sculptées en festons arrondis ou dentelés, terminés par de grossières statuettes humaines, sont, avec des poteaux de jarres arrondis et taillés en baguettes et en tores, les seules manifestations de la sculpture chez ces familles.

En certaines tribus, notamment chez les Mdhur, les montants du chaume qui abrite les tombeaux sont découpés suivant le même style ou percés de dessins à jour. Chez les Ktul et les Jarai, les poteaux d'angle des tombes représentent cependant des animaux, des marmites, des paons et, chez les Jarai, des figures humaines d'une certaine taille.

La demi-lune surmontée des deux seins proéminents qui ornent les escaliers moï est la seule partie sculptée de ces pièces.

Par contre les Mnong Gar et les Pih taillent avec beaucoup de bonheur la partie supérieure des poteaux de jarres; le motif le plus ordinairement choisi est un éléphant supportant sur son dos, en plus de sa cage, un cornac sur la tête duquel s'élèvent un ou plusieurs autres bonshommes accroupis, les coudes sur les genoux. Les sauvages fabriquent également des figurines humaines aux jambes et aux bras articulés, des oiseaux peints de raies rouges, aux ailes attachées par des fils de laiton.

XIII

FÈTES

Le Moï adore s'amuser ; tout chez lui est prétexte à fêtes et beuveries ; dans son esprit, d'ailleurs, ces deux mots s'accolent si étroitement qu'il n'a qu'un mot pour les exprimer et ce mot est « mnam » : boire.

Théoriquement, le Moï célèbre une huitaine de fêtes annuelles ayant la plupart rapport à des circonstances champêtres.

La fête de la nouvelle année — « mnam thun prong » — qui dure sept jours et au cours de laquelle l'on doit manger ou boire en l'honneur des génies : sept jarres, sept buffles, sept bœufs, sept cochons, sept chèvres, sept poulets, sept veaux, sept canards ou pigeons, de préférence choisis parmi ces animaux blancs.

La fête de la première pluie, au cours de laquelle l'on ne doit pas sortir du village ; c'est la seule fête qui peut être célébrée sans être forcé de boire la jarre.

La fête du débroussaillement des champs. A cette occasion, on place près du village, sur un minuscule autel de bambous, un semblant de grenier à paddy plein de terre ainsi que des sculptures grossières représentant un éléphant, un buffle, un rhinocéros, ou mieux l'arbre pour lequel les abeilles marquent leur préférence.

La fête des semailles.

La fête de la germination.

La fête de la moisson.

La fête de rentrée du paddy dans les greniers.

Mais, en réalité, les Moï saisissent le moindre prétexte pour rire, manger, boire et s'amuser; fêtes funéraires, fêtes offertes en vue de la guérison d'un malade, à l'occasion d'une naissance, d'un mariage ou d'un événement heureux tel que le retour d'un convoi d'éléphants sont célébrées avec éclat et les convives mangent et boivent suivant la fortune de celui qui régale.

Pour qu'une fête soit vraiment éclatante, le Moï a besoin d'alcool, de viandes et de musique.

L'alcool est conservé en des jarres de toutes formes et de tous modèles qui constituent l'une des richesses des Moï; nous avons vu quelle était la préparation de ce vin; les boules de riz une fois obtenues suivant les rites, la jarre a été enfouie par son propriétaire en quelque endroit de la brousse connu de lui seul; le moment de boire arrivé, la jarre est extraite de sa cachette et portée au village en une sorte d'étui formé d'un anneau de rotin d'où partent deux espèces de bretelles; le renflement de la jarre empêche l'anneau de remonter; les bretelles sont munies de cordelettes qui passent sur les épaules du porteur; ainsi installée, la jarre arrive au village; elle est déposée dans la maison où aura lieu la cérémonie, en la salle d'entrée, parfois sur une planchette taillée en forme de huit et percée en son étranglement d'un trou carré par où passera l'extrémité inférieure du poteau de bois sculpté, orné de dessins au sang et dont la partie supérieure est attachée à la poutre centrale posée sur les entraits. La jarre mise sur le socle est ficelée par le col au poteau dont le rôle principal est d'assurer la stabilité du vase sur le plancher de bambous; le plus souvent, une seconde jarre est disposée sur l'autre partie du socle et reliée au même poteau; le couvercle de terre qui ferme l'ouverture du récipient est alors enlevé ainsi que la balle de paddy recouvrant les boules fermentées; des branches de feuillage sont empilées au-dessus de ces boules pour les empêcher de remonter et les hommes, munis des longs bambous aux nœuds perforés qui reposent, appuyés sur un entrait, se rendent à la rivière puiser l'eau que l'on verse à grands flots dans la jarre; celle-ci une fois pleine, l'on remplit à son tour une grande marmite de cuivre qui servira de réservoir; un escabeau est amené devant la jarre en laquelle on plonge un grand jonc recourbé orné d'un petit faisceau de plumes ou d'une statuette de bois; le chef de la maison amorce le jonc en aspirant la première gorgée qu'il recrache et la personne de marque que l'on veut honorer ou pour laquelle est offerte la libation prend place sur l'escabeau et se met à boire en aspirant au tuyau; en face de lui, de l'autre côté de la jarre, assis ou accroupi près de la marmite, un homme de l'assistance remplit la jarre au fur et à mesure au moyen d'une petite corne de bœuf ou de bois percée en son milieu d'un trou dont le débit est réglé par les doigts de l'opérateur. Quelques-unes de ces cornes ont la pointe joliment sculptée ou terminée par un bout de cuivre finissant en tête de bœuf; quelques-unes sont même entièrement en cuivre et ornées de dessins linéaires. Pour faire honneur à l'hôte, le visiteur doit aspirer la valeur de cinq cornes, ce qui représente une jolie quantité de liquide. La qualité de cet alcool est parfois excellente et je suis souvent tombé sur un liquide fort et sucré, vraiment très bon; celui que l'on obtient après quelques jours seulement de fermentation est, par contre, abominablement aigre et se trouve être parfaitement désagréable au goût; quelle qu'en soit la valeur, il est extrêmement impoli de refuser de prendre sa part de la mixture et un pareil geste, considéré comme une injure, peut avoir une funeste influence sur les destinées du voyageur européen en ces contrées.

Il n'est pas rare de voir, en l'une de ces cérémonies, jusqu'à six et huit jarres, parfois plus, alignées en file, ficelées par paires au poteau et autour desquelles se presse la foule des villageois; et qu'elles soient offertes à l'occasion d'une fête annuelle, d'une cérémonie quelconque ou en l'honneur d'un étranger, la foule est aussi considérable et, tard dans la soirée, l'ivresse montera autour des lourdes amphores.

Au moment où le chef amorce la jarre, éclate le charivari de l'orchestre des tam-tams et des gongs que frappent des joueurs vigoureux.

Ces orchestres sont l'une des richesses de ces populations; les chefs en ont parfois plusieurs séries, les familles libres, un jeu ou tout au moins un gros gong; seuls les Mnong arriérés du sud, plus pauvres, n'en possèdent qu'assez rarement.

Cet orchestre se compose de :

1° Un « ngor », énorme tam-tam en bois, tendu de

peau de buffle à chaque extrémité et orné de grelots et
de morceaux de ferrailles enfilés sur des clous et qui
sonnent sous chaque coup du maillet arrondi avec lequel
le joueur le frappe de toutes ses forces; les beaux
« ngor » dépassent parfois un mètre de diamètre;

2° Les « thiar » ou gros gongs plats de cuivre ou
de bronze atteignent jusqu'à 0^m,60 et 0^m,90 de diamètre; suspendus aux poutres par des cordes agré-
mentées de fils de fer ou de bronze tordus et travaillés,
de provenance étrangère, ils sont doucement frappés
intérieurement par un maillet de bois arrondi et rendent un son souvent très pur rappelant celui de nos
cloches. La sonorité est réglée par la simple pression
de la main gauche sur le métal; un orchestre régulier
possède deux ou trois « thiar » suivant la richesse du
propriétaire;

3° Les « knah », gongs plats plus petits, de 0^m,30
à 0^m,40 de diamètre, formant des jeux de cinq pièces
de taille décroissante leur permettant de s'emboîter les
uns dans les autres; les joueurs, accroupis, les tiennent obliquement ou verticalement entre la main et la
cuisse; ils forment la base de l'orchestre;

4° Les « ching », de 0^m,50 à 0^m,60 de diamètre,
bombés, au centre, d'une bosse en demi-sphère et qui
donnent un son mat et sourd; ils sont au nombre de
trois; les joueurs les frappent sur la bosse d'un maillet
entouré d'un morceau de peau de bœuf.

Le rythme varie avec chaque tribu; les Radé et les
Jarai ont chacun leur cadence qui diffère également de
celle des Mnong de l'est; le tapage obtenu est intense
mais ne manque cependant point de charme. Chez les

Jarai, existent des petits orchestres ambulants ne comprenant que des « knah », des « ching » et un petit tam-tam de type très réduit, suspendu au cou par une corde.

XIV

MUSIQUE

A part les gongs, qui ne sont employés que dans les fêtes de quelque importance, lorsque l'on boit la jarre, les Moï possèdent d'autres instruments de musique qu'ils fabriquent eux-mêmes et dont jouent les femmes et les jeunes hommes, le soir au cours des veillées ou pendant les cérémonies funéraires. Ces instruments sont :

Le « buet pie », sorte de fifre formé d'un bambou percé de trous et passant dans une petite gourde à la pointe de laquelle est fixé un tuyau de jonc servant d'embouchure ;

Le « kie », sorte d'olifant percé aux deux bouts et d'où le son est tiré en aspirant sur un renflement assujetti au mastic et recouvert d'une mince lamelle de bois à languette. Cet instrument, en bois chez les Radé, est orné de plaques d'étain et de petits liens tressés ; il est souvent en ivoire gravé chez les Mnong ;

Le « goït », poinçon de bambou dont l'extrémité évidée donne une sorte de vibration sous la pression du doigt ;

Le « buet chok » ou fifre ordinaire à embouchure en forme de sifflet rendant des notes aiguës ;

Le « buet kliah », flûte ;

Le « knieh », sorte de violon à une corde tendue sur un bambou appointi et muni d'une ficelle fixée à une rondelle que l'on place dans la bouche ;

Le « peh gong » ;

Le « din ring », sorte de flûte de Pan ;

Le « li buet tot » ;

Le « broh », sorte de violon.

Les Pih et les Mnong possèdent en outre une espèce de flûte de Pan composée de deux rangs de tubes de jeunes bambous d'inégale longueur convergeant sur la partie renflée d'une gourde de forte taille à laquelle ils sont collés par du mastic ; l'embouchure de la gourde est celle de l'instrument.

Les Mnong jouent d'un long chalumeau dont l'extrémité est fixée à une corne de bouquetin.

Les Radé et les Jarai fabriquent des boucliers de fête formés d'un disque en métal — en fer généralement — fixé sur un disque plus large, en bois ; ce bouclier, secoué avec force, produit un horrible tintamarre sous le choc des deux plateaux.

XV

CHANTS ET FOLK-LORE

Les Moï possèdent un répertoire assez fourni de chants qui se colportent de village en village et se répètent dans

les réunions joyeuses. Chez les Radé, la chanson se
divise en deux genres bien distincts : le « muñ » et le
« khoït ».

Le « muñ », mot qui signifie également « chanter »,
est la chansonnette légère que l'on fredonne durant le
travail quotidien ou que l'on lance en appel à la belle
fille qui passe; le plus souvent grivois, le « muñ » se
module aussi dans les fêtes, entre jeunes gens; assez
souvent il est légué de génération en génération, mais le
répertoire se grossit journellement de pièces nouvelles,
création d'un artiste qui s'inspire le plus souvent d'un
fait saillant de date récente. Au point de vue musical,
le « muñ » se divise en une série de couplets commen-
çant et finissant par une longue note traînante; les
autres mots de la phrase sont scandés et chantés avec
rapidité et netteté; l'ensemble donne l'impression d'une
sorte de mélopée ou de cantilène.

Le « koït » est bien différent. Tandis que les « muñ »
sont chantés par d'assez nombreux individus, les « koït »
restent l'apanage d'un petit nombre et surtout des vieillards. Ceux-ci les transmettent à quelques privilégiés
qui ne les chanteront qu'en certaines circonstances,
lorsque la jarre réunira les anciens à cheveux blancs,
ceux qui « ont au moins soixante-cinq ans », me disait
un chanteur; alors, avant que n'éclate le charivari des
gongs, l'on psalmodie le « koït » à seule fin de distraire
les vieillards et aussi d'être agréable aux mânes des
parents morts. En un mot, l'on peut dire que le « muñ »
est la chansonnette populaire, le refrain en vogue et
léger, et le « koït » une sorte de chant liturgique quasi
sacré; en cette vénérable rapsodie, les mots archaï-

ques sont d'ailleurs fréquents et le sujet est grave, se rapportant tout entier à la maigre et confuse théologie qui suffit à la race.

Au point de vue de l'exécution, le « koït » ne diffère pas sensiblement du « muñ »; cependant le cri bas et prolongé par lequel débute ce dernier n'existe pas pour le « koït », que l'on commence en attaquant vivement les premiers mots qui sont presque criés d'un ton dur.

Il est fort difficile pour un étranger de se faire psalmodier un « koït », les chanteurs prétendant que s'ils chantent sans nécessité, les esprits de leurs ancêtres les feront mourir en châtiment de ce qu'ils auront, en les communiquant à des profanes, souillé les chants sacrés.

Voici, à titre de curiosité, quelques exemples de « muñ » que j'ai pu réunir chez les populations radé du Darlac central.

A la jeune fille de ses rêves :
« Ce soir, je voudrais m'amuser avec la jeune fille (de mes rêves) ; elle est jolie ; elle a de beaux bras et de belles jambes ; sa figure est gentille, c'est avec celle-là que je veux me marier. Beaux également sont ses vêtements. Si elle me donne un enfant que je caresserais, j'en serais heureux. Je voudrais la rencontrer seule au champ ou sur la route. »

A une jolie fille :
« Hé! la jolie fille! Ta bague d'argent est belle ; tu as de beaux bras et de beaux pieds ; tu es jolie et je voudrais muser avec toi au champ, à l'endroit où l'on va puiser l'eau ou n'importe en quel autre lieu. J'éprou-

verais le plus grand plaisir à pouvoir te tenir par la jupe ou te prendre par la tunique afin de causer avec toi, car tu es jolie. Pourquoi tes seins sont-ils plus mignons que ceux des autres filles? Ta poitrine et tes jambes sont aussi claires que l'ivoire; tout ton corps est si blanc qu'on le dirait raclé au couteau; ton dos est flexible, tes yeux sont brillants. Que tu es belle! Je souhaite de te rencontrer au cours d'une fête afin de coucher avec toi. »

En voici une autre que le chanteur entonne en voyant une belle fille :

« Je veux me marier avec cette fille; j'espère la rencontrer toute seule dans la forêt lorsqu'elle va chercher du bois, afin de lui donner une chique de bétel. Je voudrais la séduire, l'entraîner hors de la forêt pour qu'elle s'amusât avec moi. Je voudrais l'emmener à la pêche afin de nous amuser ensemble. Je voudrais la mener dans ma maison afin de boire et de nous amuser. Maintenant, je voudrais la demander en mariage à ses parents. »

En voici deux autres à peu près semblables :

« Autrefois, l'on achetait des gongs et des « knah » pour frapper; l'on séduisait les filles pour aller jusqu'à la mer (1) chanter et se distraire. Avec les filles, belles comme des fleurs, l'on voudrait se marier, mais c'est impossible. Lorsque l'on voit passer une fille, l'on voudrait ouvrir la porte et causer avec elle; l'on voudrait

_____

(1) Allusion au voyage du chanteur qui avait été envoyé à l'Exposition de Hanoï.

l'épouser parce qu'elle est très jolie et l'on propose aux parents de conclure le mariage, car cette fille est plus belle que toutes les autres. »

« La jeune fille est jolie comme une fleur; elle porte des perles qui sont belles; c'est pourquoi l'on veut l'épouser; sa couche est belle, ainsi que celle du garçon; belle est sa maison; beaux sont aussi sa jupe et son bracelet d'argent; ses bagues et ses vêtements sont également jolis. Les filles de B. tang et de B. vin portent des perles bleues, blanches, jaunes qui sont fort jolies ; le corps d'une belle fille est comme un serpent, aussi veut-on l'épouser et rester avec elle aussi uni que les pieds d'un éléphant entravé. »

Citons enfin cette dernière chansonnette formée de trois couplets auxquels, en dernier lieu, la jeune fille répondra :

« Les jolis seins, le dos flexible, les yeux clairs et les sourcils bien taillés de la jeune fille, tout cela vaut bien un veau qu'on a payé 3 piastres (1).

« Une jolie tasse, une bonne assiette, des biens précieux, une belle couverture, une jolie natte, je te donnerai tout cela si tu veux coucher avec moi sur la même natte, roulée dans la même couverture. Si tu veux me demander du tabac, permets-moi de caresser un peu tes seins que je désire ardemment contempler, mais si tu me refuses, je te tiendrai pour une bufflesse noire (2).

(1) Compliment, car un veau de 3 piastres est une belle bête.
(2) Terme de comparaison appliqué à l'hypocrisie. Aussi hypocrite qu'une bufflesse noire (car, au fond, tu as envie de moi).

— Tu me donnerais jusqu'à dix bracelets de cuivre que je ne voudrais ni de tes cadeaux ni de toi. »

Donnons maintenant quelques « muñ » de composition toute récente et d'autant plus intéressants et piquants qu'ils ont été inspirés par notre venue en pays moï.

« Les officiers sont venus à Ban Don pour conquérir le Darlac; ils ont mis des fusils chez Khun Yonob et des revolvers chez Phet Lasa; miliciens annamites et nombreux soldats sont arrivés en même temps. Grands et petits doivent se soumettre et obéir à ces officiers. »

« En ce moment (1), la résidence s'est installée à B. mé-thuot; dans le temps, sans papier, les Moï pouvaient descendre à Ninh-hoa acheter des provisions; maintenant, pour en faire, il faut venir à la résidence demander un laissez-passer. Les fonctionnaires sont nombreux et nombreux sont également les Laotiens et les Koula (2) venus pour se livrer à leur commerce; nombreux sont les tam-tams, les gongs et les fusils; toutes les routes sont améliorées, celle de Ban Don, celle de Mé-bac et celle de Ninh-hoa sont bonnes; c'est une bonne époque. Les Annamites sont également venus s'installer chez nous. Chaque fois que les Moï se réunissent pour boire, le résident leur donne de l'alcool et divers objets. L'eau de la source est claire; claire est aussi celle de la rivière; elles servent au bain de M. le résident, elles donnent une bonne santé. »

(1) Allusion à la venue du fondateur du Darlac, M. Bourbois.
(2) Birmans

Autre « muñ » :

« Dans le temps, M. le résident supérieur du Laos et le garde principal sont venus combattre les Moï du Tak-lak. M. le commis a été envoyé dans la région de B. né et M. le commissaire s'est rendu dans la région de B. Ngeuh. Après l'opération (1), ils se sont tous réunis à B. mé-thuot ainsi que les miliciens tous bien portants. Il y avait deux groupes d'hommes, l'un fort de trente personnes, l'autre de cinquante et, après l'expédition, ils se sont également réunis à B. mé-thuot. Maintenant M. le garde, M. le résident et M. le commis sont aussi à B. mé-thuot, le pays deviendra beau parce qu'il faut construire, pour ces fonctionnaires, des maisons, des cuisines, des poulaillers et des porcheries ; les coolies annamites, laotiens, khoula et moï sont également nombreux, par conséquent toutes les routes de la province seront améliorées et grâce à la propreté qui y règne, la population sera bien portante. Tous les Moï des environs, voyant cela, sont fort contents. »

Un autre :

« Treize coolies sont envoyés pour la construction de la route près du Krong hana, quinze près de Ya kvang ; après l'achèvement de ces routes, les coolies reviendront à B. mé-thuot ; ils sont tous bien portants. Quand les fonctionnaires voudront se rendre sur la route de B. tang, ou à B. Don, ils trouveront ces deux routes en bon état. A B. mé-thuot, il y a plusieurs maisons qui

______

(1) Allusion aux opérations conduites au début de notre occupation contre le fameux chef pih Ngeuh.

sont belles; autrefois c'était Kroum qui était le premier interprète de la résidence, maintenant c'est Khmau; ces deux interprètes travaillent bien, ils sont estimés de M. le résident. Treize chevaux ont été donnés à l'interprète, quinze à M. le garde pour aller surveiller les routes afin d'améliorer celle de B. mé-thuot. Les miliciens savent sonner du clairon, c'est pour cela que tous les Moï des environs sont contents de rester auprès de la résidence. »

Comme on le voit, le « muñ » est le plus souvent d'inspiration libre, chansonnette créée par un artiste local sur un sujet de toute actualité. Tout autre est le « koït », dont il m'a été d'ailleurs fort difficile d'obtenir un spécimen. Tel quel, je le livre au lecteur :

« Le ciel créa la terre et les arbres, c'est pourquoi les hommes savent confectionner tam-tams, gongs et « knah » pour faire des sacrifices aux génies; les hommes créent des jarres d'alcool, des tubes de bambou pour puiser l'eau, le jonc pour boire l'alcool; l'on apprend à récolter toutes sortes de plantes. Les parents mettent des enfants au monde et les nourrissent jusqu'à ce qu'ils soient grands pour les envoyer travailler aux champs; dès le matin quand on voit le soleil se lever, tout le monde se met au travail. Grâce aux ancêtres qui les bénissent (ces enfants), ils pourront travailler au service des Français et aux champs et ils seront toujours bien portants. Grâce aux génies qui les bénissent, ils sont bien portants, tel un grand arbre, tel un grand fleuve. Grâce aux génies qui les bénissent, ils sont bien protants, ils travaillent pour l'administration et pour leurs propres besoins. Grâce aux génies, ils sont bien portants; quand ils en auront l'âge, hommes et femmes se marieront. »

Tels sont quelques exemples de chants que j'ai pu recueillir chez les Radé; quant aux Pih et aux Mnong, ils ne savent point chanter.

XV

DANSE

La danse me paraît être peu développée chez les Moï ; elle me semble réduite à un pas de guerre qu'exécutent les guerriers avant de partir en expédition; c'est un simulacre d'attaque conduit, lance en arrêt, autour d'un objet ou d'un individu figurant l'ennemi.

Les Blao de Médrac exécuteraient une danse funéraire — la danse du sabre — mais il ne m'a point été donné d'assister à ce spectacle.

Je dois ajouter que, durant mon long séjour au Darlac, je n'ai jamais vu le Moï manifester sa joie par un entrechat quelconque, la musique et la jarre semblent renfermer pour lui le maximum des jouissances; alourdi par les viandes et l'ivresse, le sauvage, engourdi comme un python après manger, ne pense point pouvoir goûter meilleure béatitude que l'incomparable farniente auquel il se livre, voluptueusement roulé dans sa couverture.

CHAPITRE V

Commerce et échanges. — Thuoc-lai annamites. — Trafiquants
cambodgiens, laotiens et birmans. — Chasseurs d'éléphants et
de rhinocéros. — Chercheurs de bois d'aigle. — Évolution des
Moï. — Avenir du pays.

I

Les goûts du Moï sont futiles; adorant la parure, il
est très amateur de la bimbeloterie de la côte; nos étoffes,
les couvertures imprimées aux plus violents ramages,
la flanelle rouge, les vestons, les pantalons de coupe
annamite ou européenne sont les articles les plus prisés,
ainsi que les perles dont il raffole et avec lesquelles il
se tresse des colliers, des pendeloques d'une variété
infinie; chaque tribu a cependant des goûts différents :
c'est ainsi que les Radé n'acceptent que les petites perles
blanches, rouges ou bleues; les Mnong, les grosses
perles de toutes nuances, les étoffes blanches, etc... Le

fil de laiton, les fers de hache, l'étain en lamelles, le
fer en barres, les pipes, le tabac européen, le sel, les
bols, les assiettes, les marmites et les plateaux de cuivre
annamites sont achetés avec le plus grand plaisir. Les
bouteilles, à peu près inconnues avant notre arrivée,
ont rapidement fait prime et pendant longtemps l'on
put, contre quelqu'un de ces récipients, se procurer un
poulet, une calebasse de riz, un melon, une citrouille ;
le Darlac central fut ainsi inondé de bouteilles dont la
destinée m'est toujours restée inconnue, car, même à
l'heure actuelle, l'on n'en trouve que fort rarement
même dans les maisons des chefs les plus riches.

L'intelligence bornée des Moï sera, malheureusement
de longtemps, un obstacle au développement du commerce proprement dit : sachant à peine compter menta-
lement au delà de vingt, — les Mnong et les Pih ne
dépassent pas le plus souvent cinq ou dix ; — ils sont
obligés, pour poursuivre leur numération, de se servir
de baguettes représentant chacune une unité et leur permettant ainsi d'atteindre les dizaines supérieures.

Leurs mesures sont des plus rudimentaires ; elles ne
comprennent d'ailleurs que des mesures de longueur
dont l'on se sert pour les étoffes et des mesures de capacité.

Les premières sont au nombre de sept :

La brasse, « pà », comprise entre l'extrémité des
doigts des deux bras étendus ;

La demi-brasse, « jung kieng », comprise entre le
coude du bras gauche replié sur la poitrine et les doigts
de la main droite étendue ;

La coudée, « hêh », du coude au bout des doigts ;

La petite coudée, « kpat », du coude au poing ;

L'empan, « gam », compris entre le pouce et le médium étendus ;

La main, « pah », largeur de la main à plat ;

Le pouce, « joh kpao », largeur du pouce.

Elles sont également usitées pour mesurer la hauteur et la largeur des greniers ronds constitués, comme nous l'avons vu, par un treillis de bambous écrasés fermés en cylindre.

Les mesures de capacité sont :

Le grand panier, « kchaih » ;

Le petit panier, « pung » ;

Le panier à larges mailles de bambous tressés, « paï » ;

La hotte, « sak » ;

Le grenier rond, « rong » ;

Le grenier bâti en forme de hutte, « che ».

Au point de vue moï, les véritables richesses sont constituées par la possession des gongs et des jarres ; ces articles, indispensables à toute famille qui se respecte, jouent chez ces peuplades un rôle de première importance ; comme je l'ai déjà dit, la moindre cérémonie, la moindre fête ne sauraient être entreprises sans la jarre et les gongs. Aussi, conçoit-on aisément que de tout temps la contrée ait été parcourue par des trafiquants venant vendre ou échanger ces précieux objets.

*
* *

Deux courants de commerce bien marqués existent en pays moï : le courant annamite et le courant laotien-cambodgien-birman.

Le commerce annamite en région moï fut, de tout temps, exercé par des « thuoc lai » ou « cac lai » qui étaient primitivement chargés de percevoir l'impôt pour le compte de la cour d'Annam. Sous l'empereur Gialong, vers 1802, les tribus moï du Quang-ngai, soumises à Hué dès la seconde moitié du seizième siècle, furent partagées en quatre cantons administratifs réguliers ; à la tête de chacun d'eux, se trouvaient deux fonctionnaires chargés de faire rentrer l'impôt qui se montait à la somme globale de 1 470 ligatures et était ramassé par des fermiers, trafiquants annamites chargés de cette opération et pourvus d'une commission gouvernementale spéciale leur conférant en outre le droit de se livrer en l'une de ces régions au commerce avec les naturels. Ces Annamites patentés pouvaient seuls faire ces opérations, ce furent les premiers « thuoc lai ». Néanmoins l'emploi qui existait dès 1802 ne reçut officiellement ce nom qu'en 1828, après les nombreux remaniements administratifs subis par cette région moï du Quang-ngai qui ne cessait de créer des ennuis par sa déplorable turbulence. Ce sont ces agents qui devaient plus tard dégénérer en commerçants équivoques et véreux et étendre leur champ d'action bien au sud du Quang-ngai, sur toute la lisière du pays moï.

Il ne faudrait cependant pas croire que tous les trafiquants annamites en ces districts sont dépourvus de scrupules, car parmi eux se trouvent encore d'honnêtes gens, malheureusement en minorité.

Nantis de quelques marchandises d'origine étrangère ou annamite, ces individus se rendaient chez les Moï, échangeaient leur pacotille contre les produits du pays, cornes, cire, peaux, paddy; parfois les plus fortunés qui avaient pu partir avec un gong ou une jarre revenaient de leur tournée en haute région avec des chevaux et du bétail. Malheureusement, bien plus nombreux étaient les écumeurs de frontière qui, munis seulement d'un passé louche et agité, d'une complète absence de scrupules et d'une audace digne d'une meilleure cause, se contentaient d'obtenir par les menaces et les vols ce que les Moï ne voulaient point leur donner de plein gré. Ces fâcheuses habitudes qui étaient, à notre arrivée dans l'hinterland, celles de presque tous ces colporteurs annamites indisposèrent sérieusement les Moï contre une race dont ils ne connaissaient que l'écume; se laissant assez facilement intimider par la menace, le sauvage payait le plus souvent; mais, parfois poussé à bout, il se livrait à des représailles sévères mais méritées, massacrant des bandes de thuoc lai et allant même razzier des villages annamites établis en arrière de la côte, à la lisière des montagnes, emmenant des prisonniers que l'on gardait comme esclaves.

Notre arrivée mit un terme à ces agissements; sévèrement réprimés, les abus des thuoc lai ne seront bientôt plus qu'un souvenir, d'autant plus que les résidents de la côte, longtemps trompés par ces peu intéressants individus qu'ils soutenaient avec un déplorable aveuglement, ont enfin compris leur erreur et protègent de moins en moins ces fauteurs de rapines.

Comme on le voit donc, le commerce annamite en région moï ne fut pas toujours des plus honnêtes; il n'en réussit cependant pas moins à introduire en ce pays la plupart des articles que les Moï prisent encore tant, mais eut pour résultat d'appauvrir la région en chevaux, ceux-ci étant très recherchés des thuoc lai comme étant de vente facile et rémunératrice sur toute la côte d'Annam.

Ce commerce d'échange a été repris depuis lors par une maison française de la côte — Lefèbvre, de Ninh-hoa, Khanh-hoa — qui a établi vers 1902 une succursale à B. mé-thuot; contre les objets demandés par les Moï elle recueille les trois importants produits indigènes, les peaux, la cire et les cornes; des convois assurés avec la côte par éléphants, charrettes à bœufs et juments porteuses, atteignent, à l'heure actuelle, une certaine importance; quant aux bénéfices annuels, ils se montent à quelque 10 000 piastres — 25 000 francs environ.

Un Chinois et une vieille Cambodgienne se livrent de leur côté au même genre de commerce, mais leur concurrence est quantité négligeable.

Il est à noter cependant que depuis la dispersion dans le pays d'assez grosses sommes d'argent à la suite des divers travaux effectués par l'administration, le Moï du Darlac central commence à connaître et même à rechercher le numéraire : la pièce de dix cents et la piastre d'argent sont les monnaies préférées; chez les Mnong du lac, les cents percés servent souvent à faire des ornements ou entrent dans la confection des colliers; en certains villages même, les habitants demandent de l'argent et ne cèdent plus leurs denrées qu'avec difficulté contre les marchandises pourtant courantes; il est vrai que l'argent ainsi gagné ne leur sert qu'à aller chez le commerçant acheter l'article dont ils ont envie et chez

lequel ils savent devoir trouver un choix plus grand
que dans le bagage réduit du voyageur.

Avant d'en finir avec le courant commercial d'Annam, il faut dire quelques mots des caravanes organisées
par les Moï eux-mêmes pour aller à la côte opérer leurs
échanges.

De tout temps le Moï, quoique répugnant à quitter
son pays pour un long laps de temps, a aimé le déplace-
ment de courte durée qui lui permet de se procurer
quelque plaisir; au temps où Mé-sao barrait la route
d'Annam, et où les chemins n'étaient pas sûrs, ces
voyages étaient devenus fort rares; ils ont repris depuis
l'ouverture de la route d'Annam et la restauration de la
tranquillité publique.

C'est en saison sèche, de décembre à avril, alors que
la moisson est terminée, que les Moï se mettent en
route; nantis d'une provision de tabac, de peaux, de
cire et de cornes, ils descendent acheter quelque bimbeloterie; le long de la grande route d'Annam et des sentiers étroits, on les rencontre par petites troupes de dix à
vingt, la lance sur l'épaule, la pipe aux dents, escortant
les éléphants et les juments portant leurs marchandises;
par courtes étapes ils vont s'arrètant le soir pour faire
cuire leur maigre pitance en quelque village où, le plus
souvent, l'arrivée des voyageurs est un signal de fête.

Ninh-hoa est le lieu de rendez-vous et ce centre
annamite a été de tout temps un assez important marché
moï; les commerçants chinois et annamites y achètent
à bon compte les produits de la haute région; les Moï y
font en outre la fête, laissant entre les mains de séduc-
trices faciles une partie de leurs bénéfices et rapportant

souvent par contre quelques-unes de ces maladies qui, mal ou point soignées par ces populations primitives, y ont contaminé des villages entiers.

II

Du côté du Laos et du Cambodge, le courant commercial, sans atteindre une importance très grande, assume cependant une forme plus originale que du côté de l'Annam.

De tout temps favorisés par la nature même du sol, qui descend vers le Mékong en pente extrêmement douce, les commerçants cambodgiens et laotiens ont fréquenté les cantons moï de l'hinterland, s'avançant même jusque chez les Sadet et dans le Darlac central; les centres de commerce sont, sur le Mékong, Kratié, Samboc, Sambor et Stung-treng.

Si le Moï, exaspéré par les exactions des trafiquants annamites, a eu avec eux de nombreux démêlés, il n'en est pas de même avec les voyageurs de l'ouest; ceux-ci, en effet, plus honnêtes et ne craignant pas, comme l'Annamite de la côte, le séjour en haute région malsaine, n'ont que très rarement usé de pression pour obtenir les marchandises qu'ils convoitent. Tandis que l'Annamite ne monte en région moï que pour y tenter un coup qui, en cas de réussite, lui rapportera les quelques piastres nécessaires à son ambition, le Cambodgien et le Laotien se sont toujours livrés à des relations constantes et suivies qui ont constitué un véritable courant d'affaires malgré son peu d'importance relative.

De Kratié, de Stung-treng et de tous les points en un mot où la charrette à bœufs peut rayonner, — et Dieu sait si la charrette à bœufs est un merveilleux outil de transport, passant partout et toujours, — des pistes charretières se sont ouvertes au milieu de la forêt-clairière, joignant le grand fleuve à l'hinterland moï auquel elles apportent, outre les articles de la côte, les gongs et les jarres si prisés.

Importés au Cambodge et au Laos par la Chine, la Birmanie et l'Annam, ces deux articles sont les marchandises de valeur. Le gros « thiar » est vendu de 60 à 100 piastres; le jeu des cinq « knah » vaut de 20 à 40 piastres, celui des trois « ching », de 10 à 30 piastres.

Tous ces gongs sont de fort belle composition; leur valeur vient du son qu'ils rendent et que le Moï discute et apprécie en connaisseur; quelques-uns, fort vieux, admirablement patinés, renfermant de l'argent en leur alliage, résonnent d'une façon qui les met absolument hors pair.

Quant aux jarres, elles sont originaires de Chine et d'Annam; il y en a de toutes tailles et de toutes dimensions; la plupart sont ornées du grand dragon anguleux aux griffes menaçantes qui indique surabondamment leur origine; leur valeur est en raison directe de leur vétusté et telle jarre ventrue, massive mais recouverte de cette couleur de vieille poterie chère aux amateurs, se vendra bien plus cher que la nouvelle venue, élégante, à forme d'amphore, aux éclats brillants de tuile fraîchement vernissée.

Contre leur pacotille, Cambodgiens et Laotiens

recueillent, outre les peaux, la cire et les cornes, quelque ivoire, du tabac ainsi que du bétail et des chevaux. Les plus riches se livrent à l'achat des éléphants.

La province du Darlac est en effet de tous les pays moï celui qui possède le plus grand nombre d'éléphants domestiques; l'on en comptait, en 1906, deux cents environ enregistrés à la résidence, sans parler de ceux que possèdent les villages insoumis du sud-ouest; renouvelé chaque année par les prises importantes effectuées par les chasseurs laotiens du centre de B. Don dans les forêts-clairières de la Srépok, du Nam Lieou et de leurs affluents, le nombre de ces éléphants reste à peu près stationnaire malgré l'exportation qui en est effectuée sur le Laos.

Des groupes de Laotiens venus principalement de Bassac et de Khong se rendent au Darlac et, après des pourparlers que seul un Asiatique peut avoir la patience de conduire, arrivent à acheter ou à échanger, au prix des combinaisons les plus diverses et les plus bizarres, un, deux ou trois éléphants déjà dressés et adultes qu'ils iront revendre sur la rive droite du Mékong, au Laos siamois et même jusqu'en Birmanie anglaise. Le prix d'achat au Darlac est, suivant le sexe, l'âge et l'état des défenses du pachyderme, de 300 à 600 piastres, valeur que les Laotiens payent en gongs, jarres ou jeunes éléphants de prise. Des Birmans venus de Moulmein, de Mandalay, de Xien-may, arrivent également par Oubône, Bassac, Khong, Siempang et Takalane, se livrer à ce trafic; ils apportent avec eux les beaux gongs de Mandalay, des coutelas birmans; voyageant patiemment à pied, transportant leurs bagages par éléphants, pirogues ou charrettes suivant les moyens du moment, ils mettent de huit à douze mois pour passer de Salouen à la Srépok ; l'un d'eux me disait que ce voyage leur revenait en moyenne à 350 ou 400 piastres ; parfois ils ont avec eux des coupons de soie verte et mauve à fleurs voyantes, des pierres précieuses cachées sous la peau, des bagues d'or rouge au chaton de rubis, une ou deux boîtes d'argent ciselé et des sabres ou coutelas dont parfois le beau coutelas de luxe à poignée d'ivoire et fourreau d'argent travaillé.

Avant de quitter la province avec leurs éléphants d'achat, ces commerçants doivent acquitter une taxe de sortie levée au profit de l'Annam sur chaque bête exportée au Laos ; primitivement fixée à la moitié du prix d'achat, elle a été portée, à la fin de 1905, à 250 piastres par tête ; depuis 1899, date de notre installation au Darlac, le nombre de ces exportations n'a cessé de s'accroître et les sommes perçues par l'administration au cours des dix années 1899-1908 (jusqu'au 30 avril 1908) se sont élevées à un peu plus de 34 000 piastres (1).

(1) Voici, pour ladite période, le tableau de répartition de ces taxes :

1899....	8 éléphants ayant payé......	526 $ 50
1900....	4 —	744 00
1901....	Néant	
1902....	1 éléphant	150 00
1903....	Néant	
1904....	13 éléphants	2 364 00
1905....	24 —	2 745 00
1906....	31 — (taxe fixe de 250).	7 750 00
1907....	56 —	14 000 00
1908....	24 — (jusqu'au 30 avril)	6 000 00
Total ...	161 éléphants ayant payé......	34 279 $ 00

Au taux moyen de 2 fr. 50, cette somme représente donc une recette d'un peu moins de 86 000 francs. Il est question d'augmenter ' taxe afin d'enrayer le mouvement de sortie qui prive le Darlac de ses meilleurs éléphants domestiques que ne remplacent numériquement que de jeunes individus trop faibles et souvent insuffisamment dressés.

Cependant, depuis l'ouverture de la grand'route d'Annam, l'on a eu à constater une sérieuse décroissance, dans l'exportation sur le Cambodge, des autres productions du Darlac, qui préfèrent emprunter la nouvelle voie plus facile et surtout bien plus courte, de B. mé-thuot à Ninh-hoa; la grande artère ne mesure en effet que 150 kilomètres, tandis que la piste charretière de B. mé-thuot à Kratié n'a pas moins de 250 kilomètres de longueur.

Seuls, les Mnong insoumis du sud-ouest continuent à entretenir des relations exclusives avec les Cambodgiens venus de Kratié et des autres centres méridionaux de cette province.

III

En dehors de ces trafiquants, le Darlac est encore sillonné par d'assez nombreux chasseurs laotiens dont le centre est à B. Don, agglomération laotienne située sur la Srépok à 36 kilomètres au nord-ouest du cheflieu et qui est d'ailleurs le point de rassemblement de tous les gens de race laotienne et birmane. Ces chasseurs, venus également des provinces de Stung-treng, Khong et Bassac, sont suivis le plus souvent de Tiompoueun, Moï du bas Sékong, au sud-ouest des Jarai. Pendant la saison sèche, ils s'établissent en forêt-clairière où ils se livrent à la chasse des cerfs, bœufs et buffles sauvages qui y abondent; d'autres s'occupent plus spécialement de la chasse aux éléphants sauvages qui habitent par nombreux troupeaux ces districts désertés par l'homme.

Logés sous de primitifs abris de branchages et de feuilles, accompagnés parfois de quelques charrettes portant leur pacotille, ils parcourent le pays à la recherche du gibier; lorsque sont trouvées les pistes fraîches d'un troupeau d'éléphants, celui-ci est suivi jusqu'à ce qu'il soit découvert en ses pâturages; les chasseurs s'attachent à écarter les jeunes individus, qu'ils capturent avec l'aide d'éléphants domestiques spécialement dressés et sur le dos desquels ils se dissimulent en des masses de branchages; les prisonniers sont entravés et, au bout de quelques jours de jeûne, soumis à un long et patient dressage; à la fin de cette éducation, ils sont échangés ou vendus soit au Darlac soit au Laos. L'un des plus grands chasseurs est le Khun Yonob même de B. Don, chef mnong métissé de laotien et qui a réussi à amasser, par ses chasses, une respectable fortune qu'il garde sous forme de jarres remplies de piastres soigneusement enterrées.

D'autres trappeurs ne poursuivent que le rhinocéros qui habite dans les gorges montagneuses du sud-ouest et dans les replis de la chaîne annamitique; d'octobre à décembre, ils arrivent à la résidence chercher leur laissez-passer par petits groupes armés de gros fusils à pierre demi-rouillés.

Je vois encore l'un d'eux, le vieux Nay-Boun, aux joues de rainette sèche et qui m'a raconté la genèse brutale et simple d'une de ces chasses qui sont sa vie, une vie de bushman, vécue en d'impossibles repaires au milieu des plus scabreux passages de montagnes sans nom.

Les régions d'Annam les plus fréquentées sont les cantons au nord de Médrac et le haut Song Nang, le plateau d'Ankhé et le haut Song Ba, le Kontoum et le district de Cheo-reo, enfin la région moï du Quang-ngai.

Une pareille chasse est une véritable expédition longue parfois de trois à quatre mois. Chaque chasseur groupe autour de lui quelques Laotiens et des Moï formant ainsi parfois une petite troupe d'une dizaine d'hommes; le nombre total des fusils engagés en cette chasse ne dépasse pourtant pas une quinzaine par saison pour ce qui est des gens de B. Don qui parcourent la chaine annamitique ; mais il faut tenir compte de ceux qui se rendent directement chez les Mnong insoumis du sud-ouest et de ceux qui vont au Kontoum depuis les centres laotiens plus septentrionaux. Chaque groupe s'achemine, muni de ses maigres provisions ; par les sentiers où les villages sont rares, ils se dirigent vers le chaos des montagnes vierges, heureux, le soir, de trouver une cabane abandonnée pour s'y garder du tigre qui rôde. Le gibier apporte heureusement un supplément au menu jusqu'au jour où l'on s'enfonce dans la forêt, en quête du rhinocéros.

Celui-ci gîte dans les grottes, les cavernes ou les anfractuosités des monts, parmi les rocs, et il s'agit de trouver sa trace; aussi, que de fatigues doivent endurer les chasseurs parmi les fourrés impénétrables, les lianes épineuses, les rochers, les ravins, les bourbiers chers aux pythons avant de le rencontrer enfin !

La bête une fois en vue, le chasseur quitte ses compagnons, qui grimpent sur un arbre afin de ne pas gêner le tir; dans le plus gros fusil à pierre, par-dessus la charge de poudre, une flèche empoisonnée est glissée; lorsque la brute, blessée à mort, tombe enfin, tout le monde revient et la curée commence aussitôt, car chaque parcelle, sauf les ossements, a sa valeur; la viande servira à faire bombance et permettra de se reposer quelques jours pendant lesquels on s'occupera de faire sécher la peau. Les excréments et l'urine même du pachyderme sont recueillis avec soin; mélangés à l'alcool, ils lui communiquent de merveilleuses propriétés médicinales, le rhinocéros se nourrissant de préférence, me disait Nay-Boum, de plantes, racines et écorces qui possèdent des vertus curatives.

Si la saison n'est pas trop avancée, l'on se met en quête d'une autre victime; mais si la chasse a duré longtemps, l'on prendra la route du retour en emportant les peaux et les griffes d'ours, les cornes et les peaux de cerf et les dépouilles des animaux divers abattus au cours de l'expédition; le chasseur a gagné sa saison et il ne lui reste plus qu'à négocier la vente de ses produits que les traitants annamites attendent et qui, jamais, ne sauraient rester pour compte. La corne du rhinocéros, si follement prisée des médecins chinois, est vendue par le chasseur jusqu'à 300 et 400 piastres, et la peau jusqu'à 60 piastres le picul (1); ce poids n'est cependant guère atteint que par celle des individus de la plus haute taille; les sabots sont également achetés.

Les dépouilles des rhinocéros tués dans le sud-ouest, chez les Mnong, sont exportées sur Kratié où elles sont vendues directement aux Chinois.

Le Laotien réalise ainsi d'assez beaux bénéfices; ils sont d'ailleurs assez chèrement payés par les fatigues et les dangers du métier; l'on ne cite cependant aucun cas de ces hardis trappeurs morts ou disparus en brousse.

IV

Une autre recherche qui ne procure ni moins d'imprévu ni moins de dangers est celle du fameux « ki-nam » ou « bois d'aigle » que l'on rencontre au Darlac dans les forêts épaisses recouvrant les pentes des montagnes de la région du lac Tak-lak et de la chaîne annamitique. Ce bois d'aigle, qui est estimé à l'égal de l'or ou des pierres précieuses, est extrêmement rare et de grande valeur. Les botanistes ne sont pas d'accord sur l'identification de ce produit. Suivant les Annamites, ce bois d'aigle, appelé aussi bois d'aloès, se diviserait en

(1) Le picul vaut 60 kilogrammes.

trois variétés : le « ki-nam », le « tram-huong » et le « tram-gio ».

Le « ki-nam » serait la partie interne, le cœur d'un certain arbre résineux qui, une fois sec et mort, acquerrait des propriétés spéciales dues à la concentration de la résine et dégagerait alors une odeur spéciale, aromatique, tenant un peu de l'encens et du poivre, ce qui permettrait de le reconnaître parmi les autres essences de la forêt. Le « tram-huong » serait l'aubier et le « tram-gio », l'écorce de ce résineux.

Cette essence forestière, précieuse entre toutes par suite de son emploi dans le culte bouddhique, a été de tout temps recherchée et vendue des prix fabuleux. Son aire de croissance ne dépasse pas le 13ᵉ degré de latitude nord; au nord de ce parallèle, il est inconnu. Il existe bien en Malaisie et aux Indes, mais ses qualités sont bien inférieures à celles du bois d'aigle récolté en Annam, qui est le véritable pays d'origine (1). Objet d'un fort trafic au temps des Arabes et des Cham, le luxueux commerce interasiatique auquel il donnait lieu est tombé et, aujourd'hui, la découverte du bois d'aigle est chose rare et réservée seulement à l'opiniâtreté de quelques chercheurs annamites qui osent affronter les fièvres des montagnes moï. Autrefois, c'était dans les montagnes en arrière de Phanrang que les Cham allaient se livrer à la recherche de ce bois; la récolte en « était faite par le Pô Gahlun, Gahla ou Gahlau, « Seigneur du bois d'aigle », mandarin cham, chef du

---

(1) Voir, à ce sujet, la magistrale étude du R. P. A. FILLASTRE, publiée dans la *Revue indo-chinoise* du 28 février et du 15 mars 1905, sous le titre : *Bois d'aigle et bois d'aloès.*

village musulman de Palei Balap ou Balam (annamite Ba-lap ou An-nhon), à 10 kilomètres nord de Phanrang. Il s'adjoignait une troupe de seize Kani ou Kuni « chercheurs de bois d'aigle », chargés de surveiller les Uran-glai ou Raglai, « hommes des bois », tribu de sauvages de la montagne parlant un dialecte cham, commandés par leur Pavak ou chef, qui servaient d'indicateurs et prenaient part à la récolte du bois d'aigle (1). »

Cette recherche, pleine de difficultés et de dangers, ne laisse pas que de procurer de beaux bénéfices à ceux qui réussissent à mettre la main sur le bois désiré. Le ki-nam blanc, de qualité extra supérieure mais presque introuvable, paraît-il, se vendrait 320 piastres la livre chinoise (2), ce qui donnerait la valeur moyenne exorbitante de 1 350 francs le kilogramme. Le ki-nam ordinaire vaut de 70 à 100 piastres la livre chinoise, c'est-à-dire de 300 à 450 francs le kilogramme.

Quant aux deux autres qualités, « tram-huong » et « tram-gio », leur valeur ne dépasserait pas de 20 à 30 francs le kilogramme.

L'Annamite chercheur qui m'a donné quelques-uns de ces renseignements prétendait cependant que le ki-nam, au moment de la vente, était mis dans un des plateaux de la balance, tandis qu'on équilibrait l'autre de son poids d'or. Il ajoutait que le « tram-huong » est l'écorce, dont la valeur est minime ; le « tram-gio » lui était inconnu. Il ornait ces dires d'un certain nombre d'absurdes croyances sur la protection dont les génies

(1) CABATON, *Nouvelles recherches sur les Cham*.
(2) La livre chinoise vaut 604 grammes.

sylvestres entourent cet arbre, génies qu'il devait se rendre favorables avant son expédition.

V

Le Darlac est loin d'être un pays riche; ne produisant que juste pour suffire aux besoins de ses habitants, ne possédant aucun article d'exportation autre que des marchandises pauvres et peu nombreuses, il ne saurait être appelé d'ici longtemps à répondre aux espérances qu'on pourrait nourrir à son égard. Pays d'agriculture et d'élevage, il devra être colonisé, car la population clairsemée et paresseuse qui l'occupe ne saurait être appelée à développer elle-même la contrée. Malheureusement l'Annamite répugne à se rendre en pays moï, dont le climat lui est funeste; d'autre part, de vastes plaines de l'Annam proprement dit sont encore incultes; ce n'est donc pas de sitôt qu'il faudra songer à faire cultiver la haute région par des colons de la côte; la race laotienne est trop indolente pour que l'on songe à la répandre dans l'hinterland, d'autant plus qu'à l'heure actuelle l'on se demande par quel élément l'on fera peupler le Laos lui-même; il ne faut non plus pas songer aux Cambodgiens, qui ne sont ni assez travailleurs ni assez nombreux.

Les richesses forestières du Darlac peuvent être exploitables, mais il faudra ouvrir des voies de pénétration pour permettre aux produits de s'écouler sur la côte; les richesses sont encore inconnues; tout ce que l'on peut dire, c'est que le fer est en abondance; peut-être trouvera-t-on un jour des gisements plus rémunérateurs.

La cuvette du lac pourra devenir un merveilleux grenier à riz, surtout si l'on asséchait la nappe d'eau qui l'occupe; l'on peut en dire autant de la région de B. tour et des Pih; mais les ondulations du Darlac central et les montagnes du sud ne semblent pas devoir être appelées à jouer le même rôle; de vastes plantations de maïs y réussiraient assurément, ainsi peut-être que les céréales d'Europe et la canne à sucre; mais en admettant résolue la question des voies de communication qui s'ouvrent toujours à coups de dollars, l'on se trouvera toujours en présence de la question de main-d'œuvre dont le manque absolu empêchera de longtemps encore l'établissement de véritables colons. Pour de longues années à venir, la seule affaire vraiment bonne sera donc le commerce de petit échange tel qu'il est actuellement pratiqué, à condition toutefois que la concurrence ne s'en mêle pas, car, là où deux ou trois comptoirs peuvent trouver quelque bénéfice, il n'y a pas place pour de nombreuses et grandes entreprises.

*
* *

Avant de terminer, il est intéressant de voir quels bienfaits notre civilisation a apportés à ces populations primitives.

Après la soumission des villages et notre établissement dans le pays, le premier soin de notre administration fut de pacifier la contrée, de mettre un terme au despotisme des chefs et d'abolir l'esclavage dans le sens étroit de ce mot; les esclaves pour dettes et autres restèrent d'ailleurs le plus souvent avec leurs patrons; mais ceux-ci n'eurent plus le droit de vie et de mort qu'ils exerçaient si facilement auparavant. Ce nouvel état de choses eut pour premier effet de mécontenter les chefs, mécontentement tout platonique d'ailleurs et qui ne se manifesta guère par des actes répréhensibles. Ceux qui avaient su établir leur autorité par leur influence morale plus que par la cruauté continuèrent à se faire obéir et n'eurent que peu à se plaindre de désertions ou d'émancipations d'anciens esclaves quittant leurs maîtres pour aller s'établir en un autre village ou pour fonder, avec quelques autres, de nouvelles agglomérations. Chez les Atham notamment, qui possèdent les plus gros hameaux de la contrée et où les chefs sont plus respectés, l'ancien état de choses ne subit pas de modifications appréciables, mais chez les Kapa, et surtout chez ceux du sud-ouest, du sud et au sud-est de la résidence, une véritable révolution pacifique s'accomplit peu à peu ; autrefois, lorsque l'état troublé du pays forçait tout individu à rechercher la société de ses semblables pour aide et protection chaque fois qu'il voulait s'éloigner tant soit peu des habitations, le village formait un tout compact réuni par la même crainte de l'enlèvement, du massacre ou du pillage, par le même désir de former, le cas échéant, une troupe redoutable pour la défense ou pour l'attaque; le voisinage du fameux Mé-sao avait encore puissamment contribué à maintenir ces agglomérations, qui vivaient dans la crainte continuelle; c'est par groupes aussi que l'on se rendait aux travaux des champs ou en visite chez un voisin; Mé-sao disparu et la confiance revenue, les familles s'affranchirent du joug des chefs, dont la tyrannie avait été d'autant plus forte qu'ils se savaient nécessaires; les villages furent peu à peu abandonnés et, s'habituant rapidement à se rendre à leurs mille occupations extérieures sans avoir plus rien à redouter, les indigènes finirent par trouver plus commode de s'établir en leurs cultures, la trotte du soir pour revenir au village étant parfois fort longue; le chef réquisitionnait toujours les gens pour apporter l'eau des jarres ou battre les gongs; aussi, la plupart des familles se construisant en leur champ un abri suffisant, plus grand que les huttes de garde ordinaires, mais beaucoup plus exiguës que les maisons des hameaux, y transportèrent leurs biens, gongs, jarres, armes, métiers à tisser, bétail et volailles, et ne retournèrent plus au village que le chef, abandonné, finit par quitter lui aussi, se résignant à imiter ses anciens sujets en allant vivre aux cultures. C'est ainsi que se dispersèrent nombre de villages et que la contrée environnante se couvrit de cultures morcelées où la population se dissémina pour vivre à sa guise.

Il est curieux de noter ce retour à l'anarchie paisible, cette désagrégation de l'unité sociale moï, le village, pour un retour à un état inférieur, la vie patriarcale, et cela sous l'influence de notre civilisation et de la paix restaurée.

Malheureusement, ce nouvel état de choses ne fut pas sans créer de graves inconvénients; ayant enlevé aux chefs toute autorité puisque nous leur défendions la répression brutale devant laquelle seule se courbent les Moï, nous nous trouvions dès lors en face du peuple lui-même qui, sans nous être reconnaissant de sa tranquillité recouvrée, n'obéissant plus à ses chefs qu'il ne redoutait plus, devint bientôt insaisissable. Cette vie nomade dans les cultures qui se déplacent fréquemment flattait sa paresse et son indépendance ; aussi, lorsque l'administration réclama les bras nécessaires aux travaux d'intérêt public, se trouva-t-elle d'un côté en face de chefs se récusant, arguant de leur impuissance à se faire obéir, et, de l'autre, en face d'une population qui se dérobait en sa brousse, ne fournissant plus le quart des hommes qu'elle envoyait au temps de la puissance des tyrans.

— Vous êtes venus, nous disait l'un de ces derniers, et vous nous avez retiré notre autorité. Autrefois, vous auriez eu des coolies, car celui qui m'aurait refusé d'aller, sur mon ordre, travailler chez vous, eût été empoigné et mis à mort. Ce droit m'a été enlevé, je n'ai plus de puissance sur mes gens qui se rient de mes appels ; je n'y peux rien, c'est votre faute ; allez les chercher vous-même dans les champs. »

Cette curieuse mais ennuyeuse évolution a été cependant quelque peu endiguée par l'administration qui, devant le danger de ne gouverner que des ombres, a coupé le mal en sa racine en obligeant les villageois à réintégrer leurs villages et en punissant toute désobéissance aux ordres convenables des chefs. Plus tard, néanmoins, lorsque aura été abandonnée cette déplorable habitude de se rire de nos appels, l'on pourra permettre cet essaimage qui favoriserait peut-être le développement des cultures, l'accroissement de la population et la mise en valeur générale de la contrée par l'augmentation de petites communautés libres quelque peu rivales et qui seraient de plus en plus forcées de travailler pour subvenir aux besoins que leur créera la civilisation. Jusqu'ici, cependant, cette civilisation ne paraît pas, malheureusement, devoir bien améliorer la race, et les villages moï voisins de la côte, fortement teintés de ce que l'on appelle le progrès, en sont d'éloquents exemples. Moins intelligent que l'Annamite, plus paresseux et plus fier, le Moï semble, pour satisfaire aux habitudes nouvelles qu'il acquiert peu à peu, non devoir travailler davantage mais se borner à s'assimiler avec une remarquable facilité les défauts variés que notre installation a déjà développés chez nos autres sujets de la péninsule. Pour prévenir ces tendances, il faudra agir avec énergie et tenir la main à faire respecter les chefs, modifier le caractère même de la race en lui donnant une constitution sociale et en le mélangeant avec des éléments annamites choisis qui ne seront point les rebuts éhontés que l'on rencontre encore, presque à l'exclusion de tout autre, à l'heure actuelle en région moï. Cette ligne de conduite, observée par les provinces du littoral vis-à-vis de leurs villages moï les moins éloignés, a donné de bons résultats.

*
* *

Érigé en province, administré par un résident assisté d'un commis ayant sous ses ordres un détachement de police composé de deux ou trois gardes principaux et de cent vingt-cinq miliciens annamites et moi, le plateau de Darlac coûte assez cher au budget local de l'Annam. Déduction faite des taxes de sortie d'éléphants, la circonscription ne rapporte absolument rien et le chiffre moyen de ses dépenses atteint 30 000 piastres par an ; cette somme assez respectable sera cependant sensiblement atténuée du jour où sera payé l'impôt.

Avec le caractère des indigènes, le résident doit rester au chef-lieu pour régler les nombreuses affaires d'arbitrage que l'on vient journellement lui soumettre ; son adjoint, par contre, devrait faire de continuelles tournées, aussi bien pour solutionner sur place les questions pendantes que pour obtenir, par la douceur, la coumission des villages encore indépendants et surtout montrer aux villages soumis que l'on s'occupe d'eux d'une façon constante. La garde indigène pourrait être, sans inconvénient, réduite en ces régions, car son rôle doit se borner à garnir les postes et fournir les escortes, les gardes principaux ne devant, sous aucun prétexte, être appelés à occuper une situation administrative pour laquelle ils n'ont d'ailleurs jamais été créés, notre action devant être, pour longtemps encore, purement civilisatrice afin de préparer ces populations frustes au développement économique de leur pays.

DEUXIÈME PARTIE

EXCURSIONS ET RECONNAISSANCES

CHAPITRE PREMIER

DU DARLAC A PHANRANG PAR LE LANG-BIANG DANS LA CHAINE ANNAMITIQUE

Le lac Tak-Lak. — Sur le Krong Knô. — Le plateau du Lang-Biang. — Phanrang. — Chez les Mnong Kil. — La vallée du haut Krong Boung. — Les massifs de la chaîne annamitique.

I

Située au sommet du triangle dont la base est la courbe que décrit la côte indo-chinoise avant de former le littoral du delta cochinchinois, la résidence de Ban mé-thuot est presque à égale distance des deux résidences côtières, Nhatrang à l'est-sud-est et Phanrang au sud-est, qui sont les deux autres sommets de ce vaste triangle. A vol d'oiseau, quelque 150 kilomètres séparent le chef-lieu du Darlac de la première de ces villes, tandis qu'il en faut compter 170 pour atteindre la seconde. Vingt kilomètres de plus semblent peu de chose, mais, tandis que la durée normale du voyage de Ban mé-thuot à Nathrang est de cinq à six jours, il ne faut pas moins de huit à dix journées pour se rendre à Phanrang. En effet, la chaîne annamitique qui ne mesure, entre le Khanh-hoa et le Darlac, qu'une vingtaine de kilomètres d'épaisseur, s'élargit singulièrement un peu plus vers le sud, pour former derrière Phanrang un inextricable chaos de pics, de chaînes et de murailles qui atteignent couramment de 1 200 à 1 700 mètres d'altitude, encerclant le fameux plateau du Lang-Biang que dominent trois pics de 2 200 à 2 500 mètres au-dessus du niveau de la mer, point culminant de cette masse imposante de montagnes.

La sente qui joint Ban mé-thuot à Phanrang doit escalader ce plateau par des contreforts revêches et tourmentés; elle est, d'ailleurs, fort peu fréquentée et il est facile de compter les rares Européens qui l'ont suivie; en revanche, si le sentier est de chèvre, le voyage vaut la peine d'être tenté car le voyageur traverse l'une des contrées les plus sauvages, les plus pittoresques et les moins connues de l'Annam méridional.

Nous sommes au mois de mars, au déclin de la saison sèche; dans une quarantaine de jours, la mousson du sud-ouest sera presque établie et, avec elle, arriveront les pluies diluviennes qui noient les chemins et les rendent impraticables; aussi ne faut-il point trop attendre, d'autant plus que mon intention est de regagner le Darlac par un long circuit au plus épais de la région montagneuse qui s'étend derrière la côte, entre Phanrang et Nhatrang, contrée sauvage, presque inconnue et à peu près déserte.

15 mars.

Il est plus de midi lorsque ma caravane, quatre éléphants escortés d'un caï et de quatre miliciens annamites, s'ébranle vers le sud-est; nous allons suivre jusqu'au lac la route presque achevée qui joint la résidence au poste de milice de Mé-bac sur une distance de 55 kilomètres; le ruban de terre rouge, gercée par la chaleur, se déroule entre les hautes herbes à demi calcinées; de-ci, de-là, quelques feux de brousse font rage dévorant les herbes sèches et faisant éclater les bambous d'où les oiseaux, affolés, s'enfuient par vols épais; les arbustes et les arbres résistent cependant au fléau, qui passe trop vite pour tarir leur sève puissante et qui ne leur fait pas d'autre mal que celui de dessécher leurs basses feuilles; des tourbillons de fumée, rayés de flammes livides, zèbrent cette jungle triste et rabougrie au milieu de laquelle, éloignés de la route que leur instinct sauvage leur fait redouter, s'élèvent quelques villages au bord d'une mare ou d'un ruisseau.

Tard dans la soirée, nous atteignons l'une de ces agglomérations, Ban-Tiet, près d'un marais à peu près à sec, mais où l'été-l'eau s'étale, profonde de plus d'un pied, se déversant jusque sur la route qu'elle submerge sur près de 500 mètres. Le village, d'importance moyenne, appartient à la grande famille des Radé; le soir, à la lueur des lumignons fumeux, faits d'une mèche de coton trempée dans une calebasse de graisse, l'orchestre des gongs fait rage, souligné par le roulement de l'énorme tam-tam tendu de peau de buffle ; les hommes, le long bambou sur l'épaule, vont chercher l'eau des jarres que, jusque tard dans la nuit, l'on boit en mon honneur.

16 mars.

Partis de bonne heure, nous reprenons la route monotone et sanglante qui descend en pente douce ; à droite, quelques mamelons boisés ; en avant, la masse imposante, violacée des montagnes du lac qui barrent tout l'horizon, de l'est à l'ouest ; des marais à sec, des mamelons que l'on franchit en corniche et, brusquement, l'on débouche sur la coulée du Krong-boung, l'une des deux branches maîtresses de la Srépok ; large d'une quarantaine de mètres, elle coule lentement entre des rives sablonneuses et à pic, hautes de près de 2 mètres ; une lourde pirogue d'écorce, étroite et vacillante, taillée en pointe à chaque extrémité, sert à passer les voyageurs. Sur l'autre rive, défendu par un vaste marais, et juché à mi-côte d'une colline boisée, le village de Mé-loup s'étage parmi les rocs comme un repaire de brigands. C'est le dernier village radé de la région.

Serpentant au pied de cette chaîne, la route l'escalade ensuite brusquement par un col assez dur, semé d'énormes blocs rocheux et où abonde le tigre ; du sommet, la vue, tout d'un coup, découvre la délicieuse plaine du lac, la vaste étendue des rizières semées de galeries de bambous et d'arbres ; dans l'ouest, le miroir

de la nappe libre capricieusement découpée en baies de
saphir dont les caps verdoyants semblent de délicats
îlots d'émeraude; tout cela encerclé de hauteurs, muraille montagneuse que domine, dans l'est, un pic
sourcilleux à la dent aiguë.

Du col au poste de Mé-bac qui est bâti sur l'un des
promontoires méridionaux du lac, la distance est
encore longue, marche fastidieuse de plusieurs heures
dans les monotones rizières et les bouquets d'arbres
rabougris dont la bordure, de chaque côté de la route,
grise depuis les collines, donne à ce coin reculé l'aspect
d'une route de France.

18 mars.

Ce poste de Mébac, qu'il devait m'être donné de
revoir par la suite, est certainement l'endroit le plus
délicieux du Darlac; élevé sur un petit promontoire, à
5 ou 6 mètres au-dessus des eaux, il domine toute
l'étendue lacustre; appelé Taklak par les indigènes
(nom qui, corrompu, est devenu celui de la province
du Darlac), le lac est plutôt une vaste mare qu'une
orgueilleuse nappe alpestre; mais tel quel, long de
3 kilomètres à peine sur 2, il est délicieux et charmant; tout le jour, des pirogues y glissent lentement,
leurs pagayeurs relevant les filets ou récoltant les
grandes herbes aquatiques affleurantes qu'ils brûlent
pour en tirer la cendre leur servant de sel; d'épaisses
lignes de canards sauvages et de sarcelles viennent se
poser en lourdes théories en avant des berges vaseuses
qu'encombrent des bancs de lotus et de pariétaires.
Vers le soir, le vent se lève et le lac se ride, plissant le

reflet violacé des rives et la merveilleuse teinte du ciel qu'incendie le soleil couchant.

Derrière le poste, au bord des joncs de la rive, un modeste enclos abrite quelques tombes; au centre, une croix noire où la pluie lave les dernières lettres blanches, suprème demeure du garde principal Faure, noyé en janvier 1904 avec deux miliciens et un caï annamites; un coup de vent fit chavirer leur lourde pirogue et, maintenant, ils reposent en ce pauvre coin de brousse où, la nuit, se glisse le tigre.

Je serai resté un jour en ce calme parfait, dans ce décor tranquille et reposant du petit poste où, le soir, le seul bruit qui vienne troubler le grand silence des nuits de jungle, est le susurrement des moustiques ou, parfois, le cri guttural du seigneur tigre en chasse.

II

Toute cette plaine du lac est découpée en rizières et les villages sont nombreux, villages parfois fort importants, aux huttes exiguës, encore sur pilotis, mais appartenant à la grande famille des Mnong, tribu des Rlam; sales, couverts le plus souvent d'un simple vêtement d'écorce battue, les cheveux emmêlés, ces Mnong ne rappellent guère le Radé à la figure ouverte et intelligente; les deux familles ne se comprennent d'ailleurs pas, leur langage étant complètement différent.

Les Mnong occupent tout l'hinterland montagneux, débordant au sud jusqu'au delà du Liang-Biang et à l'ouest jusqu'au Cambodge ; c'est le montagnard hirsute et sauvage, défendu contre la civilisation par tout le chaos de ses montagnes et l'impraticabilité de ses sentiers de chèvre.

La route finit près du village de B. Dé, au pied du cirque des montagnes dont l'une atteint le pied au bout d'une dizaine de kilomètres ; les dernières rizières, les ultimes marais de la plaine lacustre viennent mourir là, impuissants ; maintenant, le sentier grimpe raide et mauvais, parmi les bambous et les arbustes ; le point culminant est par 230 mètres au-dessus de la plaine ; en avant, ce ne sont que nouvelles hauteurs velues, dominées par d'autres pics bleuâtres. La descente est raide, accrochée en corniche, dévalant dans le ravin remontant pour se dérober à nouveau dans le ruisselet marécageux dont les eaux stagnantes, marbrées de taches huileuses, violacées et rougeâtres, s'étalent sous une herbe géante semée de roseaux et de bambous. Vers le soir, dans un nouveau cirque de montagnes, le village de B. Lé, la première agglomération des Mnong de la montagne ; une enceinte grossière que dominent deux miradors branlants, des cases posées à même le sol de terre battue, aux misérables parois faites d'un treillis de bambous écrasés et hautes à peine d'un mètre au-dessus du sol. Longues de 30 à 40 mètres, ces chaumières sont d'une propreté très problématique ; à l'intérieur, une fumée atroce met en fuite le plus intrépide voyageur ; mais il faut bien s'abriter pour la nuit et l'on arrive, au prix de louables efforts, à surmonter la menaçante asphyxie et à tenir les yeux à demi ouverts.

Le taudis est occupé en partie par des réduits branlants et minables dressés sur quatre bambous et dans lesquels l'on entrepose le riz ; aux poutres du toit, des lambeaux de viande achèvent de sécher sous une épaisse couche de suie ; sur le lit de camp qui court d'un bout à l'autre de la hutte, laissant juste assez de place pour se retourner autour des foyers, une collection de corbeilles, de vases, de jarres, d'articles bizarres, tout cela luisant de noir de fumée.

En avant de la porte se dressent les troncs épineux de trois ou quatre gros arbustes privés de leurs branches et dont la tête, grossièrement sculptée, supporte de minces et longs bambous d'où pend une extraordinaire collection de gris-gris de toute sorte : petits morceaux de bois peinturlurés au sang, coques d'œufs, panaches de roseaux et autres amulettes des plus extravagantes. Ces perches fétiches sont la caractéristique de tout village mnong et nous les retrouverons pendant tout notre voyage chez les montagnards.

Enfin quand j'aurai dit que chaque hutte s'élève à côté d'un enclos où pousse à foison le tabac, j'aurai donné une idée de ce que peut bien être le village de B. Dlé, type, d'ailleurs de tous les hameaux mnong que nous allons rencontrer.

Le soir tombe ; sur des manières d'estrade qu'abrite un toit de chaume, causeurs et tisseuses viennent respirer l'air en fumant la pipe de cuivre et de bambou ; au pied de la côte où s'élève le village, la rivière sinueuse où barbotent quelques canards ; à peine vêtus de leur ceinture crasseuse, les oreilles démesurément agrandies par les bouchons d'ivoire ou les minces disques de bois qui, chez les femmes, tombent parfois sur l'épaule, les indigènes vont et viennent ou préparent le repas du soir.

19 mars.

Nous avons passé une nuit très fraîche et, ce matin, nous reprenons la marche le long de la sente qui s'accroche au flanc des collines, escaladant les faîtes pour dégringoler dans les étroits marais où les roseaux géants balancent leurs hauts panaches ; les bambous dominent, donnant à cette région un aspect tout spécial ; les villages se font rares ; un moment, sur notre gauche, B. Yombra s'est montré en arrière d'énormes blocs granitiques, puis le paysage a repris son morne aspect ; nous avons continué parmi les collines escarpées, les vallons étroits et marécageux, les herbes, les bambous jusqu'à la chaîne au delà de laquelle s'étale le Krong-knô, « fleuve mâle », deuxième branche de la Srépok, en sa vallée étranglée entre les hauteurs. C'est ici que bifurque la route : celle de gauche par Dammeron, plus directe, escalade le Lang-Biang par trois escaliers de géant que les éléphants ne graviraient probablement point ; celle de droite, plus longue, fait un grand détour pour contourner la masse principale du massif qu'elle atteint au poste administratif de Dalat.

Vers une heure de l'après-midi, nous arrivons au village de B. Douot, juché sur un éperon montagneux qui domine le fleuve. Nos éléphants n'arrivent qu'à la

nuit close; ils ont mis douze heures pour franchir
moins de 20 kilomètres; l'un d'eux a laissé le roof de
sa cage dans les bambous et les épines qui l'ont réduit
en loques. On les décharge à la lueur des flambeaux
de résine, simples éclats de bois de pin qui donnent
une belle flamme claire et odorante.

20-21 mars.

Le Krong-knô coule majestueusement entre des rives
sablonneuses couvertes de hautes herbes; large d'une
quarantaine de mètres, il n'a souvent pas 0ᵐ,50 de
profondeur; sur la rive gauche, un immense marais
herbeux recouvert aux grandes eaux; le chef de
B. Douot, beau gars à la mine éveillée et sympa-
thique, vêtu d'une tunique écarlate, nous a fait
monter dans sa pirogue, longue embarcation d'une
vingtaine de mètres, large de 0ᵐ,60; mes gens au
milieu, deux hommes armés de perches à chaque extrémité et nous filons au gré du courant; le lit du fleuve,
tout de galets et de sable, s'élargit fréquemment,
encombré d'îlots vaseux que continuent de minces
lignes de rapides où nous passons à toute allure. Parfois, les collines boisées viennent finir à pic sur la
rivière qui se dégage par des coudes à angle droit;
quelques cultures sur la pente du mamelon, des pirogues à demi coulées dénoncent l'approche d'un village,
B. Dout-sar, que l'on aperçoit sur la rive gauche, à
quelque 2 kilomètres dans les terres; mais bientôt, le
lit s'encombre de rapides et se hérisse d'énormes rocs
entre lesquels disparaît le fleuve. Nous abordons; une
sente dans les bambous et les roches nous conduit à

Péco, gros village palissadé qui, il y a une douzaine d'annés, forçait le docteur Yersin à la retraite et attaquait, il n'y a pas six ans, la mission topographique du lieutenant Gauthier. Mais aujourd'hui les indigènes semblent avoir oublié leur humeur guerrière et l'accueil est cordial; nous ne faisons, d'ailleurs, que toucher barre; le temps de laisser arriver nos éléphants qui ont pris par les montagnes, et nous allons coucher à Pampeï-done dont la palissade couronne la berge sablonneuse du Dak-nour.

C'est à Pampeï-done que nous a quitté le chef de B. Douot à la rutilante tunique; comme prix de ses services, il m'a demandé ma pipe que je lui ai cédée de grand cœur en y ajoutant une collection de grosses perles de verre qui l'ont ravi d'aise.

La contrée est toujours aussi triste, aussi sauvage; ces collines pressées, escarpées, séparées par des fonds marécageux, cette végétation bizarre de bambouseraies géantes, d'herbes hautes de 3 mètres, de roseaux, l'absence de toute forêt digne de ce nom donnent à ce pays un aspect tourmenté et infiniment morne sans rien de grandiose; l'on dirait un vaste dépotoir où l'on aurait déversé pêle-mêle des rognures de montagnes et des râclures de jungle dont les ruisseaux ramassent la crasse en leurs marais huileux et fétides.

Au sortir de Pampeï-done, nous avons franchi le Dak-resal qu'enjambent deux curieux ponts de bambou suspendus; sur chaque rive, la tête de l'ouvrage est formée d'un portique d'où partent de longs et solides câbles de rotin ou de bambou qui soutiennent le tablier; celui-ci, fort étroit, fait de bambous largement entrelacés, à peine protégé par un frêle parapet, n'est praticable que pour des pieds de sauvages; néanmoins, c'est un travail fort curieux qui n'existe pas chez les Radé plus civilisés et chez lesquels un simple tronc d'arbre jeté parfois sur l'arroyo est la seule passerelle usitée.

Notre passage a été signalé car, à la sente venant de Pampeï-nom et de Fidzouït, voilà que nous attend, sous un chaume de fortune, tout un parti d'indigènes groupé autour de la petite jarre brune au jonc droit; le temps d'avaler une gorgée, de distribuer quelques perles et nous sommes repartis le long de la gorge du Dak-resal que nous passons et repassons sans cesse pour atteindre enfin le tram de Psroïne. Cet abri rudimentaire, en partie ruiné, a été érigé, il y a cinq ou six ans, par le capitaine — alors lieutenant — Gauthier, qui l'avait élevé, ainsi que nombre d'autres ensevelis maintenant sous la brousse, pour servir de relais à la mission topographique qu'il dirigeait et dont le but était de déterminer le tracé du chemin de fer trans-indo-chinois qui devait alors passer en plein pays moï, du Lang-biang à Cung-xon (Phu-yen).

Ayant achevé ses études, le capitaine donna sa démission et vint s'établir comme colon en ce tram de Psroïne; il comptait faire rapidement fortune en se livrant avec les Moï au commerce d'échange. Son rêve fut de courte durée; un soir de fête au tram, parmi les indigènes rassemblés autour des jarres, il fut terrassé par le terrible accès pernicieux et enlevé en quelques heures. Son compagnon, un ancien sous-officier qu'il avait ramené de France, porta la nouvelle au Liang-biang où coururent des bruits d'empoisonnement que rien ne devait d'ailleurs justifier; la dépouille fut enterrée près de ce tram de Psroïne dont il avait fait son quartier général.

Il y a un an de cela et déjà la brousse monte à l'assaut des constructions; de la modeste maison d'habitation, sortent des milliers d'araignées au corps minuscule porté sur des pattes longues et minces comme un fil; les écuries croulent; la cuisine ne résiste plus aux herbes qui ont recouvert le four à pain; le long du Dak-koh qui gronde sur les rocs au pied des hauteurs, nulle trace de tombe; pas une croix ne vient indiquer au passant le pauvre endroit de brousse où repose un Français. Je suis parti, le cœur serré, fuyant devant ces légions d'araignées agiles qui peuplent le lit de camp, couvrent la table, emplissent les rudiments d'armoire, et j'ai gagné le village, fort éloigné, perché sur une colline abrupte que tapissent les pins, le long d'une crête très étroite, parmi les champs de tabac et les cannes à sucre que dominent les grands pieux fétiches, surchargés de gris-gris et d'amulettes.

22 mar.

Il nous faut repasser par le tram de Psroïne et franchir le Dak-koh, après quoi la montée commence; les pentes septentrionales et orientales du Lang-biang sont devant nous. Le Dak-koh en glisse par une gorge d'enfer où il rugit sur d'énormes rocs; nous sommes enfin dans la montagne majestueuse et grandiose, tapissée de délicates fougères et de mousses variées; un peu avant la sente de B. Peï-nam, plusieurs crêtes ont été ravagées

12

par l'incendie; pentes et sommets sont couverts d'une cendre grisâtre et jonchés des troncs calcinés des pins abattus. Vers 10 heures, le baromètre accuse 1 000 mètres au-dessus de la mer et la montée devient plus raide; de chaque côté, des ravins à pic dont les pentes disparaissent sous le fouillis de verdure d'où émergent de splendides fougères arborescentes; toute la contrée est tapissée du manteau des pins aux balsamiques odeurs et dont les aiguilles rousses feutrent le sol; malheureusement, la brume empêche d'apercevoir le Darlac.

A 11 heures, nous sommes à 1 340 mètres d'altitude d'où nous allons descendre jusqu'à 1 000; à nos pieds, alors, comme l'arène d'un cirque, s'ouvre une large vallée herbeuse que borne un col peu élevé; quelques rustiques ponceaux enjambent les clairs ruisselets; nous sommes sur le versant du haut Donnai, ce gros affluent cochinchinois du delta saïgonnais; le bassin du Darlac est désormais loin en arrière.

Le village de Pretaing ou B. Rateing est le premier que l'on rencontre en cette région des hauts plateaux; la population diffère déjà de celle rencontrée ces derniers jours; l'annamite commence à être compris, ce qui dénote des relations avec les centres voisins de la côte. Les perles de toutes sortes sont nombreuses et les chignons s'emmêlent de bouts de laine rouge et blanche; les pipes sont le plus souvent en cuivre et les fers de lance rappellent par leurs formes les hallebardes de nos suisses d'église. Tandis que les hommes fument paresseusement, les femmes écrasent le riz, maniant avec force leur énorme pilon, haut ici de

3 à 4 mètres et formé d'un simple tronc d'arbuste grossièrement arrondi.

23 mars.

Il nous faut passer en pirogue le Dak-Dong, qui est le cours supérieur du Donnai, en amont d'une belle chute de 4 à 5 mètres de hauteur; les sentes se multiplient et les rizières deviennent assez nombreuses; nous sommes sur l'un de ces plateaux secondaires faiblement ondulés, frangés de pins et qui, comme de vastes gradins ourlés de chaînons en bourrelets, mènent à la terrasse terminale du Lang-biang.

Un arrêt forcé à Nambar, où le chef met la plus mauvaise volonté à nous fournir les porteurs nécessaires, nous a lourdement retardés et je crains de ne pouvoir arriver ce soir à Dulat; sans attendre les éléphants, qui sont loin en arrière, nous nous mettons en route; la sente, qui s'est dirigée jusqu'ici vers le sud, remonte brusquement vers le nord-est; nous avons en effet contourné le gros massif montagneux que la route de Dammeron escalade de front; nous montons à travers les pins qui laissent parfois entre eux des clairières herbeuses d'où émergent des rocs bruns; des torrents se précipitent en cascades écumeuses, la montée devient de plus en plus raide et le jour baisse; par 1 600 mètres d'altitude, au sommet d'un petit gradin herbeux, la vue plonge sur des chaos de pics, de dômes et de chaînes qu'embrume le crépuscule. Mais bientôt la nuit tombe et les ravins sont noirs d'ombre; un dernier effort nous porte à 1 700 mètres, mais les montagnes et les forêts sont noyées de nuit; sous la voûte

des pins, l'obscurité s'épaissit et l'on ne voit rien à
deux pas. L'un de mes guides ouvre la marche, me conduisant par une serviette dont chacun de nous tient une
extrémité; les buissons fourmillent de susurrements
bizarres; des lucioles passent et repassent à travers les
frondaisons des pins, les étoiles brillent comme des
clous d'argent. Le chemin devient difficile; l'on sent
qu'il est à flanc de colline, mais dans ce noir intense
l'on ne peut rien distinguer et nous avançons à pas
comptés sous la brume qui tombe en fines gouttelettes
et qui pique à travers les légers vêtements de toile. A
l'arrière-garde, subitement, une lueur; les miliciens
ont déniché des bougies dans une caisse; plantées dans
les montants du roof de la chaise à porteurs, elles
brûlent, droites dans la nuit sans brise et la marche
reprend à la lueur falote qui allonge l'ombre des bois.

Il est près de 9 heures quand nous percevons le bruit
d'une cataracte; bientôt après, nous arrivons devant
deux grands abris en planches de pin grossièrement
équarries; ignorant à quelle distance peut bien se trouver Dalat, nous décidons de nous abriter là et les feux
flambent bientôt dans la maison déserte dont la toiture
de chaume, à demi arrachée, laisse passer des flocons
de brume glacée. Nous dînons tristement de riz et
d'œufs bouillis; puis, sur une mince couche de paille
humide arrachée à la toiture, nous nous étendons
pêle-mêle, grelottants, près des brasiers.

24 mars.

Vers 2 heures du matin, une détonation puissante
ébranle l'air et tout retombe dans le calme glacial du

brouillard; le petit jour nous trouve debout, transis de froid, attisant les foyers languissants; le bruit des chutes trouble seul le silence de cette solitude. Les porteurs reprennent leurs charges et l'on va se mettre en route lorsque, soudain, apparaissent les éléphants; depuis hier matin ils marchent sans repos; cette nuit, sur la sente en corniche, le tigre leur a barré la route et le cornac de tête a tiré sur le fauve; c'est la détonation qui nous a réveillés.

La route s'élargit, devient superbe, les pins cessent et à un dernier tournant, dominant le plateau roux, apparaît la résidence de Dalat perchée sur un mamelon; sans le savoir, nous avons grelotté à moins de 3 kilomètres des habitations. Les éléphants, exténués, enfonçant dans les marais qu'ils doivent franchir pour ne pas écraser les ponts, débouchent enfin à la grande joie de quelques badauds annamites; les malheureuses bêtes, en marche depuis près de trente heures, sont rendues et les cornacs sommeillent sur leur cou.

27 mars.

Le plateau du Lang-biang, d'une altitude de 1 400 à 1 500 mètres, mesure 400 kilomètres carrés environ; légèrement ondulé, il est dominé par les monts Lang-biang qui lui ont donné leur nom et dont les trois pics s'élèvent à 2 200 et 2 400 mètres au-dessus de la mer. Le climat en est fort sain; la température moyenne de l'année a été de 18° en 1905, le thermomètre n'a pas dépassé 29° et est même descendu jusqu'à 0°; ce sont là, évidemment, des points extrêmes, mais ils prouvent surabondamment l'absence de toute chaleur déprimante. Les jours de pluie y sont nombreux; on en a compté cent soixante dix-neuf en 1905, trente de plus qu'au sanatorium indien de Darjeeling perdu par 2 006 mètres d'altitude en plein Himalaya.

Signalé pour la première fois par le docteur Yersin, ce plateau fut vite reconnu comme réunissant les conditions idéales requises pour l'établissement d'un sanatorium; sous la vigoureuse impulsion de M. Doumer, alors gouverneur de l'Indo-Chine, on résolut d'y créer une ville où viendraient se reposer les Européens anémiés de la Cochinchine et du bas Annam, et dès 1899-1900 était ouverte la route qui relie la future ville à Phanrang. Les premières constructions de ce qui devait être Dalat s'élevèrent; les études d'un chemin de fer furent entreprises; le grand transindochinois devait même traverser le plateau, couper en écharpe la région moï du Darlac et rejoindre la côte au Phu-yen. Puis tout s'arrêta d'un coup. Le Lang-biang eut ses détracteurs; les missions se multiplièrent qui proposèrent des solutions intermédiaires, Djiring et Dran; aujourd'hui, Dalat ne possède d'une ville que le piquetage des futurs bâtiments et quelques constructions en pin couvertes de tôles ondulées dont les reflets d'argent font songer aux isbas neigeuses de Russie.

Indépendamment de la route de Phanrang, une autre artère joint le plateau à Djiring à l'est, sur le versant du haut Donnai; c'est par ce poste administratif de la province de Phan-tiet que passera la route de Saïgon et qui doit être praticable aux automobiles.

Ainsi en a, du moins, décidé le conseil de défense de l'Indo-Chine réuni à Dalat le 5 janvier 1906 et auquel assistaient M. Beau, gouverneur général, et le général Voyron ; ce conseil a enfin résolu de reconnaître définitivement le plateau supérieur du Lang-biang comme seul propice à l'établissement d'un sanatorium ; les solutions intermédiaires ont été écartées et il faut espérer que les nombreuses missions qui n'ont cessé d'opérer en cette région vont enfin produire quelque utile résultat, que l'on aura d'ailleurs acheté fort cher. Quoi qu'il en soit, l'on annonce à l'heure actuelle que l'on a fini par arrêter le tracé définitif du chemin de fer à crémaillère qui doit escalader la chaîne et relier Dalat à la côte.

De Dalat à Phanrang, la route mesure un peu plus de 100 kilomètres ; jusqu'au Bosquet, relais situé à 13 kilomètres de Dalat, nous filons en voiture à travers les mamelons plantés de pins. Après le bosquet, la route, sinueuse, empierrée et bien entretenue, s'élève jusqu'à 1 560 mètres pour redescendre rapidement, après le relais de l'Arbre Broyé. A nos pieds s'étale la vallée du Da-nhim qui coule dans l'ouest vers Djiring ; des bosquets d'arbres, des rizières égayent la vallée où la rivière se tord en méandres bleus ; sur une bosse, le poste de milice de Dran par 1 050 mètres d'altitude.

28 mars.

De Dran au bureau de poste de la Cascade, la route monte encore jusqu'au col de Bellevue d'où l'œil embrasse un panorama splendide; en bas et à droite, le ravin étroit où gronde le torrent; de l'autre côté, une haute muraille boisée; en avant, un bout de plaine embrumée semée de mamelons qui semblent des taupinières et au delà desquels la brume voile la ligne de la mer et Phanrang que l'on aperçoit par les jours de grande pureté; dans l'est, un chaos de sommets boisés.

La descente est rapide; c'est certainement l'endroit où les constructeurs ont rencontré les plus grandes difficultés; lacets et ponts sont nombreux pour atteindre, au bas de cette rampe terrible que ne brise aucun palier, le grand relais de Daban au pied même de la montagne, par 200 mètres d'altitude.

C'est ici que nous attend le break aimablement envoyé par la résidence de Phanrang. Attelé de deux puissantes mules, le lourd véhicule va franchir en moins de quatre heures les 50 kilomètres qui nous séparent encore de Phanrang. La route suit, toujours en plaine, la vallée de la rivière de Phanrang, vallée large et assez boisée en son bief moyen; à Ba-lach, elle franchit par un fort beau pont en fer, qui servira à la voie ferrée, le cours d'eau ensablé et piqué d'îlots que submergent les hautes eaux. La route se sème maintenant de longues théories de Moï et de Cham; les premiers cheminent lourdement chargés de leurs petites hottes d'où monte, retenue par une corde, toute une énorme pyramide d'articles hétéroclites depuis les ballots de tabac jusqu'à la natte finement tressée; de temps à autre, ils s'arrêtent, glissent sous la hotte leur bâton et se reposent quelques minutes avant de continuer leur route; plusieurs sont armés de la petite arbalète au manche taillé en forme de spatule.

Mais les collines rocheuses se font plus rares; dans le sud-ouest, monte la masse du Padaran; sur un mamelon, deux belles tours cham dominent la plaine; partout des constructions destinées au chemin de fer auquel travaillent de nombreuses équipes de coolies. Phanrang n'est plus qu'à 2 petites lieues; la coulée bleue semée de sable de la rivière s'éloigne, les villages annamites se pressent au milieu des bananiers; les pagodes, les marchés déversent 'partout la vie et le mouvement et c'est par un long faubourg populeux et gai que l'on arrive aux premières maisons européennes semées dans la verdure et le sable.

29 mars.

Phanrang, résidence de la province du Ninh-thuan, est sise à une dizaine de kilomètres de la mer à laquelle la relie une belle route carrossable aboutissant au port incommode de Ninh-Chu. En tant que ville, Phanrang jouit d'une animation qui contraste agréablement avec la morne tristesse de Nhatrang; c'est qu'ici, nous sommes au débouché d'une vallée qui déverse ses produits sur la ville dont le marché grouille de monde; s'y coudoyant dans le plus pittoresque mélange, l'on y rencontre Annamites, Cham et Moï; ces derniers y conduisent de capricieuses et grognantes collections de cochons, tandis que les seconds y apportent leurs élégantes poteries à large ouverture. Grâce à la construction du chemin de fer, les Européens sont fort nom-

breux, formant une petite colonie turbulente et cosmo-
polite qui donne fort à faire au résident.

Cette province du Ninh-thuan est l'une des plus
intéressantes d'Annam au point de vue ethnographique;
c'est surtout sur son territoire que se sont réfugiés les
débris de cette race cham qui a joué un si grand rôle
dans l'histoire de la péninsule et dont la langue, plus
ou moins corrompue, est parlée par une grande partie
des peuplades moï de l'intérieur; ces débris, dont un
second groupe existe au Cambodge, ne comptent guère
plus que quelques dizaines de milliers d'âmes; ils sont,
les uns brahmanistes, les autres mahométans; ici, ils
se distinguent généralement des Annamites par leur
houppelande de couleur verte.

La province possède également une intéressante
variété de Moï disséminés au pied des hauteurs et dans
les montagnes; ils se divisent en cinq grandes familles
de langue à peu près semblable : les Cohos, dans
l'ouest vers Djiring; les Kil, au nord-est débordant
le Darlac méridional; les Lat, qui occupent la région
du Lang-biang; les Raglai, au sud-est et à l'est; et enfin
les Churu, au sud, entre les Raglai et les Cohos et que
limite, dans l'ouest, la vallée du Danhim.

3 avril.

De Dalat, où je suis revenu sous la pluie, nous avons
continué sur la station agricole de Dankia, distante
d'une quinzaine kilomètres, dans l'angle nord-est du
plateau, au fond d'une petite cuvette par 1 480 mètres
d'altitude, au pied des pics du Lang-biang, sur le
Da-dong qui n'est ici qu'un ruisseau. C'est à Dankia

qu'a été créée la station agricole primitivement destinée
à ravitailler la ville du Lang-biang. Les résultats qu'y a
obtenus le service de l'agriculture sont excellents;
l'élevage réussit à merveille; la race bovine bretonne,
soit pure, soit croisée avec celle du Darlac, fournit des
produits de toute beauté. La station possède actuellement quatre cents têtes de bétail réparties en plusieurs
troupeaux; le mouton a également réussi au delà de
toute espérance.

L'agriculture ne le cède en rien à l'élevage; légumes
et fruits d'Europe viennent à merveille; le vallon est
couvert de champs de sarrazin, de maïs, de pommes
de terre; les potagers regorgent de choux, de fraisiers,
de radis, de salades; les jardins s'égayent de pins, de
bananiers, de parterres d'œillets, de pétunias, de roses;
dans un coin une serre abrite une magnifique collection
d'orchidées indigènes.

Au pied des pics dont les pentes abruptes sont
presque inaccessibles, abonde le gibier le plus varié :
rucervus, bœuf sauvage, cerf, chevreuil, tigre, chat-
tigre, chien sauvage et aussi l'éléphant.

La population, d'ailleurs clairsemée, est Lat. Les
indigènes travaillent le fer qui leur vient de la région
de Poul, canton de Dankia, et le cuivre que leur fournissent les Annamites; par contre, ils ne savent pas
tisser les beaux vêtements multicolores que fabriquent
les Radé, mais se contentent d'une sorte de pagne gris et
grossier; leurs boucles d'oreille sont de simples petites
tiges rigides et noirâtres; leurs tombeaux, dont quelques-
uns couronnent l'un des mamelons de Dankia, ont la
forme de huttes grossières et sont recouverts de chaume.

III

C'est ici que j'ai enfin pu arrêter en ses grandes lignes mon itinéraire de retour au Darlac par la région montagneuse du nord-est. D'après les renseignements obtenus, la sente est extrêmement difficile et impraticable aux éléphants. Aussi, réunissant en quelques hottes indigènes et une mallette le bagage strictement nécessaire, je me décide à renvoyer par la route de Psroïne et du lac mes quatre pachydermes maintenant reposés et qui deviennent même gênants, leurs cornacs ayant fort à faire pour leur inculquer le respect des plantations du service de l'agriculture où l'un d'eux a même réussi, cette nuit, à pratiquer une large trouée dans un carré de bananiers et de cannes à sucre.

Les Moï m'indiquent Bandia comme étant le village voisin dans le nord-est. Il faut une grande journée pour l'atteindre ; au delà, ils ne savent plus. Bandia a été visitée, il y a déjà quelque temps, par un inspecteur de milice, mais la région au nord-est est totalement inconnue. Nous nous dirigerons donc à la boussole.

4 avril.

Sous la brume, au petit jour, nos porteurs se réunissent sous la surveillance des miliciens. Une huitaine de coolies suffisent à enlever mon léger bagage. Les cartouchières vérifiées, les derniers ordres donnés, une dernière poignée de main à l'aimable inspecteur d'agriculture directeur de la station, et nous filons d'un pas alerte dans le brouillard qui se lève peu à peu. Laissant à gauche la route basse du Darlac qui descend le versant nord du plateau par les escaliers de géant dont j'ai parlé, nous suivons les crêtes plantées de pins qui forment la bordure du plateau et par 1 855 mètres, nous entrons dans la chaine épaisse et massive qui sert de ligne de partage aux eaux du haut Donnai et à celles du Krong-knô, branche méridionale de la Srépok ; le point culminant est par 1 905 mètres. Dans la forêt épaisse et humide, au sol tapissé de mousses et d'orchidées, nous avançons avec peine ; la sente s'obstrue de troncs d'arbres tombés, se feutre d'un matelas de feuilles mortes ; sous ces futaies géantes, règnent une pénombre humide et fraîche, un silence de mort ; des ruisselets boueux glissent sous les herbes ; une sente qui fuit, dans le nord-est, vers B. ma, quelques espaces brûlés que l'on entr'aperçoit au flanc des crêtes voisines décèlent seuls la présence, quelque part, d'êtres humains.

Après six heures de marche, craignant l'averse quotidienne et ne sachant à quelle distance se trouve Bandia, je décide de camper en brousse ; une hutte de branchages couverte de nattes en feuilles de latanier et d'une bonne couche d'herbes paillote nous préservera de l'ondée ; une ceinture de foyers écartera les fauves. Nous sommes à la lisière de la forêt par 1 670 mètres d'altitude.

Ce soir, la pluie tombe durant deux bonnes heures ;

notre abri ne laisse point passer trop d'eau ; les nuages
se sont ensuite épandus en larges nappes blanches pour
remonter au-dessus de nos têtes.

5-11 avril.

La nuit a été fort fraiche et le matin nous trouve
transis auprès du feu attendant l'aube avec impatience
pour continuer sur Bandia où nous mène une marche
de quelques heures. Le village est en pleine montagne
sur une crête dénudée ; au-dessus des huttes, les hautes
perches à fétiches grossièrement sculptées, surchargées
de cornes, de morceaux de bois taillés, découpés et
sculptés, ornés de dessins linéaires peinturlurés au
sang.

La contrée est sauvage ; partout une mer chaotique
de hauteurs dominées par des pics lointains et bleuâtres. Six jours de marche atroce par les plus abomina-
bles sentiers vont nous conduire de Bandia au bord du
Krong-boung, au village de B. mé-gi. Ma malheureuse
jument, qui ne m'a suivi jusqu'à Bandia qu'au prix des
exténuants efforts, a dû être renvoyée sur Dankia et
nous cheminons tous à pied, en file indienne, escaladant les côtes les plus abruptes pour dégringoler dans
les vallées encaissées. Le 6, nous atteignons la gorge
du Krong-knô qui roule, entre deux murailles géantes,
ses eaux hérissées de rapides. Marchant à la boussole,
dans la direction du nord-est, nous traversons, par
1 205 mètres, la chaine de partage des eaux du Krong-
knô et du Krong-boung ; il a fallu peiner parmi les
pins, dans un fouillis de montagnes raides et pressées
parmi les herbes géantes infestées de sangsues, dans

les marais et les arroyos torrentiels, se frayer sous la pluie un passage sur les pentes jonchées d'un inextricable abatis de bambous secs que les indigènes brûleront pour se ménager de nouvelles cultures, se maintenir en équilibre sur d'atroces sentiers de chèvre serpentant en corniche au-dessus du ravin où le moindre faux pas vous enverrait rouler dans les rocs et les épines.

Toute cette inhospitalière région est habitée par les Mnong Kil, race hirsute et sauvage dont les villages sont plantés sur une aire de terre battue ménagée sur un éperon montagneux; les huttes sont à même le sol, sales, misérables; les abords du village sont souvent défendus par des semis de lancettes de bambou effilé; la population est douce et craintive mais peu intelligente; c'est à peine si, en chaque village, l'on peut me donner le nom des agglomérations immédiatement voisines. Les tombeaux diffèrent peu des monuments radé; ils sont cependant moins élevés et entièrement protégés par des abris en chaume; le sommet du tertre, aplati en terrasse, est piqué d'innombrables éclats de bambou entre-croisés, de hachettes et de gris-gris divers.

A mesure que l'on approche du Krong-boung, la condition de ces montagnards s'améliore; les maisons sont sur pilotis, les grandes jarres vernissées remplacent la modeste poterie au jonc droit, les cultures se multiplient sur le flanc déboisé des montagnes et la langue radé se trouve de plus en plus comprise; les troupeaux de buffles et de bœufs, les chèvres, font leur apparition, tandis qu'au cœur de la montagne les villages ne possèdent guère que poulets et cochons. Tam-

tams et gongs, marmites et nattes se rencontrent enfin dans ces villages limitrophes des Radé dont la grande tribu des Kadoung occupe tout le bassin moyen et inférieur du Krong-boung.

B. mé-gi où nous campons ce soir est le premier village radé de la région; les maisons sont nombreuses, les troupeaux importants; il possède même des chevaux et des juments. La rivière est, ici, dégagée de l'étreinte des montagnes et coule entre des rives sablonneuses couvertes de bambous.

Le nœud orographique d'où descendent le Krong pach, le Krong-boung, le Krong-knô et le Song Cai — la rivière de Nhatrang — est un imposant système dont les pics se dressent à l'est du village; ayant réuni les renseignements nécessaires, je me décide à le reconnaître en décrivant autour de sa masse un vaste cercle que je refermerai ici même.

12-19 avril.

Des forêts de bambous semées de vieilles tombes croulantes drapées dans les lianes, au sol bossué et coupé de ruisselets à sec, affluents du Krong Toul que nous traversons plusieurs fois, nous amènent à B. Tang-rang dans un cirque de mamelons et de montagnes que franchit le col du Tiok Bé, par 650 mètres d'altitude; le maudit vallon du Ya Kak que nous passons et repassons une dizaine de fois dans les marais et les herbes nous mène, à travers les mamelons herbeux que domine le chaos des pics de la chaîne, au misérable village de B. Dleuk près du Krong-pach. Les chevreuils bondissent dans les grandes herbes qui ne tardent pas, d'ailleurs, à céder la place à la majestueuse forêt vierge du Tiok Mnai, — 690 mètres —. Aujourd'hui est notre troisième jour de marche et nous voici déjà sur le versant de Nhatrang ; dans l'est, les collines s'abaissent en une trouée qui file vers la mer ; dans le nord-est, mon guide me montre la crête du Tieu Pai d'où descendent les sous-affluents du Song Ba. Une journée de marche nous sépare de Ninh-hoa ; le baromètre n'accuse plus que 335 mètres ; aucune muraille ne barre plus l'horizon oriental ; la traversée de la chaîne, de Dalat au Khanh-hoa par le Darlac sud-oriental, est achevée.

De B. Bla à B. Tar, toujours les vallons herbeux encombrés de bosses vertes. Malgré le peu de longueur de nos étapes, la fatigue se fait sentir et, hier soir, un bel accès de fièvre me cloue sur ma couche sous la pauvre hutte au travers de laquelle suinte la pluie. Ce matin, la marche reprend néanmoins ; nous allons suivre la chaîne dans le sud, parallèlement à la côte jusqu'à la hauteur de Nhatrang. Affaibli par l'accès d'hier, il me faut gravir des pentes raides dans les herbes géantes puis dans la forêt humide où pullulent les sangsues ; les jambes faibles, je m'embarrasse à chaque pas dans les énormes racines qui bossellent le sol et m'enlize sans force dans la vase des torrents. Nous nous sommes élevés de plus de 300 mètres dans la forêt épaisse égayée de palmiers. Aucun signe de vie humaine en ces lugubres montagnes et force nous est de camper en haut de la gorge du Ya Tour, sous une hutte croulante, à demi enfouie sous les herbes et d'où, à notre approche, s'enfuit un gros serpent effaré.

La belle vallée herbeuse et semée de cocotiers du

Ya Tour, affluent du bassin de Nhatrang, fait place maintenant à la chaotique gorge du Ya Drao qui, entre des parois de rocs gigantesques, se précipite en cataractes et se brise sur d'énormes blocs entassés. Sur 3 kilomètres, nous avons passé neuf fois le fougueux torrent qui franchit, en cette courte distance, une dénivellation de 125 mètres. Le coupe-coupe en main, l'on doit ensuite s'ouvrir un passage au milieu d'épais fourrés de bambous, monter à 185 mètres pour atteindre enfin, par 50 mètres seulement d'altitude, la vallée du Song Cho, au village de B. Trong-Beu. Nous sommes exténués, pieds et jambes ensanglantés par les maudites sangsues qui s'insinuent partout malgré les jambières et les bandes inutilement multipliées.

Le confluent du Song Cho et du Song Cai — la rivière de Nhatrang — n'est pas loin ; à l'horizon est, des mamelons extrêmement bas, coupés de cols, les collines connues de la côte.

Au delà du Song Cho, large d'une trentaine de mètres, la contrée est plate, semée de nombreux villages moï de deux ou trois huttes pittoresquement cachées dans la forêt-clairière coupée de culture ; des sentes filent sur la citadelle et sur Nhatrang ; au delà du Song Giang, nous nous arrêtons en une petite hutte pompeusement décorée du nom de B. R'dlé.

Aujourd'hui, 18 avril, est notre dernier jour de marche en terrain relativement aisé. Deux heures de forêt aux troncs élancés, au sol couvert d'une herbe fine, à la température délicieusement fraîche, puis les fourrés s'épaississent ; la forêt est devenue très dense ; à la hache il faut se tailler un passage dans les herbes et les bambous infestés de sangsues qui couvrent les pentes du Tieu Trias, gros massif séparant le versant du Song Giang de celui du Song Cai.

Le soleil a passé depuis deux heures au zénith lorsque nous entrons enfin dans les vastes cultures du gros village de B. Ouang ou B. Ouan, entouré de plantations de papayers, d'ananas, de coton, de piments, de bananiers, de cannes à sucre. Nous avons à peine pénétré dans la case du chef que l'orage se déchaîne avec une extraordinaire violence. Le vent hurle avec rage dans la toiture qui, soulevée de son cadre de bambous, menace de s'envoler; la pluie, fouettée avec force, inonde l'intérieur de la hutte. Le sorcier s'avance alors et d'une voix saccadée, scandant fortement chaque mot de sa prière, debout sur la porte, lance une invocation aux génies. L'ouragan s'éloigne et s'apaise.

Des renseignements obtenus, il résulte qu'il nous va falloir peiner trois jours dans le fouillis de pics bleus, élevés et abrupts qui s'étendent dans l'ouest et le nord-ouest avant d'atteindre B. Lang sur le haut Krong Boung d'où nous refermerons notre boucle sur B. m'gi que j'ai quitté voilà tantôt huit jours.

20-26 avril.

Je serai resté un jour à B. Ouang attendant mon caï et les deux linhs que j'ai envoyés depuis plusieurs jours à la côte en mission de ravitaillement et, ce matin, tout mon monde au complet, les porteurs chargés de mon léger bagage, nous traversons le So Cai, large d'une cinquantaine de mètres et nous engageons dans la montagne; au milieu de la forêt épaisse, nous suivons une sente atroce, si l'on peut appeler sente l'affreuse piste qui serpente au flanc des hauteurs, escalade les crêtes, dégringole parmi les rocs glissants, l'entassement des épines et des herbes, les gorges sauvages où, parmi d'énormes blocs, bondissent et grondent de gros tributaires du Song Cai. Lorsque la vue peut percer à travers l'enchevêtrement des arbres, elle se heurte à des crêtes nouvelles.

De 795 mètres, point culminant, nous redescendons à 670, dans le lit ou plutôt la gorge du Dak K'oh où, parmi les rocs du lit, nous établissons le camp. Nous avons mis sept heures pour franchir 20 kilomètres. Des branches en équilibre sur les pierres serviront de couche à nos hommess; les modestes abris glissent sur ces assises de granit. Un instant, nos Moï pêchent à la lueur des flambeaux, puis tout tombe dans le silence.

En ces montagnes boisées, la journée est d'une délicieuse fraîcheur. Notre second jour de marche nous fait franchir, par 1 570 mètres, la ligne de partage des eaux Annam-Mékong; pendant quelque temps, nous avons suivi les crêtes bordant la rive gauche du Dak Soumao, en face d'un énorme massif abrupt, sans une coupure, en grande partie dénudé, le Tieu Mou-t'oua à la crête aiguë semée de dents rocheuses dont l'une notamment, acérée comme une aiguille, affecte la forme d'une pyramide triangulaire.

Depuis un petit sommet, par 1 475 mètres d'altitude, du haut d'un arbre, la vue plonge par-dessus les cimes et découvre à l'horizon oriental la ligne bleue de la mer.

La sente, semée de fosses à rhinocéros, profondes de

1^m,50 à 2 mètres, étroites et munies d'un pal aigu, suit la ligne de faîte entre le Dak-krong T'in — haut Krong Knô — et l'un de ses affluents. Bientôt, nous quittons la zone fraîche de la grande forêt tropicale pour pénétrer dans celle des pins. Par 1 060 mètres, le camp est établi sur les bords herbeux du Dak-krong T'in qui coule clair et limpide sur un lit de galets et de cailloux roulés dans le cirque des collines couvertes de pins.

La nuit a été fort fraîche et, ce matin, l'eau est glaciale. La sente, par des chaînes de 1 100 et 1 400 mètres, se tient sur le versant du Dak-krong T'in ; à travers les troncs élancés des pins, la vue découvre un vaste encerclement de pics et de dômes au-dessus desquels, un moment, nous pouvons apercevoir les sommets bleuâtres du Lang-biang. Au nord, se dresse le nœud orographique du Tieu-Yan-long d'où descendent le Song Cai — rivière de Nhatrang — et le Krong Boung — haute Srépok — dont la gorge forme une faille profonde vers le nord-ouest.

La piste est toujours jalonnée de fosses à rhinocéros ; vers midi, après de pénibles montées et descentes sur un sol accidenté couvert du tapis glissant des aiguilles de pins, l'on débouche subitement sur le village mnong de B. Cour, perché comme un nid d'aigle sur une pente abrupte. Les indigènes ont fui à l'annonce de notre approche et nous prenons possession du village où ne sont demeurés que des enfants, des vieilles femmes et un ou deux naturels plus téméraires. Mais la faim porte conseil ; la nuit était tombée et le repas expédié que nos villageois revenaient timidement en file indienne dans leurs huttes enfumées.

Nous suivons dès lors la vallée du Krong Boung semée
de villages mnong. La marche est encore pénible, car la
piste est à peine tracée en corniche à flanc des hauteurs
couvertes de pins et de bambous épineux. De 1 310 mètres, nous redescendons à 745 pour remonter à 1 010
et atteindre enfin B. Lang par 935. Mais au delà de
B. Lang, les hauteurs de la vallée s'affaissent de plus
en plus, le défilé s'élargit et le Krong Boung s'apaise;
les cultures nombreuses annoncent la présence des
villages et la sente s'améliore. B. Diok, la dernière
agglomération mnong de la vallée, a ses cases sur
pilotis, dénotant le voisinage des Radé Kadoung.
B. m'gi n'est, d'ailleurs, plus éloigné; une bonne sente
ombragée de bambous nous y mène : la grande boucle
décrite autour de l'épais massif montagneux a demandé
huit jours et demi de marche effective et pénible, mais
je rapporte le relevé de plus d'une douzaine de montagnes principales, un grand nombre d'altitudes et le
tracé du cours supérieur des trois principales rivières
du Darlac et celui des cours d'eau du bassin de Nhatrang.

27-29 avril.

La moyenne vallée du Krong Boung est jonchée de villages appartenant la plupart à la tribu radé des Kadoung.
Assez large, légèrement boisée, coupée de clairières à
l'herbe haute et fine entremêlée de joncs, noyée à la
saison des pluies, cette vallée va s'élargissant à mesure
que l'on file dans le nord-ouest; quelques mamelons
peu élevés la bossellent seuls; la rivière, encaissée entre
des rives sablonneuses à pic, roule lentement ses eaux

calmes et sinueuses; des villages, des cultures alternent avec les marais et les clairières où foisonne le gibier. A B. mé-keup, je remarque des corbeilles pleines de grandes coquilles nacrées d'une sorte de grosse moule d'eau douce originaire d'un marais situé à l'ouest, sur la route de B. noï-hogne. Les indigènes mangent l'animal et calcinent la coquille pour en retirer leur chaux à bétel.

Au-delà de B. mé-keup, ou l'on doit passer la rivière en pirogue, s'étendent les vastes marais et les mornes forêts-clairières que jalonnent des bouquets de bambous rachitiques. Au milieu des marécages, s'étale une nappe d'eau libre d'où s'envolent des canards sauvages et des sarcelles. Dans le sud, les hauteurs bleues du lac; dans le nord-est et l'est, quelques mamelons isolés rompent seuls la monotonie de ce désert sur lequel pèse une infinie tristesse malgré son éclatant soleil.

Un jour de marche en ces mornes dépressions où paissent quelques bœufs sauvages nous amène enfin au pied des ondulations méridionales du Darlac qui viennent finir ici en un petit plateau peu élevé, couvert d'herbes fines, fleuries d'un épi argenté et soyeux donnant à ces espaces l'aspect d'une plaine couverte de verglas d'où émergent lugubrement des strychnées rachitiques et tordues, encore dépouillées de leurs feuilles.

Une chevauchée rapide nous fait gagner la grand'-route du lac et, le 29 au soir, nous voyons s'étaler à nos pieds les toits de chaume de B. mé-thuot d'où je partais voilà tantôt un mois et demi.

CHAPITRE II

Chez les Atham et les Ktoul. — Une cérémonie funéraire. —
Marche nocturne. — Ban Don. — La ruine cham du Ya Liao. —
De Mébac à Ban Tour. — La région des Pih. — Une éclipse de
lune.

I

7 juin 1906.

La saison des pluies, ouverte plus tôt cette année, a
ramené le temps gris et triste sur le Darlac, dont les
larges ondulations tous les jours s'ouatent de buée et
se rayent d'averses. Les chemins sont détrempés, leur
terre rouge pétrie en une boue épaisse, visqueuse et
glissante, coupés de marais transformés en cloaques et
d'arroyos gonflés. J'espère néanmoins ne point rencontrer trop d'obstacles au cours de la tournée que
j'entreprends dans la région nord-orientale et orientale
de la province dont je dois opérer le levé que je relierai
à mon itinéraire d'avril.

Je prends, cette fois, par la grand'route qui, longue

de 40 kilomètres, joint, depuis peu de temps d'ailleurs, la résidence au poste de milice de B. mé-yach situé à 700 mètres d'altitude dans le nord-est de la province. La route suit, sur la plus grande partie de son parcours, la ligne de faîte séparant les eaux du Krong Bouk de celles de la moyenne Srépok. Le pays est d'une désespérante monotonie; ondulations allongées s'élevant insensiblement à mesure que l'on approche du nord.

Dans les champs, les indigènes sont occupés aux semailles; un homme, un bâton dans chaque main, s'avance lentement, enfonçant à chaque pas ses deux pieux en terre; la femme suit, une hotte de paddy en main; dans chaque empreinte laissée par les bâtons, elle dépose du grain et le bambin de la famille, armé d'un petit morceau de bois, recouvre sommairement les semis.

Du poste de Mé-yach, j'ai remonté toute la haute vallée du Krong Bouk pareillement ondulée et herbeuse, de moins en moins boisée à mesure que l'on approche du nord. La contrée, assez densément peuplée par les grandes tribus Atham et Ktoul, est malheureusement désertée à la suite de quelques brutalités commises par un Européen. Le Moï, obéissant à la douceur, ne tolère pas les voies de fait; d'esprit indépendant et fier, il ne saurait accepter les déplorables façons d'agir de quelques blancs, rares heureusement, sans éducation et sans moralité.

Le gros village de B. Dé, à quelques kilomètres au nord de Méyach, est la première de ces agglomérations désertes; les maisons sont absolument vides et l'herbe croît déjà entre les pilotis. Les émissaires que j'envoie

à la découverte me reviennent avec de peu encoura-
geantes nouvelles. Croyant encore avoir affaire à l'Européen brutal, les habitants que l'on a découverts sous
des abris temporaires, en pleine brousse, ont déclaré
leur intention de me recevoir à coups de lances si je
tentais de les atteindre. Ayant pris la précaution de
faire entraver les éléphants tout près des huttes où
je laisse trois miliciens à la garde des bagages, je pars
aussitôt avec le caï et les quatre autres linhs; guidés
par l'émissaire, nous arrivons aux abris de branchages
que défendent des semis de lancettes de bambou pointues comme des aiguilles, longues de 0^m,20 à 0^m,30 et
fichées obliquement en terre dans les herbes; le plus
pittoresque désordre règne en ces campements hirsutes;
les ustensiles plus divers gisent pêle-mêle au milieu de
corbeilles et de supports hâtifs où s'ébattent les poules;
des cochons se sauvent à notre approche; mais nulle part
trace de vie humaine. Chargés de perles et d'étoffes, des
envoyés vont tenter une conciliation tandis que, les
armes prêtes à toute éventualité, nous attendons au milieu des cabanes; une heure se passe et l'impatience
commence à nous gagner lorsque apparaît enfin l'émissaire suivi du chef tremblant qu'une grande douceur et
quelques cadeaux décident à m'accompagner en son
village.

Les jours suivants, nous trouvons la même solitude,
le même abandon; quelques indigènes occupés dans les
cultures se sauvent éperdument à notre approche; ce
n'est qu'avec la plus grande difficulté que nous arrivons
à en capturer quelques-uns qui, chargés de cadeaux, nous
ramènent parfois le chef et quelques autres habitants.

La source du Krong Bouk est dans un mamelon, le Tieu Boeu, simple bosse au centre d'une ondulation herbeuse et dont l'altitude atteint à peine 995 mètres. De ce point terminal, la vue plonge, dans l'ouest, sur la crête infinie des ondulations qui semblent d'immenses vagues régulières velues de peluche sombre aux plaques plus tendres des clairières. Les dominant, quelques dômes lointains, à peine plus élevés, et qui sont les hauteurs du pays jarai. Dans le nord-est et l'est, les collines sont plus proches ; nous sommes dans l'angle extrême du Darlac ; ces ruisseaux qui descendent du versant septentrional du Tieu Boeu vont au Song Ba, la grosse rivière du Phuyen sur laquelle, à deux jours vers le nord, est bâti le poste administratif de Cheo-Reo.

Par de nouveaux villages abandonnés, nous revenons à Mé-yach d'où nous allons filer dans le sud vers le bassin montagneux du Krong Boung.

II

Après avoir traversé le Krong Bouk au village B. Poueun, nous nous engageons dans ces mornes étendues marécageuses, au sol caillouteux et qui bordent toute la vallée du moyen et bas Krong Boung. Les racines noueuses des arbres de la forêt-clairière bosselent ces dépressions d'escaliers rugueux ; aigrettes, bécassines, crabiers et grues Antigone s'enfuient des herbes courtes plantées en touffes sur les mottes de terre grasse ; des bouquets de bambous jalonnent les rares affluents du Krong Bouk qui se rapproche ou s'éloigne. A B. aï-bloum où nous atteignons la nouvelle route d'Annam, le chef nous invite à la fête qu'il donne autour du tombeau de sa femme, morte, dit-il, depuis trois saisons.

Chez les Ktoul, tribu radé à laquelle appartient B. aï-bloum, et chez les Atham, les tombeaux ont plus d'ampleur que chez les Kapa. Le tertre central, moins élevé, n'affecte plus la forme d'un cône mais celle d'une pyramide rectangulaire ; le fossé de pourtour est interrompu, au milieu de chaque petite face du rectangle, par une étroite chaussée. Le tertre central est surmonté, suivant la fortune et le rang de la famille, d'un abri en chaume ou d'une belle maisonnette peinturlurée de dessins grossiers et érigée sur quatre pilotis sculptés ; elle est en outre flanquée d'une maisonnette beaucoup plus petite, barbouillée de sang et fichée au bout d'un pieu sur l'un des bas-côtés du tertre.

Le tombeau de la défunte autour duquel a lieu la fête est fort vaste ; la maisonnette du tertre est grande et ornée de naïfs dessins : éléphants, serpents grotesques alternent, sur les frontons, avec les dessins linéaires ; à chaque angle du monument, en dehors du fossé, un massif pilier haut de 3 à 5 pieds, sculpté et ouvragé à jour, le sommet orné d'un animal bizarre ou d'une marmite taillés à vif dans le bois ; sur les deux petites faces du rectangle, un grand poteau de 5 à 6 mètres de haut, surmonté d'oripeaux et de sculptures. Sous l'abri qui fait face au mausolée et destiné à l'assistance, les invités

sont nombreux autour des jarres et des gongs. Accroupi
au premier plan, tout au bord du fossé, le vieux chef
entasse offrande sur offrande destinées au génie de son
épouse; gourdes pleines d'eau, aliments divers, colliers
de verroterie. Le sorcier, un bol plein de sang en main,
y trempe du coton brut et barbouille les poteaux; des
femmes, se tenant par le cou, jouent d'une flûte de
bambou tandis que d'autres, assises sur le rebord du
plancher de bambous écrasés, face au tombeau, mo-
dulent un chant plaintif et lent. Les gongs font rage,
battus sur un rythme de charge et, brusquement, la
nuit se fait toute noire.

Je serai resté un jour encore à la fête qui va se pro-
longer d'ailleurs jusqu'à ce que les jarres soient vides
et les viandes épuisées. Toute la journée, les gongs
battent; par le village, c'est une incessante procession
de Moï portant les lourds bambous pleins d'eau qu'ils
vont puiser au fleuve; les femmes, sanglées dans leurs
tuniques et leurs jupes des grands jours, n'abandonnent
la fête que juste le temps de venir piler le riz nécessaire
aux repas.

Au tombeau, il y a foule. Au-dessus des gongs,
s'élèvent le son de cloche des grands knah et le roulement des tam-tams tendus de peau de buffle. Le chef,
vêtu d'un turban crasseux et d'une vieille ceinture réduite
à l'état de corde sale, ne bouge pas de sa place et accroît
sans cesse l'amas des offrandes; gongs renflés voisinent
avec une collection de victuailles crues ou cuites; des
gourdes pleines de riz, de sel, d'eau, titubent sur des
bols annamites; les colliers de verroterie de toute
nuance, les étoffes les plus diverses, depuis les coton-

nades indigènes jusqu'aux affreuses couvertures de trafiquants de la côte soutiennent des bouteilles et s'affaissent sous l'ongle de poulets vivants qu'affole le lien reliant leur patte au montant de l'abri. De temps à autre, un assistant vient arroser le tertre d'une bolée d'alcool de riz. Les jarres, plus d'une trentaine rangées en file, ne chôment pas. Il y en a de toute taille depuis la petite ventrue à patine de vieux bronze jusqu'à l'imposante vernissée, renflée en forme de barrique ou effilée comme une amphore. Le bufffe tué ce matin gît en morceaux dans un coin; il en monte une âcre odeur de viande grillée, de sang coagulé, de poils roussis; la tête, affreusement écorchée et mutilée, est entourée de chiens qui se battent pour y lancer un croc; des monceaux de tripailles, rouges, noires, nuancées de reflets verdâtres s'écroulent en remous visqueux sur de vastes plateaux annamites; d'énormes marmites mijotent sur les foyers; des femmes passent dans les flammes des brochettes de lézards et des rats entiers dont la peau grésille et se fend. Au milieu de la cohue, trottent des marmots nus qui s'essayent à pomper la jarre et, à mesure que la nuit tombe, les poteaux barbouillés de sang, les bêtes extravagantes qui les ornent, semblent surgir plus bizarres, plus apocalyptiques.

Autour des jarres, parmi le charivari de l'orchestre, la fumée des pipettes de bambou et l'horrible odeur des viandes brûlées, l'ivresse monte; seul, calme et digne, ridé comme un épi de maïs sec, le vieux chef ne bouge pas, ses gencives édentées découvertes sous un sourire vague.

La pluie tombe, gouttant à travers le chaume, sur les

foyers languissants ; les femmes jacassent autour des hottes débordantes de victuailles, de riz, de hardes mêlés ; des hommes crient des lambeaux de chants ; les gongs, un instant alanguis, reprennent avec fureur ; dans le noir d'encre de la nuit, des poignées de paille enflammée à la main, les porteurs d'eau se hâtent vers le fleuve. Les graisses et les résines flambent dans les chandeliers de fer ou grésillent dans les tubes de bambou mince suspendus aux poteaux ; sur le plancher gras, humide et glissant, des formes s'étendent au hasard, agités d'un hoquet ; l'orgie bientôt va battre son plein.

... Deux mois plus tard je repassais à B.aï-bloum. Une surprise m'y attendait ; dans le village désert, la maison du chef était sens dessus dessous ; les foyers éteints depuis longtemps ne présentaient plus que des cendres éparses : le gros tam-tam crevé gisait mélancoliquement sur le long lit de camp poudreux et les escabeaux étaient culbutés pêle-mêle. Au magnifique tombeau, je restais muet de surprise ; la belle maisonnette qui le surmontait gisait à terre brisée, souillée, éventrée ; les poteaux sculptés, culbutés au milieu des débris les plus informes, étaient à demi enfouis dans la boue et sous les gongs bosselés, les marmites en pièces. Des jarres éclatées, des couvertures, des bols, s'emmêlaient au pied du tombeau dans le plus lamentable désordre. Sur cet écroulement, le cercueil entr'ouvert, vide, laissait voir encore la natte demi-pourrie d'où suintait un liquide noirâtre. Le tertre était fendu et creusé jusqu'à l'emplacement de la bière. L'abri des jarres que j'avais vu grouillant de monde ne présentait plus que des poteaux carbonisés et un sol couvert de cendres. Une épidémie avait été cause de ce navrant abandon.

*
* *

Au sud de B.aï-bloum, la ligne de partage des eaux de l'Annam-Mékong n'est marquée que par une série de marais limités par d'imperceptibles haussements du sol. C'est dans ces fondrières, sous un ciel lourd de pluie, que nous barbotons pendant deux jours, les hommes enfonçant souvent d'un mètre dans cette vase gluante recouverte d'une eau noire et n'en sortant que pour glisser sur les sentes plaquées d'une mince couche d'argile brillante et dangereuse comme le verglas. Au passage du Krong Pach, il faut se mettre nu et, par 1^m,60 d'eau, passer péniblement en tenant fusils et habits au-dessus de la tête. Au dire des indigènes, cette rivière recélerait des crocodiles assez dangereux pour l'homme si j'en juge par la profonde blessure que l'un d'eux aurait infligée au pied du chef de B. mépoum.

Les mamelons isolés qui boursouflent maintenant la plaine nous mènent au pied des hauteurs dans les cultures de B. Pang; en amont, la vallée du Krong Pach n'est bientôt plus que gorge où les eaux grondent sur les rapides entre des berges à pic festonnées de verdure. Les coteaux pressés sont couverts de l'épaisse et haute herbe paillote, coupante comme un couteau. Après B.m'treng qui s'élève au pied du gros massif du Tieu Lô, l'on entre dans le couloir tortueux que le fleuve s'est ouvert entre les montagnes; la sente suit le flanc des collines passant et repassant la rivière; dans le Tieu Dam, l'on atteint 585 mètres d'altitude. Quelques ruisseaux bourbeux se faufilent parmi les grandes herbes en d'étroits cirques que domine la forêt des cimes de la chaîne annamitique.

A B. Dleuk, je rejoins mon itinéraire d'avril dernier De là, nous regagnons B.m'treng en traversant la gorge du Ya Bar encaissé en un cirque montagneux où nous nous faufilons entre les ravins et les crêtes secondaires des puissants massifs boisés.

Le 20 juin, un peu avant B. y-tlou, nous devons à nouveau traverser le Krong Pach rétréci en un lit rapide et profond. Le gué, recouvert de 5 pieds d'eau, suit un haut fond de rocs disposé en arc de cercle; je traverse sur les épaules d'un de mes hommes que précède le guide; les miliciens suivent; l'un d'eux porte en son grand chapeau conique la musette et le veston que j'ai quittés par crainte d'une baignade possible. J'atteins à peine l'autre rive quand un cri de terreur me fait retourner; au lieu de suivre la courbure du gué, mon milicien a voulu couper au plus court mais le fond du lit lui a subitement manqué et, en un éclair je vois sa tête disparaître, ses bras battre l'eau, et chapeau, musette, veston courir au fil du courant. Mon caï et un linh, les seuls nageurs de la troupe, se précipitent au secours du malheureux qu'ils réussissent à ramener 15 mètres plus bas, suffoquant et à demi évanoui.

La première émotion passée, l'on s'occupe des pertes; hélas! elles me sont cruelles à constater; entre autres objets, ma montre a disparu avec le veston; c'est un rude coup pour mon itinéraire que je pourrai, il est vrai, continuer au compte-pas, mais qui sera privé des cotes altimétriques impossibles à corriger sans l'heure de leur observation.

A Ban y-tlou, où nous arrivons clopin-clopant, mes Annamites, émotionnés par l'accident, se déclarent malades; et, de fait, ils ont tous la fièvre; quant aux Moï, ils ont repris leur calme habituel; le seul point qui les inquiète est le sauvetage de mon linh, car ce gué, me disent-ils, a déjà englouti un de leurs congénères dont l'esprit en peine réclame un compagnon; il a failli l'avoir en la personne de mon Annamite, mais celui-ci s'en étant tiré, c'est certainement un naturel de la région qui se noiera dans un temps plus ou moins éloigné.

Par les forêts-clairières du bas Krong Pach, que coupe la forêt vierge au passage du Tieu Hin, nous gagnons B. Hang-m'prieu à peu de distance des confluents du Krong Bouk et du Krong Pach et du Krong Bouk et du Krong Boung. A. B. Hang-mé-keup, dans les marais hérissés de mamelons isolés, un pli urgent me rejoint; sans perdre de temps je dois rejoindre B. mé thuot; le temps d'avaler une maigre pitance, de faire reseller l'un de mes éléphants de charge, et je pars seul à dos de pachyderme laissant l'escorte à la garde des bagages.

Il faut attendre à B. Tieu l'arrivée des guides que mon cornac est allé recruter dans les cultures; puis la nuit est tombée avec l'averse heureusement légère. Sur les grands marais que voile le crépuscule, sous la forêt-clairière et dans les bambous nains, l'éléphant va son chemin, pesamment ; les énormes jambes se meuvent avec une régularité parfaite ; sur le sol boueux, le pied se colle en ventouse, laissant un trou qu'emplit une écume brune ; les herbes grasses du marais s'écrasent et la terre grésille alors que l'eau gicle sous la pression de l'animal.

— Nao, nao (Va, va), et le cornac s'agite, frappe la bête du fouet que termine le petit cylindre de bois taillé en pointe ; tangage et roulis augmentent tandis que le second cornac et les guides se hâtent en arrière-garde.

— Mba, mba (Apporte, apporte), et l'éléphant s'arrête, saisit la tige de bambou ou appuie de la trompe sur l'arbuste qui gêne ; un craquement, un gargouillement, la branche éclate comme verre, l'arbuste déraciné s'incline, s'abat et la marche continue.

La nuit s'épaissit ; à B. Tioung, les guides se munissent de gros fagots de paillotes dont la lueur sanglante danse dans les ténèbres ; à B. ma-noï, le temps d'avaler quelques bouchées, et en route. Les villages se succèdent ; en chacun d'eux, arrêt, tapage, flambeaux qui courent, huttes qui s'ouvrent : on change de guides. De temps à autre, la cage s'incline, semble prête à tourner ; un grondement monte, l'on entend l'eau battre les jambes du pachyderme, la trompe seringuer et ronfler ; les reflets des flambeaux dansent un instant autour des rocs du ruisseau, puis l'on regagne le plateau.

Cahoté, transi de rosée, je finis cependant par m'endormir, bizarrement tortillé dans cet instrument de torture qu'est la cage de l'éléphant ; comme en rêve, je perçois les courtes stations dans les villages à la lueur des torches; un moment, je me réveille; le second cornac, installé sur le cou de la bête, est assoupi sur le rebord de la cage; la nuit, maintenant, est claire, brillante d'étoiles; plus de guides, une route large, la grand'route du lac. Quelle heure peut-il bien être? Minuit ou 2 heures? Et de nouveau je me rendors, malgré les cahots et les heurts. L'aube blanchit les cimes des ondulations familières lorsque, du haut de la dernière côte, se découvrent, endormis, les chaumes de **B.** mé-thuot; l'éléphant a buté plusieurs fois, il est temps d'arriver.

III

7 juillet 1906.

La pluie, la morne pluie qui m'a quelque peu fait grâce pendant mon voyage chez les Atham et les Ktul, a repris de plus belle; les rafales succèdent aux rafales; il fait frais et humide; un vilain temps pour voyager. C'est du moins l'avis de mon ami Schein, inspecteur des épizooties, le jour où, sous un véritable déluge, il fait, tout mouillé, son entrée à la résidence. Il vient étudier et combattre, si possible, une subite épidémie de surrah qui s'est déclarée dans les cantons nord-occidentaux de la province.

Répandu par les taons qui infestent la forêt-clarière où ils harcèlent le gibier, le surrah éclate parfois en

saison pluvieuse et, chose curieuse, presque simultané-
ment en des points de la province fort éloignés les uns
des autres; la région atteinte cette année est celle de
B. Don et des premiers villages jarai sur la frontière
du Kontoum.

*
* *

Le 17 juillet, les cobayes et les rats délicatement installés dans leurs cages en compagnie du microscope et
de l'aide-opérateur indigène de mon ami, nos neuf éléphants s'ébranlent pesamment sous la pluie et le vent;
un doï, un caï, un bep et une dizaine de miliciens,
imposante escorte que nécessite la turbulence parfois
soudaine des villages jarai de la frontière, marchent en
serre-file.

La route de B. Don que nous suivons est une piste
élargie qui se déroule bientôt dans la forêt-clairière au
sol rocheux, coupé de gros arroyos torrentiels et débor-
dés, affluents de la Srépok dont le cours est parallèle à
notre gauche; les villages sont assez nombreux sur la
première moitié de la route; à celui de B. Dié mé-pih,
nous avons remarqué des indigènes chargés de pierres
grisâtres qui sont une sorte de calcaire et qui leur procurent leur chaux. Le gisement existe à quelque distance de là, près du lit d'un arroyo. L'extraction,
d'après les naturels, est assez longue; l'on allume sur
la roche un grand feu qu'il faut entretenir pendant
deux ou trois jours, après quoi la roche est arrosée d'eau
et fendue à coups de coupe-coupe. Pour retirer la chaux
des blocs ainsi obtenus, on les met au feu pendant tout

un jour, puis on les jette dans l'eau; ils sont ensuite pilés et donnent alors une chaux dure, grossière et grisâtre, qui est surtout employée pour la chique à bétel en honneur chez certains chefs moï de la région et surtout chez les Laotiens, acheteurs d'éléphants qui parcourent la contrée et qui sont heureux de pouvoir acheter sur place cette matière nécessaire à leur mastication.

De B. mé-thuot à B. Don, la dénivellation, de plus de 200 mètres, est en pente extrêmement douce; après B. Dié, c'est la forêt-clairière déserte, coupée de marais inondés au centre desquels s'étale une flaque d'eau libre.

B. Don est sur la rive même de la Srépok, large ici d'une centaine de mètres. Au milieu des bananiers, des papayers, des manguiers et de quelques jeunes cocotiers s'élèvent les huttes laotiennes, plus exiguës, plus sales et plus branlantes que les huttes radé; comme ces dernières, elles sont cependant sur pilotis mais ont les cloisons plus hautes et sont précédées d'une sorte de petite véranda chancelante à balustrade vermoulue et qui sert d'antichambre, de débarras et de balcon.

C'est de ce centre laotien, perdu au seuil de la forêt-clairière, que part la route du Cambodge sur Kratié avec bifurcation sur Stung-treng. Le lit de la rivière appelée ici Krong Boung par les Mnong, Sé-bang-khan par les Laotiens et, bien plus en aval, Srépok par les Cambodgiens, marque dans cette direction la limite extrême occidentale de la zone peuplée du Darlac. B. Don n'est qu'un lieu de passage; les Laotiens qui l'habitent n'en font guère que leur point d'attache, car presque tous chasseurs ou acheteurs d'éléphants, ils sont bien plus souvent par monts et par vaux que dans leurs bicoques caduques ; c'est ici que s'arrêtent également la plupart des légères caravanes de charrettes à bœufs qui font la navette entre le Cambodge et le Darlac.

Le village moï est à 500 mètres de l'agglomération laotienne, dans l'intérieur des terres ; la race appartient aux Mnong Pou-thong. Le vieux chef, métissé de Laotien, qui a rang de Khung-Yonob, est l'un des plus grands propriétaires d'éléphants de la région ; chaque année, ses hommes se rendent dans les immenses forêts-clairières de la rive gauche en expédition de chasse et ramènent régulièrement toute une phalange de jeunes éléphants capturés qui, dressés patiemment, seront vendus ou échangés aux Laotiens commerçants venus du Mékong et qui, eux-mêmes, les iront revendre à des prix élevés sur la rive droite du grand fleuve jusqu'en Birmanie anglaise.

Lorsque le capitaine Cupet, de la mission Pavie, arriva à B. Don en février 1891, le village s'élevait en amont de l'emplacement actuel dans une île que forme le fleuve en face du confluent du Ya Klô. Il rencontra, chez le Khun-Yonob qui nous reçoit aujourd'hui à bras ouverts, la mauvaise volonté la plus parfaite et il ne put qu'avec peine franchir le fleuve pour poursuivre sa route vers les Sadet et la mission catholique des Bahnar. Un mois plus tard, lorsqu'il revint à B. Don, il s'y heurta à l'une des colonnes siamoises qui, de concert avec les Laotiens du roi de Bassac, se hâtaient vers les plateaux moï pour les occuper effectivement jusqu'à la chaîne de partage des eaux d'Annam. Malgré ses faibles ressources, et son dénuement presque complet, l'énergique officier réussit à faire changer l'itinéraire de la mission siamoise, à l'éloigner du pays radé et à la rejeter vers le nord. Le traité avec le Siam du 1er octobre 1893, par lequel cette puissance renonçait à toute prétention sur les territoires de la rive gauche du Mékong, nous assurait enfin la possession incontestée de ces vastes territoires encore inexplorés.

Ce ne fut cependant qu'en 1899 que l'administration française s'installa en ces contrées ; un poste administratif fut établi à B. Don même, relevant du commissariat laotien de Stung-treng. Transformée en circonscription indépendante, la délégation devint le commissariat du Darlac et B. Don, situé en pays désert, fut abandonné pour pour B. mé-thuot, siège actuel de la résidence. En 1904, la province était rattachée à l'Annam auquel elle appartient depuis lors.

Le chef laotien de B. Don, qui a grade de Phet-Lasa, et le chef Mnong, le Khun-Yonob, gagnés à notre cause, ont été de précieux auxiliaires pour l'organisateur de ces régions, l'administrateur Bourgeois, mort à la peine en 1901.

A l'heure actuelle, B. Don possède un poste provisoire de miliciens chargés de protéger le village contre les agissements de sinistres brigands, Laotiens et Cambodgiens qui parcourent la zone frontière, cherchant à enlever des indigènes auxquels ils ouvrent le ventre afin de leur ôter, avant leur mort, le fiel qui, pris en ces conditions, est doué, paraît-il, de merveilleuses propriétés curatives et constitue une médecine extrêmement recherchée. Ces lugubres individus ont déjà perpétré quelques forfaits autour des villages limitrophes relevant de Stung-treng et la population est fort émue.

Il devait suffire d'ailleurs de l'établissement temporaire de ces quelques linhs pour éloigner les sanglants rôdeurs.

22 juillet.

Le 21, nous partons de B. Don pour opérer une reconnaissance chez les Jarai en même temps que nous irons visiter la tour cham du Ya Liao. L'étape, dans la forêt clairière inondée qui s'étend à perte de vue, est fort longue. Quelques chaînons peu élevés et isolés rompent seuls cette monotonie ; de nombreuses pistes d'éléphants sauvages coupent notre sente. Vers 3 heures du soir, nous entrons à B. houei Sôp, petit village jarai aux huttes chétives, disséminées dans les cultures, sur les bords du Ya Soup (houei Sôp des Laotiens). Ce n'est qu'avec la plus grande difficulté que nous obtenons des guides pour nous rendre à la tour cham : éloignement, arroyos gonflés, tout a été mis en œuvre pour nous empêcher de mettre à exécution notre projet. Au fond, la seule raison est la répugnance qu'ont les indigènes à se rendre en ces ruines qu'ils croient habitées par de puissants et irascibles génies.

Le Ya Soup, sur les bords duquel s'étale le village, n'est pas guéable ; les éléphants doivent passer à la nage, le sommet de leur tête émergeant seul comme un îlot, le bout de la trompe hors de l'eau ; puis les bagages, les cages et les hommes prennent place sur de fragiles radeaux de bambous ; le courant est violent, les rives sont abruptes et ce n'est pas sans émotion que nous voyons les premières embarcations remonter péniblement le long de la rive puis traverser obliquement, emportées par la violence des eaux, et venir enfin aborder avec peine dans les herbes de l'autre bord.

Pendant quelques instants nous suivons la sente de Pleï Tali, mais le guide ne tarde pas à nous lancer en pleine forêt-clairière, droit vers le nord. Le sol est partout inondé et nombreux sont les marais où les éléphants barbotent par un pied de vase; hérons, marabouts, grues et chevreuils foisonnent; un sanglier s'ébranle pesamment à 50 mètres devant nous; des pistes de bœufs sauvages et d'éléphants se perdent dans la fondrière. Au Ya Rok, nos cornacs tentent un suprême effort; le gué est déclaré impraticable; un éléphant poussé sciemment au mauvais endroit descend la rive, tente une enjambée, tâte de la trompe et recule en barrissant. Aussitôt l'ordre est donné d'abattre des bambous; l'arroyo n'a pas 6 mètres de large; nous le passerons en radeaux et les éléphants nageront. Les cornacs se mettent nonchalamment à l'œuvre, mais l'on n'a pas coupé deux tiges que les Laotiens annoncent avoir découvert un gué; les éléphants ont, il est vrai, de l'eau jusqu'à la cage, mais nous passons néanmoins.

Nous atteignons enfin l'épaisse galerie forestière qui couvre la berge du Ya Liao; la tour cham est cachée dans les arbres, élevant sa masse rouge au milieu des grands fûts; un arbre a poussé sur le faîte de la tour et ses racines descendent le long des murs comme de bizarres serpents gris. La tour ressemble trait pour trait à tous les monuments cham; 5 mètres de côté, orientement vers l'est. A l'intérieur, le sanctuaire, noir d'ombre, sert de repaire à des milliers de chauves-souris ; de l'épais tapis de guano émerge le linga sacré portant sculptée une tête mitrée et reposant sur sa cuvette à ablutions. La porte est en partie ruinée ; cependant les inscriptions des deux chambranles sont intactes : elles nous apprennent que le temple fut érigé par le roi Jaya Simhavarman III, à la fin du treizième siècle.

A terre, deux ou trois morceaux de sculptures dont une tête de Nandin. En arrière de la tour, dressé, le cône qui devait surmonter l'édifice et que le temps a jeté bas ; en avant de l'entrée, trois petits tumuli indiquent la place de quelques constructions secondaires dont il ne reste que des amoncellements de briques effritées et coagulées dans la boue.

Cette tour, dernier vestige de l'occupation de cette région par les Cham, fut découverte, il y a cinq ou six ans, par le lieutenant Oum ; elle fut visitée et la statue restaurée en son sanctuaire par le malheureux O'dendhal quelques jours avant d'aller se faire massacrer par les Sadet (avril 1904).

28 juillet.

De B. houei Sop, nous décidons de continuer sur Plei Tali, premier village jarai dans l'est. Au passage du Ya Soup, l'un des éléphants laissés hier au village avec les bagages refuse obstinément de se mettre à la nage. Tous les efforts sont inutiles ; l'énorme bête secoue son cornac comme une plume, puis, faisant brusquement volte-face, remonte la berge en trompettant et en écrasant

tout sur son passage ; force nous est de le renvoyer à
B. Don.

La sente de P. Tali serpente dans la forêt-clairière
détrempée, coupée d'arroyos plus ou moins importants
que jalonnent d'épais fourrés de bambous épineux.
Dans le lit du Ya Thal, sur les assises de schistes mis à
nu par l'eau, et dont les couches sont découpées en
petits blocs d'une surprenante régularité, nous recueil-
lons trois curieuses empreintes d'ammonites admirablement incrustées.

Peu après, nons nous engageons dans le petit massif
du Tieu Kbang où le Ya Thal se replie en infinis
détours que nous traversons sans cesse. Derrière cette
barrière naturelle où finit la forêt-clairière, les cinquante huttes du gros village jarai de P. Tali ; aux
environs, de curieux tombeaux dont quelques-uns palissadés et ornés extérieurement, à chaque angle, de pieux
taillés en fourches incurvées. Les maisons du village
présentent, en avant de l'escalier, deux sortes d'éperons
recourbés, prolongement des poutres horizontales soutenant le plancher.

Ce soir, bombance autour des jarres ; l'orchestre des
gongs bat sur un rythme différent de celui des Radé. La
majorité des habitants porte le turban d'étoffe rouge
dont un pan retombe sur l'épaule gauche.

Interrogé sur la tour cham du Ya Liao, le chef de
P. Tali nous déclare qu'elle est habitée par un grand
génie — « Yang Prong ». — Il connaît le mot « Cham »
et sait que des guerriers de ce nom avaient, il y a
« excessivement longtemps », élevé cette tour alors
qu'ils voulaient faire la guerre aux Sadet ; une petite

ville murée se groupait autrefois autour de la tour, mais
les Cham, battus, finirent par abandonner le pays. Où
allèrent-ils? D'où venaient-ils? Le chef n'a là-dessus
aucune idée; ses pères ne le lui ont pas dit. Tout ce
qu'il peut ajouter c'est que les Jarai étaient les premiers
occupants du sol; ils vécurent longtemps en bons termes
avec les Cham; les disputes naquirent ensuite pour des
questions de propriété. Un fait est indéniable; les Jarai
parlent le cham à peu près pur; mais qui démêlera
jamais leur histoire, qui soulèvera le voile qui enveloppe
les origines de ces peuplades moï, la genèse de leurs
différentes familles?

24 juillet,

Plei Tali est par 380 mètres d'altitude, mais la sente
gagne presque immédiatement les croupes ondulées
couvertes d'herbes géantes, d'arbustes et de cultures;
cet aspect familier dénonce le plateau du Darlac qui
s'écroule dans l'ouest et le nord-ouest par le chaînon du
Tieu Kbang. Le Tieu Mnong, le Tieu Kop, marquent,
au nord, les bourrelets de l'escalier géant qui donne
accès au Kontoum. Plei Toung, par 475 mètres d'altitude, sur le Ya Drang, est l'un des derniers villages du
Darlac; c'est d'ici que part la sente sur Plei Tour, poste
de milice du Kontoum, près des anciens Sadet.

— Et de P. Tour, où va la route?

— Chez les Bahnar, me répond le chef.

La province du Kontoum commence donc sur l'autre
rive de cette rivière; au delà, ce sont les turbulents Jarai,
les Bahnar catholiques, les farouches Sédang, tout l'hinterland du Phuyen, du Binh-dinh, du Quang-ngai...

Avant le village radé Atham de B. Doung, terme de l'étape, la vue plonge, depuis l'arête du coteau, sur un horizon d'une splendide étendue; dans le sud-est et l'ouest, l'immense plaine boisée de la Srépok sans un mamelon, implacablement verte, où la cime des forêts-clairières rappelle la peluche des arbres peints pour les bergeries de Nüremberg; l'étrange monotonie de ce pays, que l'on sent désert, se déroule sans une plaque claire indiquant la présence de cultures, glacis infini qui s'enfonce vers le Mékong et que n'arrête, à l'horizon, que la ligne bleue du ciel; au nord, la barrière des hauteurs d'accès au Kontoum; dans le sud et le sud-est, les ondulations familières du Darlac, plaquées de raï, surmontées de quelques dômes lointains, à peine saillants et que les indigènes appellent des montagnes.

28 juillet.

Nous sommes rentrés hier à B. Don après notre circuit qui a duré sept jours; nous avons traversé du nord au sud la contrée des Atham semée de nombreux et importants villages; la sente nous a fait franchir quelques chaînons escarpés pour nous rejeter en forêt-clairière au petit village de B. Tieuye, mi-laotien et mi-mnong, dispersé près des rizières.

Profitant aujourd'hui de ce que Schein veut analyser le sang des chevaux malades, je m'embarque sur une pirogue et, au fil de la Srépok majestueuse, descends vers B. Phohk, village jarai égaré sur la rive gauche du fleuve à quelque 15 kilomètres de B. Don.

J'en suis revenu par la rive droite, à dos d'éléphant,

parmi la monotonie de la forêt-clairière ; au pied du Tieu L'min, une clairière à l'herbe verte, où se dressent quelques poteaux calcinés, marque l'emplacement de l'ancienne délégation de B. Don, fondée en 1899 par Bourgois ; incendiée par les feux de brousse après son abandon, elle a suivi de près dans l'oubli celui qui la construisit, et qui est mort à la tâche.

IV

2 août.

Le temps de reprendre haleine à B. mé-thuot et nous repartons à nouveau, cette fois dans le sud-ouest, vers la contrée marécageuse habitée par la famille des Pih.

Six lieues séparent à peine la résidence du poste de B. Tour, siège d'une ancienne jumenterie détruite par le surrah il y a deux ans. La route en pente douce coupée de marais où paissent des chevreuils et d'où s'envolent des bécassines. Le poste, qui occupe l'ancienne jumen-terie, est près du village, sur la lisière de l'immense marais inondé que forme le confluent des deux branches de la Srépok, le Krong Knô et le Krong Boung ou Kr. Hanà. Au delà de cette plaine, d'où émergent les herbes fendues de chenaux libres, s'érige la bordure des mamelons soutenus, en arrière, par le renforcement des crêtes bleuâtres où habitent les Mnong insoumis.

Toute cette étendue marécageuse, à peu près à sec en hiver, est entourée de villages pih juchés sur les légers renflements du sol dans les bambous. Cette famille, dont le dialecte est un radé fort corrompu, semble être assez peu nombreuse; de même que les Jarai et à l'encontre des Radé et des Mnong, elle ne se subdivise pas en tribus. Elle semble être le produit d'un métissage entre Mnong et Radé entre lesquels elle est enclavée. Les hommes, grands et forts mais hirsutes et sales, sont coiffés d'un turban le plus souvent noir dont les pans retombent dans le dos; ils portent aux oreilles les bouchons d'ivoire des Mnong et fument les pipettes de cuivre de ces derniers. Les femmes sont surchargées de colliers et de bracelets; leurs oreilles sont, en outre, démesurément allongées par de lourds bracelets d'étain qui viennent retomber sur le devant de l'épaule; généralement petites et grassouillettes, elles tiennent, encore plus que les femmes radé, une importante place au foyer domestique.

Les seuls chemins par lesquels les villages communiquent entre eux pendant la plus grande partie de l'année sont ces chenaux vaseux serpentant au travers des grandes herbes; aussi, les pirogues sont-elles nombreuses et chaque village en possède plusieurs de toutes les tailles.

Cette tribu des Pih est certainement, avec les Mnong du sud-ouest, la plus guerrière et la plus turbulente des races moï du Darlac proprement dit.

Vers 1887, ils infligèrent à une troupe d'aventuriers birmans une défaite restée célèbre dans la région. Venus du Laos au nombre d'une cinquantaine, ces derniers étaient conduits par une sorte d'illuminé, Birman comme eux, du nom de Klam-Leû et qui se disait invulnérable. Ayant réuni à sa troupe vingt Laotiens et une centaine de Mnong Perong, il descendit chez les Pih pour les razzier et les piller ; ceux-ci, prévenus et rassemblés au nombre de 700 à 800 guerriers sous les ordres du chef Ngeuh, attendirent de pied ferme les envahisseurs. Le choc eut lieu dans les plaines de B. Phok, en aval de B. Tour. Mnong et Birmans furent mis en pleine déroute ; poursuivis par les vainqueurs, ils subirent encore d'autres pertes dans les collines accidentées au nord-ouest du champ de bataille. Leur chef Kham-Leû resta parmi les tués, qui se montèrent à une trentaine environ ; quant aux Pih, ils ne perdirent qu'une dizaine d'hommes et capturèrent l'un des dix éléphants des vaincus. Les Perong, dont les villages occupaient la vallée du Ya Xer, affluent de la Srépok, craignant la vengeance des Pih victorieux qui étaient leurs voisins immédiats, émigrèrent en masse ; une partie se rendit à une huitaine de jours dans le nord-ouest dans le bassin de la Sékong, province de Stung-treng ; les autres se réfugièrent près des Stiengsé, chez les Mnong du massif de partage des eaux de la Cochinchine et du Cambodge.

C'est ce même chef Ngeuh, qui paraît avoir joui sur tous les Pih d'une très grande influence, qui mena contre nous la campagne de 1900. Le poste administratif de B. Don, embryon de la province actuelle du Darlac, venait d'être fondé (fin 1899) et son actif organisateur, l'administrateur Bourgois, après avoir établi pacifiquement notre influence chez les Radé du centre, remontait la Srépok pour soumettre les Pih lorsqu'il se trouva en face d'un véritable soulèvement (mars 1900) ;

groupés sous les ordres de ce même Ngeuh, les Pih opposèrent une vive résistance; les vingt-cinq villages soumis de la contrée avaient, de plus, fait défection. La première rencontre eut lieu à B. Tour même; les Pih, forts de 500 à 600 guerriers et de dix fusils d'ancien modèle, furent repoussés et Bourgois put enlever B. Tour défendu par des abatis et des lancettes de bambou; le même jour (Ier mars), B. Trap, où nous allons passer demain, fut également emporté et livré aux flammes; le 3 mars, Bourgois s'avançait sur le village de Ngeuh lui-même, situé sur le Krong Knô, B. Tieuah, visité par Yersin en 1893. Abrités derrière le cours rapide de la rivière, les Pih se défendirent avec acharnement; il fallut enlever le village d'assaut au milieu des balles et d'une grêle de flèches; quelques miliciens furent blessés, mais les Pih avaient subi de sérieuses pertes. Emmenant avec lui 200 partisans et ses fusils à pierre, Ngeuh s'enfuit dans les massifs montagneux de l'ouest que nous pouvons voir depuis ici et qui sont la ligne de faîte d'où descendent, vers le sud, les affluents du moyen Donnai. Bourgois se lança à la poursuite des fuyards, mais après deux jours de marche il dut renoncer à les atteindre.

L'exode était définitif; les fugitifs avaient emporté avec eux tous leurs biens ainsi que les ossements des ancêtres; on peut évaluer à deux cent cinquante environ le nombre des familles qui prirent ainsi le chemin de l'exil. Ils doivent à l'heure actuelle vivre encore en ces parages reculés que nul Européen n'a pu traverser, défendant jalousement contre tout intrus l'accès de leur nouveau territoire; un mois plus tard, ils revenaient

cependant attaquer par deux fois le petit poste de
B. Tour; devant l'échec de leur tentative, ils renoncè-
rent à ces incursions.

Quant à Ngeuh, l'on apprit par des indigènes sa
mort dans le courant de 1903.

3 août.

Le village de B. Plao-siang, dont la réputation d'hos-
tilité fait peser un certain malaise sur la région, est sur
le Krong Knô, à une grande journée d'ici; prenant
avec moi le caï et une partie du poste de B. Tour pour
renforcer l'escorte, et laissant Schein à ses microbes, je
pars de bonne heure pour m'y rendre. Enlevés par les
pagayeurs robustes qui manœuvrent leurs larges et
longues pagaies par équipes de deux ou trois debout à
l'avant et à l'arrière, nos six pirogues glissent sur le
marais. La mienne, la plus belle, longue de 12 mètres,
atteint plus d'un mètre de largeur au centre; les
autres embarcations où ont pris place les linhs, quelque
menu bagage et des partisans de B. Tour et B. Kdyo,
sont de dimensions plus modestes; toutes ne sont, au
surplus, que de simples troncs d'arbres évidés. Sur les
chenaux libres, entre les murailles de joncs plantés par
5 pieds d'eau, nous glissons en froissant les herbes
noyées; sur les étroits canaux, qui sillonnent en tous
sens le marais, des pirogues sont à la pêche; le fleuve,
que nous atteignons bientôt, coule entre des rives basses
et brunes jalonnées de bambous. A. B. Trap, la berge
est cependant formée d'un gros seuil de pure basalte.
C'est derrière les mamelons rabougris du Tieu Tôcom
que se trouve le confluent du Krong Hanà et d'une

première branche du Krong Knô ; le véritable confluent se trouve à B. Phok dans l'ouest de B. Tour.

Large parfois de plus de 150 mètres, le Krong Knô, que nous remontons, se coupe d'îlots sablonneux ; d'assez nombreux villages pih s'étalent sur ses rives, pauvres agglomérations aux petites huttes sur pilotis à côté des vastes greniers à riz. Un peu en aval de B. Kdyo, la branche principale du Krong Knô se coude vers le nord, allant rejoindre le Krong hanâ à B. Phok.

Le vieux Mayé, chef de B. Kdyo, insiste pour que nous nous arrêtions en son village ; le temps d'avaler quelques gorgées d'une jarre offerte au milieu du tapage des gongs et de manger quelques bouchées, et nous repartons vers les collines entre lesquelles le fleuve se replie en brusques méandres ; le lit, large de 60 à 80 mètres, est sablonneux.

Le courant assez sensible nous retarde et la nuit tombe ; la lune se lève dans un ciel d'une exquise pureté ; les embarcations grincent sur les bancs de sable et la brise fraîchit. Sous la douce lueur, le silence n'est troublé que par le clapotis des pagaies ; sur les berges, les bouquets de bambous se profilent comme sur un écran japonais et, tout à l'heure, au sortir des dernières collines, la rive gauche s'est montrée jalonnée de bosses très basses, aux allures géométriques, régulières comme les épaulements d'un fort, au-dessus desquelles, bas sur l'horizon, Sirius brillait comme la lumière d'un sémaphore.

4 août.

Le ciel pâlit et la fraîcheur de l'air annonce l'aube.

Toute la nuit nous avons marché et, vers 5 heures, nous abordons sur la rive droite; un pauvre petit village où nous reçoit une foule pacifique et ahurie : c'est le fameux B. Plao-siang. B. Phok, à une heure en amont, caché dans les bambous, est plus important. Dans la hutte assez étroite, une centaine d'indigènes se pressent en criant autour de huit jarres et de l'orchestre; un serpent qui passe entre les pieds des joueurs de gongs augmente un instant la confusion; le tapage est extrême. Le vieux Ma-yé, ivre depuis hier, armé d'une bouteille qu'il remplit sans cesse aux jarres, se démène comme un possédé, gesticule comme un démon et, de sa voix enrouée, domine le charivari.

Mais au milieu de la fête, un messager survient, porteur d'un pli urgent; il nous faut réembarquer en toute hâte sous la pluie qui tombe à verse; Ma-yé, sa bouteille amoureusement pressée contre la poitrine, titubant et hurlant, pousse tout le monde vers les pirogues; à B. Hlao-siang, le temps de rassembler les bagages, les linhs, de dire au revoir aux chefs que Ma-yé réunit, bouscule, menace et ahurit; le temps d'avaler une dernière gorgée d'alcool de riz, de mettre à bord le cadeau du village, un énorme cochon qui hurle à rendre sourd et manque, par ses soubresauts, de faire culbuter l'embarcation, et nous voilà en route. Le courant nous emporte à la vitesse d'un cheval au trot.

La descente s'effectue avec rapidité et la nuit tombe; en face d'un îlot sablonneux, couvert d'herbes, nous abordons pour dîner; nous allons remonter dans nos pirogues lorsque soudain nos Moï manifestent une inquiétude subite; tournés vers la lune qui vient de se lever, ils se la montrent avec stupeur; l'astre se voile et prend une teinte rougeâtre; nous sommes en présence d'une splendide éclipse; à peine en marche, le phénomène s'accentue; la lune ne montre plus qu'un tétraèdre sphérique aux reflets de cuivre sanglant.

Alors tout le long des pirogues, un long cri s'élève :

— Hô-ô-ô-ô-ô! Mlong ha! Mlong ha! (Lune! lune!)

— Rbouen ha, hô-ô-ô-ô-ô!

Et les yeux levés au ciel, nos pagayeurs hurlent et lancent un long sifflement qui se répercute aux collines proches. Maintenant, le fleuve ne présente plus qu'une mince coulée bleuâtre enserrée par le reflet d'encre des rives boisées; dans cet étrange et lugubre crépuscule, les cris se croisent, les sifflements giclent en sons stridents à croire que toute la file des pirogues est en perdition. A la hauteur des villages, d'autres cris répondent, soutenus par le battement précipité des tam-tams. A B. Kdyo, sur la rive, les habitants, torches en mains, s'agitent autour d'un joueur de flûte qui souffle avec acharnement.

Nous filons en faisant grincer les bancs de sable; les voix s'enrouent et faiblissent; de village à village, les tam-tams se répondent comme des tambours de guerre et font rage; la note aiguë des flûtes se détache un instant pour se noyer sous les cris.

Il est à peine 9 heures quand nous atteignons B. Tour; la descente ne nous a demandé que cinq petites heures alors que la montée en a exigé quatre fois plus; il fait maintenant un clair de lune superbe; le méchant génie qui voulait dévorer l'astre a fui devant les hurlements des Moï qui sont persuadés de leur éclatante victoire.

6 août.

Tandis que les éléphants vont gagner par terre le poste de Mébac, nous nous embarquons en pirogue en route pour la même destination. Nous nous engageons sur le Krong Hanâ, tortueux et monotone au milieu d'immenses marais qu'arrêtent, au sud, des chaînons dont les derniers contreforts viennent parfois tremper dans le fleuve. Vers midi, nous quittons le chenal principal pour prendre une branche qui, subitement resserrée en couloir rapide entre deux bosses rocheuses, nous mène dans une curieuse expansion lacustre encombrée d'herbes denses, semée de nénuphars et bordée de chaque côté, sauf dans l'est, par des mamelons et des collines au pied desquels, sous les bambous, se faufilent d'étroits marigots ombragés d'une sorte de palétuvier. La nappe d'eau libre, après avoir décrit un vaste demi-cercle, nous amène au pied du village de B. Tiet, juché sur une éminence rocheuse. Les chefs des environs arrivent avec jarres, riz, cochons, poules et œufs ; tam-tams et gongs battent avec furie et, jusque tard dans la soirée, l'orgie monte autour de l'alcool et des viandes saignantes, dans la fumée et le vol crissant des moustiques.

7 août.

Cette lagune, poche d'effondrement, présente, en cette saison, 3 mètres de profondeur ; les collines, presque à pic, viennent baigner dans le marais qui communique, par divers chenaux plus ou moins praticables, avec de vastes marécages voisins situés dans l'est; la pirogue glisse au milieu des joncs et des herbes géantes qui se couchent sous son passage; l'arroyo que nous suivons, étroit et sinueux, est coupé de barrages; le marais environnant se bosselle de quelques seuils plantés de bambous; les rives finissent par se relever quelque peu, le marais fait place aux rizières, les montagnes du sud se rapprochent.

B. Kanet, où nous arrivons après une marche pénible sur les petites digues des rizières, est également perché comme un nid d'aigle au milieu des rocs chaotiques d'un mamelon; par-dessus les cultures de maïs et le panache des bambous, la vue plonge sur le tapis vert clair du jeune riz qui s'en va mourir au pied des hauteurs; les huttes s'étalent au milieu de magnifiques masses schisteuses; tout autour des marais, cachés dans les escarpements des premières collines, d'autres villages pih retirés en bourbiers comme des repaires de pirates. Le pic du Pnom Lir — appelé aussi Nam Ka par les naturels de la région du lac — et dont la masse domine la contrée, abriterait en ses replis un ou deux villages radé dont la présence, loin du reste de leur race, ne laisse pas que de me causer quelque surprise.

Tous ces villages pih fabriquent de fragiles poteries de couleur brun foncé, faites au tour primitif et cuites au soleil.

8 août.

Nous barbotons encore dans le marais pestilentiel, d'où montent des nuées de moustiques et de moucherons, avant de regagner le fleuve bordé de hautes herbes où des pistes étroites marquent le passage des éléphants sauvages. Tandis qu'il a fallu, dans le marais, se frayer lentement un chemin à travers les roselières, maintenant que nous flottons en eau libre, nos rameurs, s'excitant de la voix, font voler les pirogues sur les lames courtes et clapotantes que soulèvent une trentaine de vigoureuses pagaies. Sur un banc de sable fin, nous nous arrêtons pour déjeuner; puis les montagnes se rapprochent et l'on ne tarde pas à quitter le fleuve pour s'engager dans le déversoir du lac.

Appelé Krong Bong par les Pih et Krong Lam ou Pong Lam par les Mnong, ce déversoir n'est qu'un chenal au courant rapide, étroit et tortueux à l'extrême, chaque section droite ne présentant pas une longueur de plus de 50 mètres; les coudes sont à angle droit et la violence des eaux y forme des tourbillons et des ressacs fort gênants. En certains endroits, les rives, minées par l'eau, se sont écroulées et des blocs de bambous et d'herbes, entraînés par la chute, barrent le passage que les pirogues ne franchissent qu'avec la plus grande difficulté; les rives s'écartent enfin, les grands joncs fuient, les berges se fondent en cloaques visqueux, le courant se calme; nous entrons dans la poche occidentale du lac; des mamelons, simples bosses vertes, se mirent dans les eaux encombrées d'herbes mêlées à une abondante légumineuse au délicat feuillage d'acacia pailleté de grappes jaunes. Après avoir navigué assez longtemps dans cette poche qui, en saison sèche, doit s'encombrer de marais à sec, nous débouchons brusquement dans la nappe d'eau libre; le paysage est enchanteur; au pied des hautes chaînes de l'est, la ligne d'arrêt des premières ondulations vertes; sur leur reflet lilas, des pirogues glissent au milieu des nénuphars et des lotus. A travers le vaporeux feuillage des bambous, des toits de chaume d'où monte le bruit des tam-tams; entre les mamelons boisés qui défilent un à un, des poches frangées de lotus et de sagittaires qu'étreignent des herbages aquatiques velus de mousses visqueuses comme des troncs d'arbres morts.

10 août.

En ce délicieux décor, dans le charmant poste de Mébac, nous jouissons sans mélange de cette paix et de ce calme qui sont le charme du plus beau site du Darlac.

D'après les indigènes les plus intelligents des villages riverains, il paraît que le déversoir s'appelle Dak Bong ou Bong Lam (Lam-profond, en radé; le synonyme mnong est : djriou). Autrefois, me disent-ils, le lac était beaucoup plus haut et couvrait une plus grande surface; le déversoir n'existait pas et le pourtour du lac n'était qu'un vaste marais où l'eau arrivait aux genoux. Il y a « excessivement longtemps », les ancêtres des villageois creusèrent le chenal actuel afin de faire baisser le niveau des eaux et de transformer en rizières les terrains en bordure des rives, que l'eau dut ainsi abandonner. Les rives est, sud et ouest du lac sont en effet couvertes de vastes rizières qui ont dû, jadis, être submergées; mais il est cependant assez étrange de trouver cette tradition chez ce peuple paresseux et indolent. Quels furent ces ancêtres assez patients et

travailleurs pour avoir exécuté cet ouvrage et surtout
pour en avoir conçu le projet raisonné? J'ai demandé
alors à mes interlocuteurs s'ils connaissent les Cham;
ce nom, prononcé sous toutes les formes, a été déclaré
totalement inconnu; de plus, ils n'ont aucune souve-
nance d'une peuplade étrangère ayant autrefois occupé
leur région.

Cet après-midi, les linhs nous appellent en hâte;
dans les lotus et les herbes qui bordent la rive, au pied
du poste, des Moï viennent de harponner un crocodile.
La tête et la queue traversées, percées de coups de
lances, il ne paraît plus plus donner aucun signe de
vie; par mesure de prudence, il est néanmoins gratifié
d'une balle Gras qui lui fait une terrible blessure à la
naissance de la queue. Ramené au poste, il est étendu
inanimé au milieu d'un cercle de curieux; c'est un
jeune spécimen de 1^m,50 de long et 0^m,25 de largeur,
ce qui n'est rien, me disent les Moï, à côté des puissants
individus que recèlent le lac et le fleuve; mais voici
que, tout d'un coup, notre saurien ouvre la gueule,
balaye la terre d'un coup de queue magistral et dégringole vers le rivage en fonçant droit sur les badauds qui
l'entourent; la première confusion passée, nos hommes
l'assomment et le retournent; incontinent écorché, il
devait, la tête complètement séparée du corps et la peau
presque entièrement enlevée, ouvrir, pendant plus
d'une demi-heure, sa formidable gueule et battre des
paupières, extraordinaire exemple de la vitalité de ces
peu sympathiques amphibies.

*
* *

Notre excursion touche à sa fin. Par la grand'route
du lac nous regagnons la monotonie du Darlac central;
les jours ont coulé, rapides et brefs, et, maintenant,
c'est le dernier adieu jeté à la volée du haut de l'éléphant, tandis que le convoi de mon ami disparaît au
tournant de la grand'route d'Annam, en marche lente
vers la mer...

CHAPITRE III

EXCURSIONS ET RECONNAISSANCES

Sur la route du Cambodge. — La forêt-clairière. — Les villages
de la Tiobá. — Encore le versant du Krong Pach. — Une nuit
maussade. — Les cataractes de la Srépok.

I

Une courte expédition dans la région du nord par le
gros village de Méwal, où la case du chef ne mesure pas
moins de 178 mètres de long, m'a permis de relier mon
itinéraire de juillet à la section de Méyach; la contrée
est monotone, couverte d'ondulations boisées et herbeuses d'altitude plus élevée à mesure que l'on s'approche du nord; les villages sont nombreux et importants; ils appartiennent à la grande tribu des Atham;
les maisons spacieuses et propres dénotent un bien-être
évident; les cultures sont riches et étendues, les troupeaux de bœufs et de buffles sont imposants et l'on
trouve quelques chevaux et juments.

A peine de retour, je vais de nouveau repartir, sur

la route du Cambodge cette fois, en compagnie d'un charmant capitaine d'artillerie coloniale en mission de reconnaissance des routes du Darlac.

5 novembre 1906.

C'est sous un ciel radieux que j'ai revu le village de B. Don où, il y a près de quatre mois, la pluie nous arrosait en conscience; le vieux chef nous a procuré quelques éléphants de chasse que n'effraie point le coup de fusil. Les bagages passés sur l'autre rive et rechargés sur nos cinq éléphants, nous montons à notre tour chacun sur notre pachyderme et l'on s'enfonce dans la forêt-clairière, le long de la sente charretière qui conduit au Cambodge; de nos cages, que le beau temps nous a permis de priver de leur roof, nous dominons l'étendue déserte; le capitaine, grand chasseur devant l'Éternel, entouré de son fusil et de sa carabine.

La forêt-clairière sous laquelle nous allons vivre pendant plusieurs jours est d'une monotone et désespérante tristesse; uniquement composée de diverses variétés de « giao », arbre résineux de la famille des diptérocarpées, elle élève ses troncs espacés à l'écorce écailleuse comme celle des pins, droits comme des mâts de navire, au feuillage clairsemé en parasol d'un vert glauque; le sous-bois est formé des jeunes arbres aux pousses d'un rouge carmin et aux feuilles très développées qui se rapetisseront à mesure que grandira l'arbre; une sorte de bambou nain réduit à l'état d'herbe haute de 2 à 3 pieds tapisse le sol caillouteux; le long des rivières, un rideau d'arbres épais et de bambous nains en bouquets touffus de 4 à 5 mètres de hauteur; au milieu de la forêt, et caractéristiques de cette zone de végétation, s'ouvrent brusquement de nombreuses clairières à l'herbe rase, marécageuse, au centre desquelles s'étale une mare boueuse où, par 3 et 5 pieds d'eau, tremble une herbe grasse aux floraisons rousses, aux allures d'algues marines; sur la vase sèche de ces points d'eau, abreuvoirs du désert, s'incrustent les empreintes du chevreuil et du cerf, du bœuf et du buffle et aussi du tigre dont la puissante marque en éventail se creuse comme imprimée au fer rouge. En cette saison, les arroyos sont très bas; ouverts sans transition comme de vastes fossés, dans le sol de la vaste forêt-clairière, dont ils semblent être les égouts à ciel ouvert, ils coulent tous sud-nord parallèlement entre eux à la Srépok, que la sente serre de très près; larges de 15 à 30 mètres, alimentés par une infinité de ruisseaux qui courent en de légères dépressions, ces rivières, au lit de sable et de grès schisteux, sont de terribles torrents en saison pluvieuse; les berges à pic indiquent la violence du courant déchaîné qui coule à pleins bords à l'époque des crues.

Nous étions à peine partis qu'à cinquante pas devant nous éclatait le terrible mugissement du tigre en colère; mon éléphant, en tête du convoi, dresse la trompe, flaire et renâcle; le vieux Kham, notre chasseur laotien qui suit ma bête, devient d'une pâleur livide; le capitaine et moi faisons avancer nos montures dans la brousse pour essayer de couper la retraite au fauve, mais il est trop tard; le rugissement s'éloigne et il serait fou de songer à la poursuite dans les herbes enjunglées de bambous ; peu après, sur la route, au bord d'une flaque d'eau, nous trouvons l'empreinte du félin que notre venue a dû certainement troubler en son abreuvoir.

Le sol est à peu près uni, à peine creusé de ruisselets à sec sous les bambous nains ; la sente fuit à travers les fûts espacés dont le panache glauque barre inexorablement la vue ; un cerf, un lièvre, un agouti, une perdrix se lèvent parfois entre l'herbe sombre ; sur le sol de gravier rouge, les énormes jambes de l'éléphant se meuvent sans bruit comme des basanes matelassées et l'on entend seul le bruit des touffes d'herbes arrachées par la trompe et que l'animal bat soigneusement sur son genou.

Notre premier campement s'établit au bord de l'houei Hana ; en ces vertes solitudes, la tente est le seul abri du voyageur, les feux s'allument dans ce coin de forêt-clairière ; les bagages s'empilent près des cages à éléphants. La nuit tombe brusquement sur la forêt, des grillons crissent, un serpent siffle le long de la berge, la clochette de bambou des éléphants sonne tout autour du campement ; dans le silence plus profond, le grondement lent et puissant de la Srépok monte et plane ; dans le lit de l'arroyo, nos Moï pêchent aux flambeaux ; puis les feux s'alanguissent et fument ; au ciel, les étoiles brillent ; des bruits vagues passent et meurent, respiration de la forêt assoupie.

8 novembre.

La Srépok est tout près, roulant ses eaux brunes entre des rives abruptes drapées de bambous. Trois heures de marche nous amènent au Dak Plaé, magnifique torrent de 70 à 80 mètres qui bouillonne en un lit de roches schisteuses massées en strates obliques et coupantes, alternant avec des îlots chevelus de saules et des bancs de sable. Il n'y a, maintenant, pas plus de 3 pieds d'eau, mais, en saison pluvieuse, ce torrent doit doit être infranchissable; son confluent avec la Srépok est à 400 mètres au nord; des collines isolées s'aperçoivent entre les fûts résineux.

Monotone et solitaire, la forêt-clairière se déroule identique à elle-même; dans les clairières déjà roussies par le soleil, les petites mares ovales s'étalent au milieu de leur ceinture d'herbes grasses; les feuilles sèches des arbres s'envolent au vent; nous croisons, un instant, une petite troupe de Laotiens et de Mnong Tiom-Poueun venus des confins des provinces de Stung-treng et d'Attopeu; armés de leurs lances courtes et du grand sabre au manche de cuivre ciselé, ils s'en vont sur B. Don se livrer à quelque menu commerce; puis la forêt, un moment troublée, se referme plus silencieuse.

Nous établissons le campement sur les bords mêmes de la Srépok, en face d'une longue île boisée de forêt vierge épaisse, à la bifurcation des sentes qui filent, l'une, dans l'ouest, sur Kratié, l'autre, dans le nord-ouest, sur Lomphat et Stung-treng.

9-10 novembre.

Nous prenons ce matin la sente charretière de Stung-treng; un instant, à travers les fûts, nous apercevons le premier troupeau de bœufs sauvages; au Dak Der — l'houei Tén des Laotiens — la Srépok, que nous lon-

16

geons à peu de distance depuis le départ de B. Don, est coupée d'innombrables îlots vaseux couverts de roselières et d'arbres ; les chenaux sont extrêmement étroits, brisés de rocs schisteux.

Tandis que mon compagnon de route s'enfonce en chasse sur la Tioba, je vais continuer dans le nord-ouest, sur la route de Stung-treng ; nous devons nous retrouver dans le sud ou à B. Don.

Sur une bonne distance la forêt porte les traces évidentes du passage d'un typhon ; un grand nombre d'arbres, et non des plus minces, ont été couchés comme des fétus ; brisés et tordus, ils obstruent la sente et obligent à de fastidieux détours. Après le Dak Roué — houei Lvé des Laotiens — l'on ne rencontre plus un ruisseau ; la forêt se bosselle de quelques ondulations, se coupe de clairières que tapisse une herbe rase aux épis d'argent ; la nuit est presque close lorsque nous rencontrons enfin les Laotiens de B. Don ma-gneung qui viennent à notre rencontre à travers les rizières.

B. Don ma-gneung, sur les bords de la Srépok, est un village mnong et laotien ; réunissant les quelques pirogues qu'il possède, nous remontons la rivière sur quelque 6 kilomètres ; rapides et îlots sont assez nombreux ; le long des rives, glissent de gros serpents d'eau. L'embouchure du Ya Drang, l'un des plus importants affluents de rive droite de la Srépok, se trouve en pleine solitude ; sur cette rive, la forêt est plus épaisse, les bambous nains se présentent en touffes plus pressées. L'embouchure du Ya Liao, — le Nam Lieou des Laotiens, — le plus gros affluent de droite de la Srépok, est à 6 ou 8 kilomètres en amont d'une île sablonneuse où nous atterrissons pour déjeuner ; il est impossible, en cette saison, de remonter jusque-là par suite de quatre rangées de rapides dont la première ligne écume et gronde à moins de 300 mètres de noùs.

C'est aux environs de ce confluent, me disent mes guides, que se trouvent des collines où abondent l'éléphant, le buffle, le bœuf, le cerf et le chien sauvages ; les chasseurs d'éléphants commencent à se rendre en ce giboyeux district totalement inhabité et, l'année dernière, ils y ont capturé une vingtaine d'éléphanteaux.

C'est à B. Don ma-gneung que la sente de Stungtreng traverse le fleuve ; à l'horizon bleuâtre du nord-ouest, les collines de l'houei Tiep marquent la direction des agglomérations de Tiom-Poueun qui s'étendent entre la basse Srépok et la Sésane.

11-13 novembre.

Montés sur leurs petits chevaux vifs, quelques Laotiens nous guident à travers la forêt-clairière et ne nous quittent qu'au Dak Rmat, — l'houei Tiamat des Laotiens, — large rivière sablonneuse aux rives à pic. La sente, maintenant, est jalonnée de mares plus grandes à l'eau tranquille où s'envolent des théories de canards sauvages.

A la Tioba, dernier gros affluent de la Srépok, je trouve, fiché au bout d'un bàton, près des restes d'un campement récent, un carré de papier du capitaine ; entraîné dans le sud par la chasse, qui est excellente, il a continué sans m'attendre ; mais mes vivres touchent à leur fin et, malgré l'absence de tout guide, je décide de

continuer la route afin de rattraper, si possible, le convoi
de mon ami. La Tioba traversée, et laissant la route de
Lomphat qui continue vers l'est-nord-est, nous suivons
la piste toute fraîche qui s'enfonce à travers la forêt-
clairière. L'aspect du pays change brusquement; plus
de bambous, plus de forêt-clairière; une herbe fine et
haute, des strychnées rabougries aux branches horizontales armées de longues épines bordent de magnifiques
prairies humides semées de mares, zébrées de ruisseaux
que marque un rideau d'arbustes touffus; ces pâturages
de rêve devant lesquels recule la forêt clairière sont
sillonnés de pistes qui se croisent en tous sens et, très
excités, mes Moï me montrent les traces fraîches des
éléphants sauvages, des bœufs, des buffles, des cerfs,
des chevreuils et des gaurs.

Mais la nuit menace et force est de nous arrêter au
bord d'une piste charretière que nous avons enfin
rejointe, en un ancien campement laotien, simple abri
de branchages et de feuilles près de la lèvre d'un ruisseau où croupissent quelques flaques d'eau noire grouillant de petits poissons que mes gens prennent à la
main.

La nuit a été fraîche en ce misérable campement sans
autre défense contre le tigre que les deux éléphants
entravés broutant dans la prairie; l'aube nous trouve
debout, prêts à partir, mais une détonation nous arrive
enfin; sur les bords de la Tioba, que la berge domine
de 30 pieds, le camp du capitaine est installé; la rivière,
fort basse, est peuplée de crocodiles qui flottent comme
des troncs d'arbres morts. Les cadavres de chevreuils et
de cerfs encombrent le campement, dégageant une

forte odeur de sang et de grillade; sur les foyers, les Moï rôtissent d'énormes morceaux; dans l'air, un vol épais de vautours attendant la curée.

Tandis que je vais continuer dans le sud, vers les premiers villages de la haute Tioba, le capitaine va poursuivre sa chasse de l'autre côté de la rivière; mais nos deux convois s'ébranlent à peine que le vol des charognards s'abat à grands coups d'ailes sur les détritus jonchant le sol; pris de panique, les éléphants du capitaine refusent de passer la rivière, remontent brusquement la berge et s'emballent dans la prairie; ce n'est qu'avec les plus grands efforts que leurs cornacs parviennent à les calmer.

La sente charretière que je suis depuis hier se déroule à travers les mêmes immenses prairies où s'enfuient des troupeaux de cerfs et de chevreuils; la saison de chasse bat son plein et nous commençons à rencontrer des charrettes laotiennes arrêtées en de primitifs campements, les bœufs dételés paissant à l'ombre d'un arbre, des lanières de viande noire séchant au soleil en compagnie de peaux étendues sur leur claie.

Tard dans la soirée, nous arrivons à un gros campement sur les bords du Dak Ruak, affluent de la Tioba; les trois ou quatre huttes, assez soigneusement construites, indiquent que l'endroit constitue une étape connue des chasseurs, un point de rassemblement en ces solitudes giboyeuses; sur le planché surélevé, sur les vérandahs grossières, s'étalent de nombreux ustensiles variés; une huitaine de chasseurs occupent ce coin perdu, depuis un an, disent-ils; autour des huttes, pend une ample provision de lanières de viande sus-

pendues à des cadres de bambou ; à côté, la magnifique peau et les cornes d'un gaur.

Jusqu'à B. Tiékam, c'est toujours la même prairie
marécageuse à l'herbe fine, légèrement boisée, sil-
lonnée de quelques rares rivières, affluents de la Tioba ;
les campements de chasseurs laotiens sont assez nombreux ; dépouilles de cerfs, de buffles et de bœufs s'y
rencontrent, victimes de fusils à pierre qui procurent à
leurs possesseurs la viande sur laquelle ces indolents
trappeurs vivront aussi longtemps que possible, passant
la journée entière à fumer et à dormir, jouissant de
cette paresse invétérée chez leur race et qui leur fait si
pleinement goûter les charmes de cette vie nonchalante
de coureurs des bois.

B. Tiékam est un village mnong et laotien situé sur
la rive droite de la Tioba ; le chef est un Chinois qui a
donné son nom au village et qui fait, avec Kratié, le
commerce des peaux et des cornes qu'y transportent
régulièrement ses charrettes ; dans sa hutte, spacieuse
et haute, de type cambodgien, règne cette odeur de
viande avancée et de peaux sèches qui, depuis trois
jours, m'obsède et me prend à la gorge.

14-17 novembre.

Le village de Tiékam est le plus septentrional d'un
petit groupe de villages mnong situés plus au sud, dans
la vallée de la Tioba, au milieu des cultures. Hirsutes,
d'une saleté repoussante, le plus souvent affligés de
maladies cutanées, ces Mnong appartiennent à la tribu
des Phiet qui occupe les montagnes du sud ; disséminés

en leurs cultures de maïs, de riz et de bananiers, ils vivent en d'étroites huttes sur pilotis qu'ils déplacent au fur et à mesure qu'ils changent l'emplacement de leurs défrichements; pêcheurs et chasseurs, ils échangent le surplus de leurs captures au Chinois qui leur vend, à des prix élevés, quelques pacotilles européennes.

Nous sommes revenus à B. Don par la route de Kratié à travers la forêt-clairière; le capitaine, qui y est arrivé un peu avant moi, a fait une chasse excellente, tué quantité de chevreuils, un bœuf et un buffle sauvages; il a, de plus, aperçu un troupeau d'éléphants.

II

24 décembre.

La saison sèche, qui règne déjà au Cambodge et sur le plateau du Darlac, n'est malheureusement pas établie encore sur le versant annamite et dans le voisinage des montagnes; le poste de Médrac est noyé de vapeurs et d'ondées. Mon départ pour les montagnes du sud, qui barrent la vue sous leur brume, ne peut cependant être différé plus longtemps; un dernier adieu au capitaine, qui rejoint la côte d'Annam, et mes deux éléphants s'ébranlent de leur pas pesant à travers les mamelons herbeux qui nous mènent aux crêtes de partage des eaux du Cambodge et de l'Annam. Un bon col ménagé dans les hauteurs nous fait gagner la vallée du haut

Krong Ah, affluent du Krong Pach ; mais après le village de B. mé-suot, la vallée s'étrangle entre deux
lignes de collines escarpées aux crêtes boisées ; à leur
pied, la sente se faufile péniblement, surplombant la
rivière qui gronde à 26 pieds plus bas, sur les rapides et
les rochers.

Sous la pluie qui tombe à verse, il faut passer et
repasser le maudit cours d'eau qui se rapproche alter-
nativement de chaque muraille en un coude qui vient
heurter la colline ; à peine un semblant de vallée, large
au plus d'une centaine de mètres, couverte d'une herbe
paillote géante, coupée de fossés abrupts, marécageux,
encombrés de joncs et d'arbres de 4 mètres de haut à
travers lesquels l'éléphant se fraye péniblement passage,
arrachant, écrasant de la trompe et du pied ; puis les
défenses s'engagent dans la puissante masse de verdure
qui oscille, résiste, se dérobe ; alors la bête plonge dans
cette houle verte qui craque et dont les tiges juteuses
éclatent dans la boue fétide.

Entre les collines barbouillées de nuages, la rivière
se tord en mille replis ; les éléphants ne s'aventurent
qu'à pas comptés le long de la berge abrupte et glissante, bordée d'un rideau de forêt épaisse et épineuse.
Le jour tombe rapidement et l'averse fait rage ; nulle
part trace d'une arrivée prochaine au village ; la rivière
est encore devant nous, mais, cette fois, mon éléphant
renâcle et recule devant la descente à pic. L'éléphant
des bagages, un colosse mnong, mieux dirigé, se laisse
glisser avec difficulté ; la cage prend une furieuse inclinaison, mais les rotins résistent ; ma monture, plus
petite, se décide, sous les coups de l'ankus, à suivre son

compagnon ; l'animal s'agenouille, se laisse glisser ; la
cage vacille, pense verser ; un dernier élan, l'éléphant
fait un vrai saut dans l'eau qui le couvre jusqu'aux
yeux, tandis que son train de derrière est encore en
entier engagé sur la rive. La secousse est terrible ; le
cornac tombe à l'eau, la tête la première, tandis que,
projeté de la cage, je dégringole à mon tour, n'ayant
que juste le temps de m'accrocher aux rotins de trait et
à l'oreille du pachyderme qui barrit furieusement. Un
effort me porte sur la tête de l'animal, qui réussit enfin
à se dégager et aborde sur l'autre rive ; la nuit est
presque close et la pluie tombe à flots ; les juments
doivent se jeter à la nage. Sur un misérable banc de
cailloux roulés, au pied de la berge à pic, nous établissons un pauvre campement autour des feux qui lan-
guissent et fument ; impossible de faire cuire le moindre
aliment ; quelques morceaux de bâche, les roofs de nos
deux cages installés tant bien que mal sur des branches
d'arbustes constituent tout notre abri et, trempés, affa-
més, grelottants, nous nous installons mélancoliquement dans la boue pour passer cette triste nuit de Noël.

25-30 décembre.

Toute la nuit, il a plu ; les couvertures réduites à
l'état d'éponges boueuses sont dans un lamentable état
et les hommes n'ont pas un fil de sec. Dès l'aube, nous
reprenons la marche ; la rivière devient de plus en plus
profonde ; 4 à 6 pieds d'eau brune ; à chaque passage,
il faut établir un va-et-vient pour traverser les hommes,
et les juments manquent de se noyer dans ce maudit

torrent; un moment, je crains d'être bloqué dans cette gorge de malheur; mais, heureusement, la vallée s'élargit, le Krong Pach est devant nous; peu après, nous entrons à **B.** m'treng, après avoir passé, depuis hier, seize fois le Krong-Ah. Bientôt, dans la hutte du chef, autour des foyers, une épaisse buée monte de tous les vêtements trempés à tordre.

De **B.** m'treng, nous atteignons **B.** m'poum où nous devons traverser le Krong Pach sur un radeau de bambous; un énorme câble en lanières de peau de buffle tressées est tendu entre les deux rives par deux forts nageurs et le va-et-vient commence aussitôt; le radeau, construit dès l'aube par les miliciens et les naturels, est fait de gros bambous mâles, presque pleins; malgré ses trois plates-formes, il émerge à peine et les bagages doivent passer un à un; puis vient le tour des hommes; les éléphants, débarrassés de leur cage, ont passé un peu en amont, au gué habituel que nous avions traversé, il y a quelques mois, de l'eau jusqu'à la ceinture; aujourd'hui, les énormes bêtes nagent lourdement, le cornac a de l'eau jusqu'aux reins, le bout de la trompe émerge seul en avant d'un petit point noir qui est le sommet du front; quant aux juments, elles s'en tireront heureusement grâce aux longues cordes qu'on leur a nouées au cou et par lesquelles on les hale de la rive opposée où elles abordent en dépit du courant. Près de la rive droite, la sonde révèle un fond de 4^m,50, la profondeur moyenne est de 3^m,50.

Le bassin du bas Krong Pach, tout de marais, est sous l'eau; les marécages, bordés de forêt-clairière, s'étendent à perte de vue et, tout le jour, nous patau-

geons pour atteindre enfin le Krong Bouk; la ligne de
bambous qui décèle son cours se déroule au milieu
d'énormes marais d'herbes et de joncs devant lesquels
recule la forêt-clairière; deux à trois pieds d'eau tout
d'abord, mais les roseaux géants de trois mètres s'es-
pacent bientôt, fuient de chaque côté en murs épais ne
laissant dans un couloir vaseux que des têtes d'herbes
noyées par cinq pieds d'eau; des chenaux étroits, des
lagunes, filent entre les joncs et se perdent dans la
fondrière; les éléphants n'avancent plus qu'avec précaution puis ne tardent pas à s'arrêter; le marais s'ap-
profondit subitement et la sonde révèle 2 et 3 mètres
d'eau. La forêt-clairière a reculé sa frondaison glauque
et maigre; force nous est de revenir sur nos pas et de
tenter le passage du Krong Bouk en aval des marais;
large à peine de 15 mètres, le lit se creuse entre des
berges abruptes encombrées de fourrés de bambous; le
gros éléphant des bagages s'engage le premier, de l'eau
jusqu'au dos, mais le mien, plus petit, n'avance qu'avec
prudence; au milieu de la rivière, l'eau lui couvre complètement la tête; bientôt, le cornac a de l'eau jusqu'à
la ceinture; l'animal est entièrement submergé et le
triangle terminal de la trompe sort seul comme une
grosse mouche noire; les bas-flancs de la cage sont
noyés; quelques centimètres de plus et le matelas sera
recouvert; notre cage semble flotter sur l'eau brune,
mais le pachyderme avance avec sûreté; encore un pas
et la tête émerge, puis les défenses, et nous abordons sur
la rive droite.

Toute cette basse vallée du Krong Bouk est couverte
de marais inondés; la région est décidément imprati-

cable et, chassés par la crue, nous devons nous rabattre sur la grand'route d'Annam d'où nous regagnons la résidence du Darlac.

III

L'un des coins les plus pittoresques du Darlac est certainement la région du lac, les marais de B. Tour et, plus dans le nord-ouest, les cataractes et rapides qui coupent la Srépok après la réunion des deux branches qui la forment. Je ne crois pas qu'aucun Européen ait jamais suivi cet étroit couloir rocheux où les eaux bouillonnent entre des collines boisées; la région est, d'ailleurs déserte, dénuée de voies d'accès et, de plus, défendue, au dire des indigènes, par toute une armée de génies malfaisants.

Du Darlac central, il ne faut guère songer à atteindre les chutes de la Srépok, où le mauvais vouloir des naturels, ainsi que leur superstition, les empêcheront de vous conduire. Aussi, pour être certain du succès, je dois me résoudre à aller chercher la rivière à B. Tour d'où je la descendrai, seul et infaillible moyen de ne manquer aucune de ces cataractes redoutées.

Les miliciens annamites de la résidence, pêcheurs du Quangnam, m'ont confectionné un de ces légers sampans de bambous écrasés et tressés, calfaté de résine, solide, et qui, grâce à sa stabilité, à ses dimensions réduites — 7 mètres de long, — me permettra de passer avec plus de facilité et de sécurité que sur les lourdes et instables pirogues indigènes que le moindre faux mouvement met en danger de chavirer et de couler. Envoyé au Krong Boung par une douzaine de porteurs, mon esquif doit aller m'attendre au lac.

17-23 janvier.

Le temps est délicieux ; la saison sèche bat son plein et, ce soir, au galop de nos poneys, nous faisons notre entrée au poste de Mébac.

Malgré le vent furieux qui, chaque après-midi, balaye le lac et rend la navigation impossible aux pirogues indigènes, j'ai pu parcourir en tous sens la nappe d'eau pendant quatre délicieuses journées ; grâce à la légèreté et à la stabilité de mon nouveau canot, j'ai pu achever en détail la circumnavigation de la nappe d'eau libre ; de longtemps je n'oublierai les délicieuses journées passées en ce merveilleux décor, la visite des villages cachés dans les bambous, le repas frugal au bord des grèves, alors que les grands lotus ondoient et que les flots viennent mourir sur le sable d'or ; la navigation sur les lames courtes, soulevées par la violence du vent ; les eaux qu'effleurent les grandes herbes aquatiques du fond et dont les délicates touffes ont des allures de méduses vertes ; le glissement des pirogues de pêche, la hutte primitive où l'indigène fait brûler ces herbes dont il extrait une cendre salée nécessaire à sa modeste cuisine.

Le déversoir que j'ai remonté, il y a plus de six mois, par un courant violent et les eaux hautes, n'a, maintenant, souvent pas un pied d'eau et les pirogues grincent sur les bancs. Le marais, noyé en juillet dernier, est à sec, les grandes herbes qui le couvrent, trouées de pistes d'éléphants sauvages. Le Krong Boung, cependant, n'a pas moins de 2 mètres de profondeur; les berges, sablonneuses et abruptes, couvertes de bambous, se jalonnent de bancs découverts sur lesquels se chauffent de nombreux crocodiles; dérangés par notre passage, ils fuient d'entre les grands joncs, sautant dans l'eau d'un coup de queue; quelques-uns ne mesurent pas moins de 2ᵐ,50 à 3 mètres de long. De gros vols d'échassiers, des adjudants, des plongeons, des pluviers quittent à grand bruit les hautes herbes tandis que des loutres grises défilent et plongent le long des rives.

A B. Tour, où le courant et le vent nous ont menés en moins d'un jour, l'aspect du vaste marais est absolument différent de celui que je lui ai connu en juillet dernier; les eaux ont baissé de près de 2 mètres et toute cette plaine que j'ai vue couverte d'eau est maintenant à sec, magnifique prairie d'herbe grasse et verte que sillonnent de rares et étroits chenaux libres; des sentiers courent sur la vase durcie où je mesurais 3 pieds d'eau.

Comme d'un commun accord, les chefs pih de la région refusent de me conduire aux cataractes qui, selon eux, sont terribles et hantées par d'horribles génies; quelques-uns d'entre eux, craignant de se voir forcés à me suivre, filent prudemment à l'anglaise. J'en serai donc réduit à suivre au petit bonheur le courant du fleuve qui, lui, ne saurait me tromper.

Le chef de B. Trap et une trentaine de ses hommes, plus dévoués, m'accompagnent cependant, mais avec

une répugnance visible; par mesure de précaution, j'ai
placé un milicien en armes sur chacune de leurs trois
pirogues et, ce matin, nos quatre embarcations glissent
doucement sur les eaux dorées du Krong Boung.
A B. Phok, dernier village pih de la contrée, se réunit
au Krong Boung le cours principal du Krong Knô; c'est
près d'ici que le fameux chef Ngeuh infligea aux Birmans, Laotiens et Mnong de B. Don la terrible défaite
dont j'ai déjà parlé.

Le fleuve coule maintenant entre des berges fermes
plantées de bambous; la région des rizières est finie; les
hommes de B. Trap ne me suivent qu'avec la plus
extrême terreur. Les premiers rapides, d'ailleurs, ne
sont pas loin; quelques rocs affleurants, sans importance, les annoncent; les pirogues refusent cependant
de tenter le passage que je dois franchir tout d'abord,
le canot délesté des bagages par mesure de précaution.
Mais, 700 mètres en aval, le grondement des eaux
annonce l'obstacle, la barrière des Draé Sroué; la
rivière glisse sur un plan incliné encombré de rocs et
d'ilots rocheux plantés d'arbustes; le chenal de droite,
le moins encombré, est aussi peu profond. Mes hommes,
complètement nus, travaillent avec acharnement au
milieu des blocs qu'ils font franchir à mon embarcation
à la force des poignets. L'opération demande un temps
infini; mais, quand, après mille efforts, le canot a réussi
à passer, c'est pour constater que, raclé sur les rocs,
cabossé et fendu, il fait eau de toutes parts. Les pirogues
de B. Trap, très longues, extrêmement lourdes, ne
peuvent se dégager des premiers récifs; de plus, en
aval, à 300 mètres à peine du petit bief d'eau calme que

nous. avons réussi à atteindre, de nouvelles lignes
d'écume annoncent de nouveaux rapides. Dans une
anse de la berge, mes hommes découvrent une pirogue
à demi coulée et cachée sous les troncs; un indigène
transi de peur nous dit qu'elle appartient au village de
B. Draé, dont les anciennes huttes s'étagent en haut de
la berge mais dont le nouvel emplacement est bien plus
loin dans l'intérieur.

En aval des Draé Sroué, au pied de la rive droite à
pic, quelques abris de branchages et des nasses de
pêcheurs; des naturels s'enfuient à notre approche; il
doit donc y avoir des villages dans le voisinage. L'im-
possibilité où nous sommes de franchir les rapides va
m'obliger à descendre la rivière en longeant la berge;
or les Pih de B. Trap ne connaissent pas ce canton;
force nous est d'obtenir à tout prix des habitants de la
contrée. Tandis que mes gens s'installent dans les
huttes, seul avec le chef de B. Trap, je m'engage sur la
sente qui mène dans le nord-est. La nuit tombe lorsque
nous atteignons enfin des cultures où un lépreux nous
indique la direction de B. Kela, disséminé derrière un
modeste mais abrupt chaînon et une épaisse galerie de
forêt vierge semée de gigantesques cyccas.

Ce n'est qu'à 10 heures et demie du soir que mes
gens, prévenus, arrivent à leur tour, exténués par cette
dure journée de labeur.

Assis sur un tabouret massif, le dos tourné à la jarre
d'alcool de riz, j'ai dû subir les incantations du sorcier
qui, un poulet en main, a longuement invoqué les
génies sur ma tête; ayant ensuite fait volte-face, j'ai dû
me laisser orner le poignet d'un bracelet de laiton, signe

d'alliance et d'amitié, subir une nouvelle incantation, heureusement plus courte, et sabler enfin le breuvage.

24 février.

Le chef de B. Trap et ses Pih ne se sont pas couchés ; toute la nuit, ils ont bu la jarre pour fêter, sans doute, leur heureux passage chez les génies des rapides et leur arrivée en pays radé. Tandis qu'ils rejoindront leur village en ramenant leurs pirogues et mon canot, je continuerai avec les gens de B. Kela en marchant le long de la berge du fleuve. Nous reprenons la sente qui mène à la rivière ; un moment, elle se trouve coupée par la colonne de feu qui dévore les herbes sèches et le rugissement des flammes couvre le grondement des rapides. Le long du fleuve, il nous faut avancer le coupe-coupe à la main dans l'épais taillis emmêlé de lianes et de bambous au travers desquels l'on entr'aperçoit les eaux qui mugissent à 10 mètres au-dessous de nous.

Les chutes en amont desquelles nous nous sommes arrêtés hier sont absolument infranchissables ; elles se composent d'un premier seuil jonché d'îles boisées, les Draé Ktrao, qui mènent au Draé Dlong, second seuil barrant toute la largeur de la rivière qui se précipite en une chute de 5 à 7 mètres de haut. Le fleuve se coupe ensuite de nouveaux rapides ; la rive droite que nous suivons, tantôt à pic à 10 mètres au-dessus du lit, tantôt dégringolant à son niveau, est densément boisée en cette saison, de vastes bancs de sable sont à nu. La forêt vierge cède bientôt la place à d'insupportables bambous secs aux nœuds garnis de touffes d'épis effilés

17

qui, au moindre choc, vous arrosent d'une pluie d'épingles qui s'accrochent et s'infiltrent partout.

Une seconde cataracte, haute de 5 à 6 mètres annonce, l'entrée des gorges où le fleuve se précipite par la troisième cataracte ; la rive droite se hérisse de collines ; la rivière, réduite à une quarantaine de mètres de largeur, ne présente qu'un chenal libre d'une vingtaine de mètres, étranglé entre de puissants seuils rocheux ; la sente escalade la colline, à 20 ou 40 mètres au-dessus des eaux, puis les rocs deviennent plus abondants, les collines tombent à pic sur la rivière et la sente les contourne en s'enfonçant dans l'intérieur. Tandis que les porteurs et les bagages vont la suivre, je m'engage dans les énormes blocs schisteux que viennent baigner les eaux un peu en amont de la quatrième cataracte où le fleuve, comprimé, bondit d'une assise de grès schisteux de 10 à 12 mètres de haut, pour aller, après un bief fort court, glisser sur un plan incliné et former la cinquième cataracte ; mais, un peu en amont de cette dernière, il devient impossible de suivre plus longtemps le bord de l'eau ; les blocs disparaissent, devant le flanc même de la colline qui s'élève presque perpendiculaire et surplombe même en maint endroit. Cramponné aux racines vacillantes des rares bambous et des maigres arbustes fragiles poussés entre les écailles branlantes des schistes, j'opère lentement une périlleuse escalade ; le fidèle milicien qui, seul, m'accompagne, me tire deux ou trois fois de fort mauvais pas ; mes bottes glissent sur le schiste qui croule et s'effrite, me laissant suspendu par les mains aux frêles arbustes sur lesquels je dois, avec mille précautions, m'élever à la force des poignets. Au-dessous de moi, à 15 ou 20 mètres, les rochers noirs de la rivière qui hurle sur sa cataracte. Qu'une racine vienne à céder et je vais me broyer sur les rocs; les secondes me paraissent longues et c'est avec délices que je me laisse enfin tomber dans les épines et les herbes du sommet.

A travers les maudits bambous à demi calcinés dont les épis aigus nous arrosent au moindre choc, nous dégringolons la pente opposée du mamelon; un moment, la vallée de la Srépok apparaît, couverte de forêts, mamelonnée de collines.

Je rejoins mes gens au bord même du fleuve qui, juste dégagé à la gorge que je viens en vain de tenter de suivre, gronde à nouveau sur un seuil de schiste à pic, de 2 mètres à peine de haut, coupé de deux ou trois passages, seuils empruntés par les eaux qui les franchissent en larges rapides. La rivière mesure une cinquantaine de mètres de large; de nombreux bancs de rocs sont à sec; sur la rive droite en aval, une nouvelle chaine de collines qui court perpendiculairement à la vallée; nous sommes encore loin de B. Tour-mameu qui est le village le plus voisin; aussi fais-je établir le camp sur les rocs et une étroite grève de sable; les gens de B. Kela, qui ne m'ont suivi qu'à contre-cœur, sont casés sur une langue de roches sous la garde des miliciens en armes.

25-28 février.

De nouveau, nous partons à travers la brousse en serrant le fleuve d'aussi près que possible. Nous atteignons ainsi bientôt la sixième, puis la septième cataracte qui est l'imposante Draé Noür; le fleuve se précipite en une magnifique chute de 15 à 20 mètres de haut, nappe splendide qui glisse sur la table des rocs. Sur la rive droite, un bief à sec laisse voir le chaos des roches que sèment quelques arbres; un nuage de poussière d'eau monte au-dessus du gouffre.

Nous ne tardons pas à rencontrer les gens de B. m'dour venus à notre rencontre. Par qui ont-ils été prévenus? Mystère, et je reste plutôt surpris de la rapidité avec laquelle vont les nouvelles en pays moï. La forêt-clairière fait ici son apparition sur un plateau schisteux dominant le fleuve de 25 à 30 mètres. B.m'dour est sur l'autre rive, village mnong aux belles huttes sur pilotis, perchées sur les dernières déclivités du Tieu Louh; la Srépok, resserrée entre d'imposants bancs de rocs et de sable, doit être passée en pirogue.

A travers la forêt-clairière qui couvre maintenant toute la vallée, nous marchons vers le nord, traversons à nouveau le fleuve au village de B. Bor pour atteindre B.Tour ma-meu et les villages du bas Ya Knir où m'attendent chevaux et éléphants.

En aval de Draé Nour, la Srépok n'est entravée que par quelques rapides, mais, plus loin, elle est encore coupée par trois chutes dont la plus grandiose est le Rling Ba; impossible de m'y conduire et, pendant un jour entier, j'erre dans les villages de la contrée à la recherche de renseignements que les villageois ne veulent manifestement point me donner; impatienté, je prends le parti, à B. Ong-gan, d'inviter le chef à me suivre au fleuve que je rejoindrai à la boussole et que je suivrai jusqu'à l'apparition de la chute fantôme. La décision a du bon; le chef a l'air de se rappeler subitement l'existence de cataractes et, par un bon sentier en forêt-clairière, me mène aux cultures de B. Dié m'pak; un moment, nous devons galoper au milieu des flammèches pour éviter l'incendie qui dévore les herbes et les bambous nains. Nous trouvons enfin un Moï qui déclare connaître la chute et la sente y conduisant; c'est à travers la forêt-clairière au sol hérissé d'efflorescences volcaniques et labouré de bosses tourmentées.

Le Rling Ba n'est pas aussi sauvage que le Draé Nour; le fleuve, ici, large de plus de 300 mètres, coule entre les ondulations volcaniques et se précipite en un saut de plus de 10 mètres de haut. En aval de la chute, c'est un fouillis de rocs et d'îlots boisés où le fleuve gronde en s'enfonçant vers le nord. L'altitude est de 305 mètres et la forêt-clairière vient finir au bord même du fleuve qui, en cette saison, n'a que fort peu d'eau.

Les ondulations du Darlac central viennent donc mourir à la Srépok, dans le sud, par ces mamelons tourmentés, et, au nord, par un plateau bosselé et volcanique aux pentes raides qui vont en s'adoucissant à mesure que l'on approche de B. Don.

Le temps malheureusement me manque pour aller reconnaître les dernières cataractes d'aval et force m'est de revenir à la résidence en coupant au plus court dans la contrée largement cultivée et assez densément habitée du Darlac central-occidental.

CHAPITRE IV

DE LA COTE D'ANNAM AU MÉKONG
ET RETOUR PAR LE PAYS DES MNONG INSOUMIS

La nouvelle route de Darlac. — La légende de la Mère et l'Enfant. — De Ban mé-tuot à Kratié. — Le Mékong. — Les forêts du haut Prek Tchlong — Chez les Mnong Phiet. — Le bassin de la haute Tioba. — Les dernières chutes de la Srépok.

I

Il y a tantôt dix-huit mois, je suivais sous la pluie lancinante, cahoté par l'éléphant, la pauvre piste muletière qui, en ce temps-là, coupée de marais et recouverte d'herbes, reliait le Darlac à la côte; depuis, la civilisation a fait un grand pas en ces contrées sauvages et, aujourd'hui, dans l'air ensoleillé, nous suivons, au grand trot des poneys, la grand'route qui, depuis bientôt un an, a remplacé le pauvre routin primitif; large de 5 mètres, cette nouvelle artère qui, sur 150 kilomètres, joint B. mé-thuot à Ninh-hoa, franchit ruisseaux, marais et rivières sur de beaux ponceaux, de fortes digues et de solides ponts, la plupart en planches. Grâce à cette œuvre et avec des relais de chevaux, l'on couvrirait facilement en deux jours la distance que j'ai mis six jours à franchir à éléphant; mais c'est là néanmoins un raid fatigant que, seuls, accomplissent les porteurs de dépêches urgentes.

La délégation de Médrac s'est aussi embellie et la couronne brune que met son enceinte au sommet du mamelon herbeux, s'égaye maintenant de fleurs et d'arbres, hibiscus, rosiers, lilas du Japon. Par ce temps clair d'avril, la chaine annamitique découpe en vigueur sur le ciel pur le fouillis de ses pics; épanouie en une imposante série de massifs dont un épais contrefort, projeté dans le nord-est, va former la pointe du Varella, elle dresse ses aiguilles et ses dents que ne recouvre point la brume habituelle.

Voici d'abord, à moins de 15 kilomètres à vol d'oiseau, la plus haute montagne du massif que les Annamites appellent Nui Vong Phu, « montagne de la femme de pierre qui regarde son mari », et les Moï, Tieu Yangmtène « montagne de la génie enceinte ». Une magnifique stèle de roc à pic, flanquée d'une aiguille plus modeste, lui a donné le nom sous lequel nous la désignons : « la Mère et l'Enfant ». Tous les efforts tentés pour gravir ce monolithe terminal ont été infructueux et la mission géodésique, qui a opéré la triangulation de la région côtière, a dû se résigner à établir son signal par 2 024 mètres d'altitude, près d'une grotte qui s'ouvre dans le roc, au pied du bloc de faîte. Cette aiguille caractéristique est visible de tous les points du compas; depuis A-tep, sur la route du Darlac, à 40 kilomètres de Médrac, depuis Nhatrang même et en mer, l'on aperçoit sa pointe, effilée comme un clocher de cathédrale; dans le nord-est, soudée à ce massif, la ligne de faite se hérisse de nombreux autres sommets dont les plus remarquables sont : le Diadème (1 600 mètres), formé d'une curieuse couronne d'aiguilles rocheuses, et le Salacco (1 230 mètres), dont la plate-forme circulaire rappelle, en effet, quelque peu la curieuse coiffure de nos troupes annamites.

L'esprit superstitieux des Moï, qui peuple chaque montagne et chaque rivière d'une foule de génies, n'a pas manqué de voir en ces régions chaotiques le séjour de géants et d'esprits malins dont tous ces pics portent d'ailleurs les noms. La plus curieuse des légendes qui s'y rapportent est celle du Tieu Yang-mtène que les Moï racontent longuement, le soir, autour des guerres, avec d'infinis détails que le lecteur me saura gré d'élaguer quelque peu.

Autrefois, disent-ils, il y a extrêmement longtemps de cela, vivait en cette contrée un certain Yang-mia qui était marié. Un jour qu'il était descendu faire des achats à la côte, sa femme le trompa avec un nommé Y-sieng; à son retour, Yang-mia trouva sa femme enceinte et, instruit de son infortune, se mit à la poursuite d'Y-sieng. Alors commence une fuite désordonnée et émouvante : successivement découvert en ses cachettes et incessamment relancé, le malheureux amant se précipita dans la Srépok, près de B. Ong-gan; Yang-mia l'y suivit, l'atteignit et lui trancha la tête, tandis que son corps était changé en pierre; encore aujourd'hui, ajoutent les conteurs, l'on peut voir ce roc merveilleux qui a le mystérieux pouvoir de monter et descendre avec les eaux qui ne le peuvent jamais couvrir.

S'étant vengé, Yang-mia revint chez lui non sans punir, chemin faisant, ceux qui avaient abrité Y-sieng pendant sa fuite; doué d'un pouvoir surnaturel, il les changea en pierres — que l'on montre encore, disséminées un peu partout dans le Darlac central. Lorsqu'il arriva enfin chez lui, Yang-mia trouva sa femme sur le point d'accoucher; elle avait, à cette occasion, réuni ses amis et fait venir une sage-femme; l'assistance était nombreuse, mais, à cette vue, le mari entra en une violente colère et transforma tout le monde en montagnes; sa coupable épouse devint le Tieu-mtène — que nous appelons la Mère et l'Enfant. Les indigènes prétendent reconnaître dans le fouillis des sommets environnants les éléphants, les invités et, qui plus est, l'accoucheuse en posture pour recevoir le nouveau-né.

Quant à Yang-mia, il devait mal finir. Quittant la région que sa colère avait couverte de montagnes, il se rendit dans les environs de Médrac; au cours d'une fête à laquelle on l'avait convié, il s'enivra et, la nuit venue, voulant continuer sa route, il se transforma en sanglier et se mit à déterrer les patates dans les champs des villageois; ceux-ci, ne le reconnaissant pas, le blessèrent d'une flèche empoisonnée dont il alla mourir au Pok-aï, marais situé un peu au sud de la grand'route d'Annam, près du Krong Bouk. C'est là qu'il repose encore et les indigènes ont soin de faire un prudent détour pour éviter d'être attiré et englouti par le puissant génie.

Voilà, dans toute sa saveur, la naïve légende de cette imposante montagne telle qu'elle m'a été contée par l'un de ces vieux qui, dans les villages, sont les dépositaires des récits des anciens temps...

Au tram de Barang, en pleine montagne, le nouveau tracé abandonne l'ancienne piste qui escaladait le Yok Kao et cette large route qui dévale, tortueuse et raide dans un admirable paysage, rappelle, surtout entre B. é-ti et Suoi-trinh, la descente du Lang-biang sur la plaine de Pharang; c'est le même cirque de crêtes boisées, le même fouillis de forêt vierge où murmurent les torrents clairs. La terrible déclivité de deux ou trois côtes fort longues, dangereusement ménagées en corniche entre le ravin à pic et la montagne, dont la muraille a été coupée sur parfois 10 mètres de hauteur, empêche malheureusement la circulation des charrettes entre Suoi-trinh et Médrac, c'est-à-dire sur un peu plus de 30 kilomètres. Quoi qu'il en soit, ouverte en moins de huit mois par la main d'œuvre annamite et moï, elle constitue un travail remarquable et précieux pour le développement économique de l'hinterland. De Ninhhoa à Suoi-trinh, au pied de la chaîne, les voitures roulent sans difficulté; des juments porteuses font franchir aux marchandises le mauvais pas de la chaîne et, de Médrac, les charrettes peuvent atteindre le Darlac, passant partout sans trop de difficulté.

II

Mai 1907.

Le Tonkin, Tourane, Hué, Quinhon, Song-Cau, Nhatrang, d'où je reviens, tout cela ne me paraît plus qu'un rêve tandis qu'au trot saccadé des robustes poneys moï, je file le long de cette route que je descendais, voilà près de deux mois, sous le soleil radieux et que, maintenant, ravinent les premières pluies. De nouveau, voici les ondulations familières du Darlac, les mamelons boisés ou herbeux que je suis heureux de retrouver malgré mon court retour à la civilisation.

Derrière moi, à deux jours d'intervalle, suivent deux charmants compagnons avec lesquels je vais m'enfoncer vers le Mékong, le marquis de Barthélemy, explorateur et colon bien connu dont les voyages ont contribué à faire connaître l'hinterland moï de la Cochinchine et de l'Annam central, et le comte de Houdetot.

Notre intention est de gagner les vastes et giboyeuses plaines de la Tioba au centre de la région des forêts-clairières désertes que j'ai parcourues il y a six mois avec le capitaine Lavit; nous devons revenir ensuite sur l'Annam, mais nous comptions alors sans le mauvais temps et l'exode du gibier qui devaient nous rejeter sur le Cambodge.

Les trois explorateurs qui traversèrent l'Indo-Chine en cette partie et laissèrent quelques notes sur leur voyage, furent le capitaine Cupet, de la mission Pavie, qui le premier, en 1891, se rendit de Kratié à Ninh-hoa, après avoir poussé une très longue pointe chez les fameux Sadet; le docteur Yersin, qui, en 1892, alla de Nhatrang à Stung-treng; et le prince Henri d'Orléans, qui, en 1901, traversa de Kratié à Nhatrang.

Les autres voyageurs qui ont effectué cette traversée et dont quelques-uns ont laissé quelques rapports partiels ou des cartes manuscrites, d'ailleurs fort difficiles à se procurer, sont : le colonel Tournier, résident supérieur du Laos (1900-1901), le lieutenant Oum, le capitaine Cottes (1903) et quelques fonctionnaires de la résidence du Darlac.

*
* *

1er juin.

Aujourd'hui est déjà notre sixième journée de marche. Partis le 27 mai de B. mé-thuot avec huit éléphants, trois miliciens et un chasseur laotien, nous ne faisons, depuis, que marcher sous la pluie. Ce n'est plus la forêt-clairière desséchée de novembre dernier, mais la forêt ruisselante à l'herbe jeune et drue, coupée de torrents gonflés. Chaque nuit voit éclater l'orage que nous subissons, résignés, retirés sous la tente qui laisse passer l'eau. Sur nos lits de camp inondés, mal abrités sous nos manteaux et nos parapluies, nous passons tristement les longues heures nocturnes à écouter le ruissellement des gouttes; de temps à autre, le barrissement d'un éléphant domine ce crépitement monotone; les foyers, noyés sous ces rafales de tempête, fument et meurent; rangées autour de la tente, les cages de nos éléphants abritent toute une colonie de cornacs et de boys; ceux qui n'ont pas pu se caser en ces boîtes incommodes sont allongés sur les tapis d'écorce des éléphants, protégés par un pauvre treillis de branches et de feuilles.

La chasse a, de plus, été déplorable : les marais, noyés sous un pied d'eau, ne recèlent plus que des troupeaux de chevreuils et de cerfs : le gros gibier, buffles et bœufs sauvages, a fui vers des cantons plus secs, dans le nord, affirme notre vieux chasseur, vers la route de Stung-treng. Nous serons restés toute la matinée en pure perte au bord de la Tioba à courir les vastes clairières marécageuses, caractéristiques du bassin de cette rivière : de plus, les vivres baissent et nous avons dû nous rabattre sur les pauvres villages, dont le plus gros est celui de Tlé-kam où nous venons d'arriver sous le ciel noir d'orage; des éclairs sillonnent la nue, mais du moins, ce soir, la tempête peut hurler et la pluie tomber à torrents, nous serons à l'abri dans la maison cambodgienne de notre hôte. Malheureusement nous ne pouvons nous procurer que fort peu de provisions et la chasse sur laquelle nous comptions ayant été maigre, nous n'allons pas pouvoir regagner B. mé-thuot; renseignements pris, nous ne sommes qu'à quatre ou cinq jours de Kratié et la route est jalonnée de villages; aussi nous décidons-nous à poursuivre dans l'ouest; mes compagnons trouveront d'ailleurs les chaloupes du Mékong qui les mèneront à Saïgon, ce qui leur fera gagner un temps appréciable sur un retour par la route de Nha-trang.

2 juin.

Ce matin, sous le ciel lourd et bas, nos huit éléphants chargés, nous attendons avec impatience les guides que l'on est allé chercher à quelque distance dans les cultures ; ce sont deux Mnong hirsutes et crasseux qui, sans mot dire, la hachette sur l'épaule, le long couteau à la ceinture, se mettent en tête du convoi.

Nous traversons la Tioba, puis, entre deux de ses affluents, le Dak Pao et le Dak Trao, nous nous engageons à nouveau dans la monotone forêt-clairière au sous-bois de bambous nains qui, aux endroits humides, autour des ruisseaux et des mares, atteignent quatre et cinq mètres de hauteur ; encore quelques prairies inondées et la forêt reprend l'aspect qu'elle présente à l'est de la Tioba ; quelques mares s'ouvrent au milieu de petites clairières, des bosses de faible amplitude séparent les ruisselets parallèles ; nous changeons de versant, la forêt s'épaissit et nous traversons le Dac Kring, affluent direct du Mékong, déjà large d'une trentaine de mètres et en partie à sec. La ligne de faîte entre son bassin et celui de la Tioba n'a été marquée par aucun renflement du sol.

Dans l'après-midi, nous dépassons six charrettes lourdement chargées ; un cheval et un chien qui font partie du convoi effrayent quelque peu nos éléphants ; tard dans la soirée, nous nous arrêtons au bord d'une belle mare pleine à déborder où nous rejoignent les charrettes ; elles sont conduites par un Chinois de Tié-kam qui se rend à Sambor avec quelques Mnong.

La chasse continue à être déplorable ; les perdrix, qui

ne cessent de lancer leur rauque appel, se muchent dans les herbes et restent invisibles ; c'est à peine si, de temps à autre, l'on aperçoit un vol de pigeons verts, un couple de grues Antigone ou quelque iguane tapi sur une branche ; les traces d'éléphants sauvages sont, par contre, assez nombreuses.

3-5 juin.

Toujours la monotone forêt-clairière coupée de nombreux affluents du Dak Krieng, tous orientés nord-sud ; toujours la même galerie épaisse de bambous nains dans les endroits marécageux et autour des mares qui, ici, au lieu de s'étaler au milieu de clairières comme à l'est de la Tioba, sont entourées de ces bambous dont les bouquets touffus viennent tremper jusque dans la vase.

Ces points d'eau, qui, en saison sèche, sont presque à sec, marquent nos haltes pour le déjeuner et pour la nuit ; leur eau est en effet plus claire que celle des arroyos qui, gonflés par les pluies, roulent une onde brume surchargée de détritus végétaux de toute nature.

Après le Dak Knoïgne, gros torrent affluent du Dak Krieng, nous nous arrêtons de nouveau près d'une de ces mares ; les traces de tigres et de panthères abondent ; la nuit va tomber, mais le ciel est pur. Les éléphants débâtés s'acheminent vers la petite nappe d'eau libre, longuement s'aspergent, boivent, puis s'agenouillent et se couchent à la voix de leur cornac qui les lave minutieusement, puis les lâche, entravés, dans les bambous nains que, délicatement, ils cueillent, s'éventent avec les tiges avant de les broyer ; une jeune femelle, tout près de nous, est fort occupée à puiser en un trou une boue liquide dont elle s'arrose afin de se préserver des innombrables taons auxquels ces pachydermes sont extrêmement sensibles; cet amour de la vase est d'ailleurs général chez ces bêtes, qui s'en aspergent à tout propos, souvent au grand dam de ceux qui marchent tranquillement derrière eux; puis la nuit tombe, limpide, claire, sans pluie, et le camp s'endort au milieu des feux, la tente entourée des cages à éléphants, les pachydermes disséminés aux alentours, soufflant, brisant les bambous. Parfois, rompant le silence, se répercutent le craquement d'un arbuste renversé par leur masse puissante, le bruit du feuillage froissé et le continuel tintement des sonnailles de bambou suspendues à leur cou.

Depuis la Tioba, le temps est superbe et cela nous change de l'atroce voyage des premiers jours; les galeries épaisses de bambous nains se multiplient et nous traversons encore quelques gros affluents du Dak Krieng, qui ne tarde pas d'ailleurs à gronder lui-même sur notre gauche; trois petites heures de marche nous mènent au village de Sré-sap; quelques huttes cambodgiennes exiguës, sur pilotis, sans véranda, aux parois hautes faites de treillis de bambous et de feuilles sèches; l'intérieur est divisé en compartiments soigneusement fermés n'occupant qu'un côté de l'habitation; des fenêtres assez petites ont été ménagées dans les murs; chaque hutte est dans un enclos où croissent bananiers, cocotiers et manguiers; en avant, les rizières que labourent les buffles. Le village est habité par la tribu moï des Krol; race fortement métissée de cambodgien, ils portent les cheveux en brosse et sont le plus souvent vêtus du sampot; les villages de cette tribu ne seraient que peu nombreux; leur dialecte se rapproche beaucoup du cambodgien, quoique fortement mélangé de mnong.

Derrière le rideau de bambous, au bout des huttes, le Dak Krieng coule vers le nord, majestueux et large de 80 mètres environ, coupé de bancs de sable et d'un gros seuil rocheux qui, aux grandes crues, doit former une chute de 2 mètres de haut; il n'y a maintenant encore que peu d'eau, sauf dans le premier chenal qui est assez profond. Sur la rive gauche, le second groupe de B. Sré-sap; dans les manguiers et les cultures assez nombreuses sont les pistes charretières qui s'enfoncent sur Sré-ki, un peu en aval et sur les villages cambodgiens du Mékong. Après quelques derniers affluents de gauche du Dak Krieng, le sol se boursoufle de bosses rocheuses assez marquées qui mènent à une petite terrasse peu étendue d'où l'on dévale à nouveau parmi les rocs; nous entrons dans le versant du Dak Kbir, nouvel affluent direct du Mékong.

Le 5 est notre quatrième jour de marche depuis la Tioba; la forêt-clairière s'éclaircit et le sol devient sablonneux, formant des clairières sèches, et les cours d'eau sont de plus en plus rares; quelques mares croupissantes au fond d'une mince cuvette de vase gercée sont les seuls abreuvoirs en ce désert de verdure glauque; les pistes charretières bifurquent vers des villages voisins.

L'étape a été rude et il est nuit close quand nous atteignons les grands arbres qui bordent le D. Kbir; sous la rosée qui suinte, la tente se dresse tandis que

les cornacs déchargent leurs bêtes qu'inquiète la lueur
vacillante des photophores.

6 juin.

Aujourd'hui enfin est notre dernière étape; l'herbe
paillote apparaît; des huttes cambodgiennes entourent
des cultures; le soleil va passer au zénith et la chaleur
est étouffante, lorsque soudain se dressent les poteaux
de fer de la ligne télégraphique que frôle le roof de nos
cages; une ligne épaisse de cocotiers, d'aréquiers, de
massifs en fleurs, des palissades, des haies, nous font
tâtonner quelque peu et, soudain nous débouchons sur
la majestueuse coulée du Mékong qui miroite au soleil.
Le Mékong, le grand fleuve! et tout aussitôt ne nous
semblent plus qu'un mauvais rêve les nuits sous la
pluie, la pluie lancinante et froide qui giclait à travers
la tente dans la solitude morne des forêts-clairières
désertes.

Le fleuve, qui mesure ici 800 à 1 000 mètres de largeur, est bordé d'une belle route carrossable que jalonne
une longue file de cases sur pilotis; une magnifique
pagode où déambulent des bonzes rasés, drapés de
jaune, la grande bonzerie de Samboc; Kratié est à
8 kilomètres au sud; en amont, l'on aperçoit le début
des rapides qui coupent le fleuve et arrêtent, aux basses
eaux, la navigation à vapeur.

Le Mékong, encore bas, est parfois à 10 ou 12 mètres
en contre-bas de la berge à pic que borde une végétation rabougrie; des bananiers, des cocotiers, des aréquiers entourent les huttes où musent les nonchalants
Cambodgiens.

Ce n'est qu'avec la plus grande difficulté que nous pouvons obtenir quelques renseignements et des vivres; l'on nous renvoie de bonzeries en maisons jusqu'à l'habitation d'un vieux notable qui nous reçoit en sa case; sous le plancher, entre les colonnes de soutènement, une élégante charrette à bœufs dont le timon démesurément allongé, recourbé, est orné de pompons et de décorations diverses, est suspendue dans la maison. Au fond de la salle de réception, les appartements particuliers que protège une cloison finement tressée.

Le déjeuner expédié, nous remercions notre hôte et l'on repart le long de la route, vers Kratié; le village est tout en largeur au bord du fleuve, la ligne télégraphique coupe et recoupe la route, inquiétant les éléphants de ses poteaux de fer et de ses fils dans lesquels s'accrochent les cages au risque de tout casser. De forts beaux ponts en planches, de 30 à 40 mètres de long, enjambent la profonde coulée des affluents — les Prek — actuellement à sec et dont les rives presque à pic sont couvertes de cultures de maïs. Au premier pont, mon éléphant, qui tient la tête, hésite mais s'engage néanmoins sur le tablier qui gémit; au milieu de l'arroyo, une planche fléchit, la bête s'arrête, tâte de la trompe; à 10 mètres au-dessous, le fond du lit montre ses vases sèches, et une minute il me semble que le pont vacille; mais le lourd pachyderme a repris sa marche lente, le voici de l'autre côté de la rivière; sur nos huit éléphants, six passent ainsi en file indienne, mais deux femelles refusent énergiquement de suivre leurs camarades, après deux ou trois pas sur le tablier, elles font volte-face, barrissant, secouant leur cornac à le faire tomber; il faut donc se résoudre à les envoyer passer la rivière en amont, derrière le rideau des huttes cambodgiennes et de leurs jardins.

Il est 5 heures et le temps s'assombrit; sous le ciel d'un noir d'encre, le fleuve clapote et jaunit sous l'orage qui s'annonce. Kratié, heureusement, est proche; ouvrant la marche, les miliciens, le fusil sur l'épaule, précèdent le magnifique éléphant porte-défenses qui, dodelinant de la trompe, marche en tête du convoi. Sur les portes, les enfants s'arrêtent de jouer et les charrettes attelées des lourds bœufs de traits donnent de violents signes d'inquiétude, tandis que nos bêtes, à la vue des véhicules grinçants, frappent le sol de leur trompe et n'avancent plus qu'avec une suprême défiance.

10 juin.

Kratié est une belle résidence enfouie dans la verdure tropicale au bord du Mékong majestueux sur lequel se balancent des barques une chaloupe du bas fleuve, car, en toute saison, la ville est en relations fluviales avec Pnom-penh. Des Annamites s'occupant principalement de pêche et des Chinois, presque tous commerçants, forment au milieu de la population cambodgienne des colonies distinctes.

Les Européens sont au nombre d'une vingtaine; la résidence, sise au milieu d'un beau jardin, est, comme toutes les anciennes résidences du Cambodge, bâtie sur pilotis; l'accueil y aura été d'une cordialité sans égale et ce n'est pas sans un vif regret que je m'apprête aujourd'hui à quitter ce toit hospitalier où l'aimable résident et sa charmante femme m'ont fait passer de si agréables heures.

Mes deux compagnons de voyage sont partis avant-hier pour Pnom-penh et Saïgon par le *Bassac,* chaloupe des Messageries fluviales, et j'ai heureusement arrêté en ses grandes lignes mon itinéraire de retour ; je prendrai par la route de Cochinchine et couperai dans l'est afin de traverser des cantons encore totalement inconnus, en bordure du fameux pays stieng, pour remonter ensuite vers le nord-est afin d'explorer les hauts bassins des gros affluents de la Srépok, affluents dont j'ai traversé, à l'aller, les cours inférieurs. Mais les cornacs, qui ont eu vent de mes projets, manifestent des signes d'inquiétude et de mécontentement ; par mesure de prudence, je fais garder, par mes miliciens, leur campement qui est quelque peu en dehors de la ville, et aujourd'hui, enfin, le riz nécessaire à la nourriture de mon monde, — une vingtaine d'hommes environ, — le sel d'échange et les divers articles et provisions réunis, nous sommes prêt à partir pour le voyage de retour. Le résident a bien voulu me procurer un guide, Cambodgien trafiquant qui connaît de longue date tout cet hinterland, et ce matin, 10 juin, sous le clair soleil que réverbèrent les toits des pagodes joliment décorées, nous nous mettons en marche vers le sud-est par l'ancienne grand'route de Thudaumot. Cette artère de grande communication, ouverte à une date relativement récente, est cependant déjà impraticable malgré les passerelles Eiffel qui lui font franchir les cours d'eau ; la résidence s'occupe actuellement de sa réfection, mais l'on ne sait pas encore l'époque à laquelle

l'on pourra rouler sans heurts du Mékong à la Cochinchine. La sente que nous suivons est sur l'ancienne
route qu'ont envahie les herbes, se déroulant en pleine
forêt-clairière, jalonnée par les poteaux calcinés de
l'ancienne ligne télégraphique; quelques huttes et cultures rompent la monotonie mais ne tardent pas à
cesser à mesure que l'on s'enfonce vers le sud-est. Peu
avant la nuit, nous atteignons la « sala » — abri pour
passagers — de Kompong Soai You, sur la rive du
Prek Té, gros affluent du Mékong. Une pirogue nous
y attend que le résident a eu l'attention de nous envoyer
afin de nous faciliter le passage. Nous sommes à 32 kilomètres de Kratié; perdue dans les herbes, couvertes
de feuilles de latanier, sans cloisons, la sala n'est qu'un
modeste abri où bientôt la pluie vient s'engouffrer avec
violence, chassée par un vent furieux.

Mardi, 11 juin.

Large d'une soixantaine de mètres, profond de 2,
le Prek Té, gonflé par la pluie, roule des eaux jaunes
et rapides; les petits éléphants ont de l'eau jusqu'au-
dessus des yeux et au ras des bas-flancs des cages.

Sur l'autre rive, la forêt-clairière se déroule à nouveau, semée de quelques bosses qui prennent, avant
Sré Tchréas, des allures de mamelons; Sré Tchréas est
la première de ces agglomérations cambodgiennes qui
s'étendent jusqu'au pays des Mnong comme des colonies lointaines; les huttes sont dispersées tout autour
d'assez vastes cultures, rizières soigneusement labourées
autour desquelles elles forment une sorte de palissade

contre les incursions des cerfs et des éléphants sauvages. Nous sommes ici à la lisière des forêts-clairières; les lataniers se montrent plus nombreux; le terrain s'accidente, les bambous réapparaissent et les éléphants n'avancent plus que lentement dans le fouillis des branches et des lianes barbelées d'épines; des clairières marécageuses peu étendues, puis d'autres étroites et profondes derrière lesquelles s'élèvent les huttes de Sré Pring où nous passerons la nuit. Le ciel est gris et sale; il a plu une bonne partie de l'après-midi et les arbres dégouttent tristement sur les sentiers boueux.

12-14 juin.

Dans la forêt-clairière inondée et très clairsemée, nous atteignons le versant du Prek Tchlong, gros affluent du Mékong; de Sré Pring, où nous avons quitté la route de Thudaumot, nous avons traversé six agglomérations cambodgiennes toutes semblables avec leurs huttes exiguës, sans véranda, couvertes de latanier; le Prek Plah, affluent du Prek Tchlong, marque la limite extrême de ce groupement humain; nous cheminons maintenant vers l'est à distance du Prek Tchlong qui décrit un grand coude vers le sud et est jalonné de quelques villages cambodgiens; dans l'après-midi du 12, nous pénétrons dans les forêts-taillis, épaisses et sombres où la sente serpente entre les troncs minces et pressés aux branches emmêlées et étouffées de lianes; les lataniers ont disparu; de tous côtés, la forêt épaisse nous enserre où la vue ne peut percer à plus de dix pas et où ne se montrent plus les taons

eux-mêmes, cette plaie des forêts-clairières. Bientôt le
ciel se couvre et l'orage gronde sur nos têtes; sous les
frondaisons impénétrables, la nuit s'est presque faite;
mais les cimes s'abaissent; une vaste clairière marécageuse s'ouvre au milieu de la forêt qui l'étouffe de
toutes parts; juste en ce moment, l'orage éclate avec
une fureur inouïe et nous inonde; mes hommes, tant
bien que mal abrités sous leur natte faite de feuilles
de latanier cousues, font tête au vent qui hurle en
tempête; la clairière est enveloppée d'un nuage de
raies grises derrière lesquelles disparaît l'enceinte
proche des fûts, et c'est sous la pluie, sur un sol
détrempé en cloaque, à l'abri d'un bouquet d'arbres,
auprès d'une mare, que nous dressons la tente; l'averse
cesse heureusement en même temps que la nuit tombe
et les foyers peuvent brûler, languissants et fumeux,
près des abris légers au toit de feuilles mortes, sous
lesquels, étendus sur les tapis d'écorce de leurs éléphants, les cornacs fument philosophiquement leur
pipette de bambou.

Toute la journée du 13, nous déambulons dans la
forêt-taillis que coupent des clairières plus ou moins
vastes, prairies à l'herbe rase au centre desquelles s'ouvre une mare ovale; la forêt est tellement épaisse que,
sans la sente charretière, il serait impossible de passer;
les gros arbres sont assez clairsemés, mais le sous-bois
est formé de taillis extrêmement denses composés d'arbustes qui s'élèvent d'entre les fougères sur un sol
d'humus gras recouvert de feuilles mortes. Accrochées
fort haut, à quelque branche d'un arbre géant, des
ruches montrent leur masse jaunâtre, mais nulle part

trace de vie humaine. Le Prek Pô, large de 15 mètres
à peine, roule, entre des rives escarpées, des eaux vio-
lentes grossies par les pluies, et les éléphants ont de
l'eau jusqu'aux cages; sur l'autre rive, s'élèvent deux
pauvres huttes stieng formant le village de Sré Tnot;
en arrière la forêt reprend; les cages s'embarrassent
dans les branches et les lianes; les clairières, peu
étendues, se font plus rares; des cerfs y paissent par
troupeaux; parfois, en pleine forêt, sous les arbres,
une mare débordée s'étale, glauque et terne comme
une masse de plomb laiteux. Un peu avant 4 heures,
l'orage crève et, dans la forêt, il fait presque nuit; au-
dessus des futaies, le tonnerre roule avec éclat et la
pluie crépite sur les feuilles; répercuté par l'écho des
grands bois, le fracas est intense; l'eau ruisselle et
perce le toit des cages; en un clin d'œil, la sente est
transformée en un ruisseau fangeux qui se mêle aux
ruisselets grossis en ravins; les éléphants n'avancent
plus qu'avec une désespérante lenteur; des clairières
marécageuses étendues, où l'on barbote par un pied
d'eau, nous amènent enfin à la coulée du Prek Tchlong,
large de 15 mètres à peine, au lit semé de grosses efflorescences rocheuses; il n'y a heureusement pas un
mètre d'eau, mais les rives sont presque à pic et les
éléphants pensent ne pouvoir gravir celle de droite; les
charges prennent une inclinaison terrible, les rotins de
harnachement se tendent à éclater tandis que les puissantes bêtes, s'aidant de la trompe, des genoux creusent un escalier dans la terre friable, s'appuient de la
tête à la naissance de la trompe ou sur les défenses, et
s'arc-boutant sur leur train de derrière, montent lente-

ment la berge en haut de laquelle, à peu de distance, s'élèvent les huttes de Sré Veng. L'averse fait rage et la nuit tombe. Tout est trempé; ruisselant d'eau tiède, roulé dans sa couverture, sous la pluie qui perce à travers le roof de la cage, l'un de mes Annamites grelotte de fièvre.

De Sré Veng, nous filons, le 14, sur Sré Ktoum. Quoique le village ne soit pas loin, la sente est si difficile dans la forêt-taillis qu'il nous faut près de trois heures pour couvrir les 4 kilomètres et demi qui séparent les deux hameaux; un pauvre pagodon abritant quelques grossiers Bouddhas annonce Sré Ktoum, la plus orientale des agglomérations cambodgiennes; une demi-douzaine de huttes branlantes autour des rizières constituent tout le village; dans l'est et le sud s'étend le pays des Stieng; au nord celui des Mnong Phiet à travers lequel nous allons nous enfoncer. Il nous faut repasser le Prek Tchlong dont les rives escarpées sont couvertes de bambous épineux; à B. Sré Pria, premier village phiet, le chef nous reçoit en sa hutte, misérable case posée à même sur le sol; il porte des boucles d'oreilles en ivoire et de grands colliers de verroterie qui lui tombent sur la poitrine; son chignon est traversé d'une longue épingle double en fil de laiton passée horizontalement et d'où pendent diverses amulettes; sur le sommet du chignon, incliné vers le sommet du crâne, un peigne d'étain en forme de fer de hache.

Nous obtenons sans difficulté les guides pour nous diriger vers le nord-nord-ouest. Laissant les éléphants continuer leur marche lente, nous partons en avant-

garde afin d'essayer d'arriver avant l'averse. La forêt-
clairière fait quelques timides réapparitions, alternant
avec la forêt-taillis qu'arrosent des affluents du Prek
Tchlong; bientôt des bouquets de bambous annoncent
des prairies marécageuses où l'on patauge par un pied
d'eau; le sol se relève enfin en mamelons couverts de
forêts-clairières, creusés de rigoles aux rives abruptes;
sur le versant nord s'étalent les premières cultures de
B. Pou-khong; en bas, dans l'ouest, coule le Dak Pour
entre des rives à pic dans lesquelles sont creusées des
sortes de niches où l'on doit poser les pieds; il faut se
mettre complètement nu et traverser, de l'eau jusqu'aux
aisselles; sur la rive opposée, dans des champs de maïs,
la maison du chef où nous entrons au moment où
éclate l'averse.

Le pays des rizières est désormais loin en arrière et
les montagnes sont proches; le pays des Phiet s'étend
autour de nous.

Les huttes sont bâties à même le sol; elles renferment en leur intérieur le grenier à étage des Mnong du
lac; plus exiguës que celles des Mnong Gar, elles contiennent de nombreuses jarres dont quelques-unes fort
belles. Un étroit couloir central, où se trouvent les
foyers, la divise en deux parties; de chaque côté, courant d'un bout à l'autre de la hutte, dans le sens de la
longueur et d'une porte à l'autre, une sorte de lit de
camp élevé de 0^m,20 à 0^m,30 au-dessus du sol, fait de
bambous écrasés; l'un d'eux sert de plancher aux
chambrettes que ferment les cloisons de bambous; des
vans contiennent la récolte de coton. Le chef de B. Pou-
Khong porte des boucles d'oreilles en ivoire, un peigne

passé horizontalement dans le chignon et de grands colliers de fer; les femmes ont l'avant-bras couvert de fil de laiton montant en spirale jusqu'au coude; le turban semble inconnu; les chevelures sont crépues et hirsutes; chaque individu a le cou orné de colliers de perles tombant bas sur la poitrine et agrémenté d'amulettes diverses parmi lesquelles des dents de tigre.

Les éléphants arrivent au crépuscule sous la pluie qui cingle. Après le dîner, le chef nous offre la petite jarre au jonc droit que l'on retrouve chez tous les Mnong montagnards.

15-19 juin.

Une marche laborieuse, lente et pénible dans la forêt-clairière et la forêt-futaie coupées de brousse et de cours d'eau, encombrées d'une végétation luxuriante presque impénétrable où les éléphants doivent se frayer un passage à coups de trompe et de défenses; la région est bosselée de petits mamelons qu'arrosent les affluents du Dak Pour, simples ruisseaux de peu d'importance; avant B. Pou-troum nous traversons le Dak Riang, profond de 6 pieds au centre de son lit.

B. Pou-troum est un gros village mnong biat — prononciation locale du mot « phiet » — : les parois des huttes sont faites de petits rondins reliés par des liens de rotin; il possède deux éléphants domestiques mâles, des buffles, des cochons, des canards; nous y trouvons une charrette venue de Sré Kampô.

1. L'étape du 16 nous aura vus quitter enfin le versant du Prek Tchlong, des bosses couvertes de forêt-futaie accidentent la forêt-clairière marécageuse, semée de

mares. Du haut du Yok Ntour, d'où descend le Prek Plah et qui sert de ligne de faîte aux bassins du Prek Plah, du Dak Rang et du moyen Prek Ktong, la vue peut enfin, pour la première fois depuis de longues journées, entrevoir autre chose que la monotonie brune des fûts; vers le nord, se déroule l'immense moutonnement de la forêt s'enfonçant à l'horizon comme un manteau de peluche sombre; au sud, quelques dômes montagneux, dont le Yok Loumpoum, où sont les sources de la Tioba. Mais bientôt les futaies se referment à nouveau sur nous et, parmi les rocs volcaniques qui encombrent le terrain, les éléphants reprennent leur marche pesante, et par les forêts-taillis coupées de forêt-clairière, nous atteignons, derrière les cultures de B. Pou-thoung, le Prek Ktong, gros affluent du Wrek Té; sur l'autre rive, le village, où une population accueillante nous offre la jarre. Le chef est à Kratié, ce qui indique que la région est en relations avec le grand fleuve. La journée aura été d'une délicieuse fraîcheur; pas une goutte de pluie depuis deux jours.

La haute vallée du Prek Té est maintenant tout proche; les collines se relèvent et, peu après B. Pouthoung, nous atteignons la crête formant plateau et semée de marais et de forêt-clairière d'où la vue découvre d'autres crêtes voisines. Au bord de la sente, nous remarquons un tombeau phiet ou, plutôt, ce qui en tient lieu : pas de levée de terre comme chez les autres Moï, mais une sorte de treillis de bambous peinturlurés, affectant la forme d'un losange et fiché en terre; ce treillis est surmonté de gris-gris divers; à côté, des poteries; puis, en file, de grossières figurines en bois représentant des éléphants avec leur cage et leur cornac, des cochons, des bœufs et quelques statuettes humaines aux bras et aux jambes articulés.

Après les grandes cultures de B. Thoung-rna, nous nous engageons dans le système de collines aux pentes raides qui s'élèvent graduellement et s'étendent sur tout le haut bassin du Prek Té; du haut du Yok Tié-tong, la vue découvre toute la vallée qui décrit une vaste courbe vers le nord-ouest, repoussée par les chaînes de collines boisées mais d'altitude peu considérable; la sente, très sinueuse, passe de nombreux torrents à grande déclivité, affluents du Prek Té que nous passons en un lit large d'une trentaine de mètres au cours rapide et assez profond. Les trois villages de B. Pou-klia, qui s'élèvent à quelque distance les uns des autres, sont d'importantes agglomérations; ils possèdent six éléphants domestiques, de nombreux bœufs, des cochons, des canards et même quelques chevaux; le riz, le tabac, le maïs et le gingembre croissent en vastes cultures; les ruches sauvages se rencontrent en abondance, accrochées aux branches, et l'on trouve du miel en tous les villages.

Le 18, nous atteignons le troisième hameau de B. Pou-klia pour continuer, par une contrée vallonnée, sur B. Djieng-djrie; des rivières encaissées, aux allures de torrents, coulent entre des collines brisées de paliers et dont les pentes deviennent plus raides à mesure que nous nous enfonçons vers le nord. Depuis la crête du Yok An-thoung, nous découvrons soudain toute la région que nous venons de traverser, étendue moutonneuse d'arbres, hérissée de petits dômes montagneux;

pas une vallée ne perce sur le manteau de verdure uniforme; sur l'arête couverte de brousse, des mares stagnantes et des clairières marécageuses; dans l'est-sud-est, le massif du Loum-poum d'où descend la Tioba; et depuis la corne du versant septentrional, sous un ciel lourd d'orage, l'œil embrasse la plaine immense, verte, infinie, à peine bosselée à nos pieds des derniers contreforts de la chaîne de partage, mer sans rivage qui est celle des forêts-clairières de la Srépok et du Dak Krieng. Et la descente commence, abrupte; l'orage crève avec fureur; une misérable hutte où l'eau suinte en larges gouttes nous offre enfin quelque abri et, par les grandes et magnifiques cultures de maïs, de riz, de gingembre et de bananiers, nous atteignons B. Djieng djrie, sur le ruisseau du même nom qu'il nous a fallu traverser cinq fois. Le village, formé de six huttes spacieuses, est protégé par des abatis d'arbres que perce seule une poterne défendue par des lacis de branchages.

Le 19, nous débouchons enfin sur le versant de la Tioba séparé du Dak Rnouyh, dernier affluent du Prek Té, par les hauteurs du Yok Gongphat; presque dès notre entrée en ce nouveau bassin, apparaît la forêt-clairière coupée de grandes prairies légèrement boisées et marécageuses qui le caractérisent; depuis le matin, nous suivons une piste charretière qui s'enfonce, à l'est, sur le Darlac. Le village de B. Pou-teugne, visité par le capitaine Cupet, il y a quelque quatorze ans, a changé plusieurs fois de place depuis cette époque; il est actuellement sur la Tioba, au sud de B. Laoka, hameau juché en haut du Dak Laoka que nous traversons avec mille difficultés en sa vallée inondée et abrupte serpentant au bas des dernières assises qui forment les gradins de la haute vallée de la Tioba.

20-25 juin.

Laissant le gros de mon convoi à B. Laoka, je pars en caravane légère pour atteindre B. Tioba et relier ainsi mon nouvel itinéraire à celui d'aller. Après avoir passé la Tioba, nous nous engageons dans le massif montagneux qui la rejette dans l'ouest et sert de ligne de faîte à ce bassin et à celui du Dak Rvé; des paliers marécageux coupent l'escarpement des pentes; du haut des crêtes, un peu avant B. Mbou-ntchang, la vue découvre soudain toute l'immensité du sud-est légèrement mamelonnée; à l'horizon se dresse la masse du Yok Nam-lyir à trois jours de marche dans le sud-est, nœud orographique des versants annamite, cochinchinois et cambodgien, district complètement inconnu et que n'a jamais foulé pied d'Européen.

Comme tous les villages traversés jusqu'ici, B. Mbou-ntchang porte l'empreinte de relations avec le Cam·bodge; le bétel est d'usage courant et les villageois portent parfois des culottes ou des sampots, la langue cambodgienne est même comprise de certains villageois, des chefs principalement.

Au nord du village, dans un ravin, les sources de la Tiammat — la Rmat des Mnong — qui est bien plus courte que ses voisines et dans la vallée de laquelle nous descendons par des marches couvertes de forêt-clairière; les bambous nains, parfois extrêmement touffus, sèment la forêt de leurs épais bouquets; nous sommes encore dans la zone de transition formée par les derniers mamelons et les ultimes bosses qu'envoient les gradins des hautes vallées comme des caps dans l'océan plat des forêts-clairières inférieures. La pluie tombe en ondée et, peu avant la nuit, force nous est d'installer un campement sommaire dans la forêt inondée que balaient des rafales et un vent de tempête.

Toute la nuit, nous avons grelotté sous le mince abri de feuillage et, ce matin, de bonne heure, nous continuons dans le nord-nord-est. Bientôt nous atteignons le Dak Ndieur, affluent de la Tioba, et les groupes de villages mnong disséminés en leurs cultures; à la nuit tombante, nous entrons enfin à B. Lombaki, bâti dans les vastes prairies marécageuses où par troupes bondissent les chevreuils.

Noùs serons revenus à B. Mbou-ntchang par une sente sinueuse, serpentant dans les forêts-taillis et les bambous qui recouvrent les pentes des chaînons issus des collines du sud-est et mourant à la Tioba par le Yok Rpa. Un troupeau d'éléphants se sauve brusquement à moins de 30 mètres de nous; nombreuses sont d'ailleurs les traces de ces animaux ainsi que celles des buffles; toute cette région de la Tioba est en effet un merveilleux pays de chasse où abondent éléphants, buffles, bœufs et les théories de cerfs de tout genre que nous voyons paître, par vingtaines, dans les magnifiques clairières rocheuses semées de mares et feutrées d'une herbe rase par lesquelles nous regagnons B. Mbou-ntchang; ce village est le premier de la région qui possède des gongs; j'y remarque également des lances au fer radé mais à la hampe plus courte que celle des armes de cette tribu.

Le 23, nous regagnons B. Laoka ; dans la Tioba débordée et furieuse, mes deux éléphants ont de l'eau jusqu'aux yeux ; le convoi rassemblé, nous nous enfonçons incontinent dans le sud-sud-est, le long de la Tioba, qui coule encaissée entre des collines escarpées; après B. Pou-tengne qui est un village palissadé, nous escaladons les dernières pentes du Yok Djiom : l'aspect du pays ne varie pas ; toujours les curieux paliers marécageux brisant, comme les marches d'un escalier géant, les pentes semées de pierres volcaniques et d'où descendent les affluents de la Tioba et de la Rvé. A travers la forêt-clairière nous cheminons pesamment, les éléphants se frayant un passage à travers les fûts très rapprochés et, sous leur vigoureuse poussée, les jeunes troncs tombent comme des quilles; nous entrons maintenant chez les Mnong Bou-neur, dont la langue ne diffère point sensiblement de celle des Phiet.

Le temps est sombre et pluvieux; dans la forêt-clairière inondée, coupée de forêt-taillis, nous cheminons toute la journée du 24 après avoir, par un long marais en couloir, atteint les grandes cultures de B. Bourla — le B. Pou-la des Cambodgiens. Le village est formé de huttes cambodgiennes et mnong bâties, les premières, sur pilotis. Le chef est d'ailleurs cambodgien et le hameau possède quelques charrettes qui font souvent le voyage de Kratié.

Toujours le même terrain de crêtes larges et de paliers d'où coulent la Rvé et ses affluents, crêtes marécageuses sillonnées de quelques ruisseaux glissant sur un lit à peine creusé dans le sol de grès schisteux découpés en pavés; après avoir passé le Dak Der, affluent du Dak Rvé et qui se précipite en une belle chute de 19 mètres de dénivellation, le Lieng Trap, nous entrons, le soir, au village de **B**. Poukroy, dont les huttes à demi croulantes indiquent l'abandon.

Mais à peine débàté, l'un des éléphants, à bout de forces, se couche sur le flanc, refusant de manger; les cornacs font des adjurations, des invocations aux génies autour de la pauvre bête qui halète, brisée de fatigue, puis, en chœur, ils viennent m'exposer leurs doléances; ce voyage, qu'ils ont entrepris à leur corps défendant, leur semble terriblement long; voilà le quinzième jour de marche depuis Kratié et la Srépok est encore loin; où sont-ils? En quel lieu désert les ai-je conduits? les génies seuls le savent. Les éléphants sont exténués, presque tous revenant à peine de la côte d'Annam lorsqu'ils sont repartis avec moi sur le Cambodge... Et ce n'est qu'avec la plus grande difficulté que je leur fais reprendre courage; la Srépok ne saurait plus être loin; les charges sont légères et les étapes assez courtes; je laisserai ici le pachyderme malade sous la garde de ses deux cornacs auxquels j'adjoindrai l'un de mes miliciens moï, car le pays n'est pas sûr; une ample provision de riz et de sel leur sera donnée: allons, les enfants, courage! Le Darlac est proche et nous ne saurions tarder à voir bientôt se tordre à nos pieds la majestueuse coulée de la Srépok.

Je ne me doutais pas que quatre grandes journées de marche nous en séparaient encore!

La forêt-clairière atrocement monotone déroule sans fin ses innombrables giao au tronc grêle, au feuillage glauque ; le plateau s'écroule au Dak Plaé par une longue descente raide ; la rivière, large de 35 mètres, mais peu profonde, est coupée de rapides ; laissant à notre droite la sente qui rejoint la Srépok à B. Mdour par les villages de B. Pou-mour et B. Pou-sra, nous obliquons vers le nord-est ; la région est toujours l'interminable plateau creusé de profondes vallées, affluents du Dak Plaé ; les rivières traversées par la route basse de Kratié, route que j'ai suivie à l'aller avec mes deux compagnons, descendent de systèmes montagneux secondaires qui s'élèvent à notre gauche ; de temps à autre, vers le sud-est, apparaît le Yok Nam-lyir, plus rapproché, dressant son grand cône gris ouaté de pluie.

Les éléphants n'avancent plus qu'avec une extrême lenteur et je me prends à regarder avec angoisse derrière moi, craignant à chaque pas de voir l'un des colosses s'écrouler pesamment, vaincu par la fatigue ; je n'ose donc forcer les étapes et nous devons camper ce soir auprès d'un petit affluent du Dak Pour, sur un terrain visqueux et gluant ; dès la nuit close, la pluie tombe avec fureur, crevant à travers la tente et éteignant les feux ; tout est trempé et les hommes grelottent. Je viens de distribuer les dernières rations de riz ; il est temps d'arriver.

Les pistes d'éléphants sauvages, fort nombreuses, coupent à chaque instant le sentier que nous suivons ;

ce matin, 26 juin, nous rencontrons même en forêt un campement de chasseurs laotiens et de Tiom poueun venus de la région de Lomphat; un jeune éléphant récemment capturé, solidement entravé à un arbre, barrit lamentablement. En haut de la vallée du Dak Kègne, affluent direct de la Srépok, le village de B. Djieng-Dròm ou B. Pou-moé, fortement palissadé, est juché comme un nid d'aigle sur l'étroite calotte d'un mamelon escarpé; nous sommes ici chez les Mnong Prèh; les femmes portent dans les oreilles les lourds bracelets d'étain en usage chez les Pih; les hommes ent le bouchon d'ivoire; parmi les lances du village, je remarque une petite sagaie au fer curieusement forgé en triangle venu, me disent les indigènes, de chez les Mnong Kpreng, famille sauvage et guerrière, absolument inconnue, habitant au sud en arrière des Pih.

Le Dak Kègne coule en une gorge sauvage; les pentes des mamelons sont couvertes de cultures et l'aspect du pays est celui des cantons au nord-est du Lang-biang; sur la terre transformée en boue gluante et glissante, la descente est pénible; il nous faut ensuite marcher dans le lit même de la rivière avant de pouvoir escalader l'autre rive abrupte et couverte de forêt-futaie, en haut de laquelle nous atteignons B. Pou-nôm, village Mnong Prèh palissadé mais contenant quelques huttes sur pilotis de style radé; radé également sont quelques-unes des hottes que renferment également les cases.

De B. Pansò à B. Xer où nous couchons le 27, il n'y a pas plus de 10 kilomètres à vol d'oiseau; nous avons mis dix heures pour couvrir cette distance par une contrée abominablement bossuée de coteaux escarpés, couverts de cultures et de brousse épaisse, de bambous et d'herbe paillote; les villages palissadés, appartenant encore aux Mnong Prèh, se font plus nombreux; laissant les éléphants en arrière-garde, nous marchons avec les guides; l'épouvantable pluie d'hier a fait place à un gai soleil; la sente traverse le Dak Klao, autre affluent direct de la Srépok et le Dak Mler où nous avons de l'eau jusqu'aux cuisses. La journée s'avance, les bagages n'arrivent pas et, pour tout déjeuner, nous devons nous contenter de quelques ananas achetés aux indigènes dans les cultures.

Depuis les champs de B. Xer, qui domine la rive droite de la rivière du même nom, la vue plonge à l'extrême horizon sur l'estompage bleuâtre de massifs imposants et la masse plus nette du Yok Namlyir, qui, depuis quelques jours, apparaît dans toute sa netteté.

B. Xer renferme quelques forgerons; munis de la primitive forge en usage dans toute la région moï, ils retapent toute une collection de hachettes et de serpettes. Le village est complètement bâti sur pilotis et l'on comprend le dialecte radé.

Aujourd'hui, 28, est enfin notre dernier jour de marche en territoire insoumis; les pentes abruptes du versant du Dak Xer escaladées, nous passons le Dak Ndrih, dernier affluent direct de la Srépok; la forêt-clairière réapparaît et la descente longue et douce annonce le voisinage proche du fleuve; à la nuit presque close, nous atteignons B. Pô à peu de distance de la rivière. La traversée du pays des Mnong insoumis est terminée; le Cambodge désormais est bien loin en arrière;

le Darlac central se déroule maintenant devant nous.

La Srépok, large d'une soixantaine de mètres, est coupée de rapides en amont et en aval et, toute la nuit, a grondé le fracas des chutes; la pente douce que nous avons suivie hier finit ici par une coupure escarpée sur la rivière dont les eaux rapides bouillonnent sur les rocs; les éléphants débâtés tentent le passage; les plus petits disparaissent presque sous l'eau; nous pourrons néanmoins traverser; une petite pirogue étroite et instable nous prêtera d'ailleurs son concours.

Tandis que la délicate opération se poursuit sous la surveillance des boys et des miliciens, le chef me conduit aux dernières chutes de la Srépok qui mugissent en amont; le Rling Dar est la plus importante; c'est un saut de 4 à 5 mètres de dénivellation sur un seuil de grès schisteux noir; le Rling Bang-rial, à 500 ou 600 mètres en aval, est plus incliné et n'est guère qu'une cataracte de 1^m,50 à 2 mètres de hauteur; la rive gauche, que nous suivons, est encombrée de bancs de sable couverts de roseaux géants de 10 pieds, aux têtes panachées; d'après les naturels, le fleuve serait encore encombré, en aval, de quatre puissants rapides jusqu'à B. M. bliao, village sis avant B. Don; en amont et jusqu'au Rling Bah, le cours serait navigable. En saison sèche, les indigènes se livrent à la pêche entre les gros rocs, le long desquels ils se faufilent en barbotant dans les biefs calmes.

La rive droite est beaucoup moins escarpée et la forêt-clairière vient mourir au bord de l'eau; B. Onggane est tout proche où passe la route de B. Don; nous y arrivons avec la pluie.

Mais le temps presse; mes juments, qui sont venues m'attendre, piaffent sous la maison du chef; allons, en selle! Et malgré le sentier détrempé et glissant, au galop des montures, entre les herbes qui se courbent tristement sous les ondées, nous reprenons la route de la résidence que je quittais par le même temps gris et sale voilà un peu plus d'un mois.

CHAPITRE V

I

Septembre 1907.

La région habitée par les Pih n'est, comme nous l'avons vu, qu'une vaste étendue marécageuse partiellement cultivée en rizières; comprenant le cours du bas Krong hana, en aval du déversoir du lac, elle s'étend en outre, au sud, sur le cours du bas Krong knô et, au nord du Krong hana, en de curieuses poches marécageuses ménagées entre les lignes des collines dont les contreforts s'avancent comme des éperons sur l'étendue morne des rizières. Les chaînons sont issus du plateau que forme le Darlac méridional; du sommet de la première barrière, l'on aperçoit tout le Darlac central et, vers le sud, la plaine des Pih; dans le sud-est, la coulée

blanche du Krong Boung; dans le sud, une chaîne
plus haute, bleutée, que domine l'imposante table du
Thieu Nam-lyir que nous avons vue depuis notre route
de retour du Cambodge.

La saison pluvieuse touche à sa fin et dans les marais
qui encombrent les cantons sud-est du Darlac central,
les bécassines sont revenues par troupes nombreuses,
gîtant entre les mottes de terre que piquent les verts
ajoncs; des vols de vanneaux s'envolent aux coups de
feu; de temps à autre, passe un couple de grues; des
calaos-rhinocéros voyagent pesamment, leur bec énorme
et jaunâtre pointant comme la proue d'un navire.

Le temps est admirable et dans les rizières, sous la
conduite d'un naturel, les buffles tournent sans cesse,
piétinant la terre qu'ils réduisent en bouillie grise et
dans laquelle l'on sèmera le riz. Toutes ces poches
marécageuses, cultivées en riches rizières, sont entourées d'importantes agglomérations pib cachées dans les
rideaux de bambous qui ornent de leur feuillage tendre
le pied des chaînons d'arrêt, dont le plus méridional,
le Vhieu Ring, repousse le Krong hana vers le sud; dans
la brousse épaisse et sauvage qui précède cette arète, le
village radé de R. mé-krô se cache parmi la forêt taillis.
Les pentes du Thieu Ring sont extrêmement raides et
l'ascension est fatigante; mais du sommet, la vue est
splendide; à nos pieds, sur le versant sud, dans la poche
creusée entre les contreforts, l'étendue bleue du Ya Ring,
vaste mare élargie par les pluies; partout le tapis vert
des rizières; au delà, en arrière des quelques derniers
mamelons, une pointe du lac, nappe d'émeraude que
domine l'encerclement des hautes montagnes bleues

de pourtour et qui s'étendent jusqu'au Lang-biang.

La descente est extrêmement pénible et les éléphants ne nous rejoignent qu'assez tard à B. Ring, blotti sur les derniers ressauts rocailleux, en haut des eaux marécageuses; au delà, la sente suit quelque temps la limite des marais, mais bientôt l'on patauge dans la vase sous les bambous épineux ; force nous est de mettre pied à terre et toute la caravane barbote dans 3 pieds d'eau noire sous une végétation croulante au pied des coteaux escarpés qui finissent à pic sur le Ya Ring. A B. Ou, la montagne se rapproche encore ; au delà des rizières noyées d'eau, se profile la ligne des bambous qui bordent le cours du fleuve; pesamment dans l'eau qui rejaillit sous leur masse, les éléphants s'engagent dans la fondrière, mais le fleuve, en arrière de sa berge surélevée, large de 40 à 50 mètres, est trop profond pour que l'on en puisse tenter le passage; il nous faut donc débâter les pachydermes, qui nous iront attendre à B. Ou; bagages et hommes passeront sur une frêle et misérable pirogue d'une peu rassurante stabilité; enfin tout est transporté sur l'autre rive et dix minutes de marche nous amènent à B. m'hieng qui dresse ses huttes au bord même du lac. La brise fraîchit lorsque nos pirogues abordent au poste de Mé-bac.

Dimanche 15.

De B. Krong-lang, situé sur la berge orientale du lac, nous allons partir ce matin pour remonter la section inconnue du Krong hâna qui s'étend entre le déversoir et le tram de Mé-loup où la grand'route du lac traverse la rivière ; il me faut vaincre, chez les indigènes, bien des hésitations et de multiples prétextes avant d'obtenir les embarcations et les hommes nécessaires ; la discussion est animée et, suivant leur habitude, les Mnong hurlent et gesticulent comme des possédés. Sur le lac que ride un vent furieux, les canots dansent d'une inquiétante manière ; le mien, large de 0^m,70 à peine, est le plus gros de toute la flottille ; le déversoir, débordé, a noyé marais et rizières ; la crue atteint 1^m,50 au-dessus de l'étiage et le courant est violent ; bientôt, les quatre pirogues débouchent sur le Krong hàna que nous remontons maintenant avec difficulté ; le fleuve se replie en incessants détours à travers les marais d'où émergent les rives vaseuses couvertes de grandes herbes et de bambous ; mais bientôt les collines se rapprochent et viennent finir presque à pic sur les eaux qui sont vertes du reflet des géants séculaires et des bambous qui s'y mirent ; un moment, sur la rive, éclate le barrissement d'un éléphant sauvage ; des singes gambadent de branche en branche et des perroquets, des paons, des échassiers s'enfuient bruyamment à notre approche. Malheureusement, au milieu de l'après-midi, la pluie se met à tomber, crépitant et crissant sur le fleuve où chaque goutte met, en bondissant, une cloque brillante ; mais le jour baisse et, au bord de la pirogue, dans laquelle il faut garder une immobilité fatigante, l'eau brune fuit, à donner le vertige. Le pic caractéristique de B. méloup se rapproche cependant ; mais le fleuve se replie en incessants détours et c'est sous la nuit zébrée d'éclairs et rayée de pluie que trempés, nous atteignons enfin le tram.

II

Janvier 1908.

C'est encore en cette pittoresque mais difficile et malsaine région marécageuse du bas Krong hàna et au lac
que me conduisent mes courses errantes; ce voisinage
intime de la montagne et des rizières, ces éperons avan-
cés sur les marais, ces rives basses frangées de bambous
donnent à ce canton un aspect spécial, un charme péné-
trant et indéfinissable, fait de cette tristesse vague mais
délicieuse qui monte des eaux brunes, des montagnes
velues de forêts inviolées.

De nouveau, je revois ce lac admirable aux baies
d'émeraude entre les caps bosselés; de nouveau, au pas
des robustes poneys moï, j'ai parcouru les villages semés
dans leurs bouquets de bambous géants; jusqu'au pied
des montagnes aux flancs couronnés de brume, j'ai
chevauché dans les derniers marais et les ultimes
rizières, où, dans leur lit de sable, se tordent le Dak
Bong-krang et le Dak Wéles, deux affluents orientaux
du lac. Près du déversoir et au sud de la nappe d'eau,
parmi les mamelons pressés et chaotiques, séparés par
des paliers très unis, j'aurai passé et repassé le Dak
Phoé et le Dak Liên, ces deux affluents méridionaux du
déversoir qui viennent se perdre dans la fondrière où sont
empreintes les énormes traces des éléphants sauvages.
Des gros villages mnong se cachent sur les rives de
sable blanc; disséminés dans les bambous et fortement pa-

lissadés, ils sont, ici, composés en partie de huttes posées
à même le sol; l'étroite poterne d'accès est défendue par
un bouquet de bambou épineux qui forme porte; autour
des cases, des bananiers, des papayers, du tabac; les
grosses agglomérations sont partagées en plusieurs
groupes enfermés chacun en son enceinte.

14-17 janvier.

Par la grand'route qui va finir au sud du lac au pied
des montagnes d'enceinte, nous avons gagné les villages qui s'étalent au bas de cette muraille ; séparés des
groupes du lac par une plaine inculte et recouverte de
brousse rabougrie, ces agglomérations, quoique peuplés de Mnong Rlam, ont déjà leurs cases à terre comme
les Mnong Gar de la montagne; les maisons sont cependant plus vastes et spacieuses malgré l'énorme grenier
à riz qui en occupe le centre, soutenu par les puissantes
poutres peinturlurées à la chaux.

Obliquant dans le nord-ouest, nous rejoignons ensuite
les villages pih bâtis dans les bambous au bord des
poches à riz ménagées entre les pieds des hauteurs. En
face de B. Tréa qui s'adosse à la chaîne, s'étend la
vaste plaine marécageuse et verte, semée d'îlots plantés
de bambous au milieu desquels s'élèvent quelques villages séparés par la fondrière où les herbes baignent
par 6 pieds d'eau; au delà, lointaine, apparaît la ligne
des bambous qui jalonne le Krong Boung; sur l'autre
rive, la barrière violette des chaînons d'arrêt.

L'inondation, très tardive cette année, nous rejette
sur les montagnes; pour gagner B. Tiet, nous longeons
et traversons des collines abruptes pour dégringoler en

des poches marécageuses à l'eau libre semée d'herbes ; le petit lac de **B.** Tiet s'étale enfin à nos pieds. Des grues, des échassiers blancs, des poules d'eau volent en troupes nombreuses ; des crocodiles somnolent entre les herbes pressées qui forment, dans l'est, un tapis mouvant et élastique absolument infranchissable, analogue au « sedd » nilotique.

Repoussés par cette végétation puissante, nous barbotons toute la journée du 17 dans les marais et les eaux brunes d'où s'élèvent des nuées de moustiques ; la nuit tombe lorsque nous regagnons notre canot avec quelques rameurs de renfort qu'il nous a fallu chercher loin derrière les lignes de bambous. La pleine lune brille heureusement dans un ciel d'une absolue pureté, et sous sa douce clarté les hommes pagaient en cadence ; les herbes crient sous la coque et, de temps à autre, des bambous pourris, entassés dans les étroits chenaux, nous arrêtent ; l'obstacle vaincu, nous filons à nouveau entre la muraille des joncs panachés et des bambous ; tard dans la nuit, nous débouchons enfin sur le fleuve et bientôt nous atteignons **B.** m'rieng, blotti sur la rive, presque dans l'eau, derrière une barrière d'herbes et de bambous épineux.

III

Février 1908.

Vers le nord, cette fois, en mission de délimitation, je repars sous un ciel d'une exquise pureté ; la saison sèche bat son plein et les herbes jaunissent sur les larges ondulations familières que suit la route de Mé-yach. Au poste de milice, je me joins au charmant garde principal qui occupe ce point et, le 15 au matin, nous partons vers la frontière de la région moï voisine du Phuyen. Le soir, nous couchons au tram de B. Kril, au pied du Tieu Baô qui bosselle l'ondulation la plus septentrionale du Darlac et d'où descend le Krong Bouk; c'est ici que finit la nouvelle route cavalière, à 24 kilomètres de Mé-yach, et que la province du Phuyen est en train de continuer sur son territoire jusqu'à sa délégation moï de Cheo-reo sise au confluent de l'Ayoum et du Song Ba.

16-18 février.

La ligne de faîte entre les eaux du Darlac et celles du Phuyen — par la région moï faisant autrefois partie de l'ancienne province du Kontoum — est constituée par une haute ondulation d'où saillent quelques mamelons; cet angle nord-oriental du Darlac voit naître les sources du Krong Bouk — gros affluent de la haute Srépok — et du Ya Hia, affluent du Song Bà; de l'est descendent les affluents du Krong Nang, autre affluent du Song Ba. Toute cette contrée, que hérissent quelques dômes, est couverte d'herbe paillote et d'arbustes rabougris; elle est habitée par la famille des Kroung qui parle un dialecte intermédiaire entre le radé et le jarai.

Le soir du 16, nous entrons sur le versant du Ya Liao, gros affluent de la moyenne Srépok, et nous couchons à B. Tri.

Le lendemain, nous poursuivons notre marche vers le nord-ouest en suivant toujours cette puissante ondulation faîtière : de B. Da à Pleï Ksam — le B. Kassom ou Kassoum des cartes Pavie — la marche est extrêmement fatigante; notre sente suit la vallée du Ya Liao qui coule entre deux ondulations molles analogues à celles du Darlac central, assez boisées et qui vont s'abaissant à mesure que l'on s'enfonce vers le nord-ouest. Par 495 mètres d'altitude, nous passons la rivière et nous nous engageons dans la forêt-clairière au sol semé de gros cailloux volcaniques qui abîment les pieds des hommes et des montures; le massif du Tieu Drai, dont nous traversons un pénible contrefort coupé de quartz et de roches volcaniques, présente de curieux pieds de basalte épanouis en stalactites; derrière le chaînon, par 375 mètres d'altitude, nous débouchons sur les gros groupes de Pleï Ksam, premier village jarai de la région, au bord du Ya Liao dont la rive méridionale est bordée par tout un système de hauteurs qui le séparent du Ya Drang, son affluent.

Laissant ici mon compagnon souffrant, je repars vers le nord, le 18 au matin; après avoir franchi le Ya Liao, nous entrons dans une vaste dépression plate, couverte d'herbes brûlées et de forêt-clairière très clairsemée qui s'épaissit cependant à mesure que nous avançons vers le nord. Dans l'est, la chaîne des collines derrière lesquelles s'étale le bassin de l'Ayoun, branche du Song Ba; au pied de ce système coule le Ya Liao, que rejette vers cette direction un amas de bosses, de mamelons et de dômes qui disparaissent dans le moutonnement de la forêt-clairière.

Mais bientôt le sol de grès schisteux se bosselle et le paysage morne est celui des forêts-clairières du Cambodge ; cette zone aride vient finir aux trois groupes de Pleï Kègne, derniers villages du Darlac septentrional ; au delà, s'étend la forêt-taillis qui fait bientôt place elle-même à la brousse recouvrant de nouvelles ondulations à terre rouge semblables à celles du Darlac ; du point culminant, entre Pleï Kègne et P. Teuh, sur la frontière elle-même, la vue embrasse soudain un magnifique horizon ; tout l'ancien Kontoum se déroule à l'infini vers le nord, moutonnement semé de quelques rares hauteurs ; à l'ouest, se dresse le massif isolé du Tieu Done où se trouve le village du Sadet de l'Eau. Dans le nord-est, un piton bleuâtre de la chaîne annamitique près du plateau d'Ankhé et, tendant le doigt vers les mamelons à peine visibles du nord-ouest, mon guide, le chef laotien de P. Kègne, m'indique, d'un vaste geste circulaire, la direction de la Sésane.

Le jour s'avance et la brise fraichit ; les villages jarai se font de plus en plus nombreux au bord des ruisseaux, affluents du Ya Liao ; entre l'herbe paillote épaisse et jaune, nous marchons sans relâche, et la nuit tombe lorsque apparaissent enfin les miradors de l'enceinte du poste de milice de P. Tour ; le Darlac septentrional est franchi ; autour de nous s'étend l'hinterland moï du Phuyen.

19-20 février.

Le poste de milice de Pleï Tour est un véritable fortin entouré de fossés profonds et d'une double palissade défendue par des lancettes et des pieux affilés et flanqué

en ses quatre angles d'un mirador élevé; un garde
principal et une quarantaine de miliciens annamites
occupent ce point, qui a été de tout temps le centre d'une
région turbulente et guerrière. C'est près d'ici, d'ailleurs, à deux heures de marche dans l'est, au village
du Sadet du Feu, que fut assassiné, en avril 1904, le
malheureux administrateur Odend'hal. Chargé d'une
mission archéologique, l'infortuné voyageur était parti
de Phanrang et, après avoir traversé la chaine annamitique, le Lang-biang et le plateau du Darlac, arrivait
chez le fameux roi du Feu; les rapports, d'abord cor-
diaux, ne tardèrent pas à changer d'allure; effrayés par
l'insistance que mettait l'explorateur à se faire montrer
le mystérieux sabre sacré, les gens du Sadet complo-
tèrent sa mort. Attiré dans un guet-apens, Odend'hal
était massacré, ainsi que son interprète annamite, dans
la hutte même du Sadet; les cadavres, percés de coups
de lance, furent ensuite portés en une case isolée à
laquelle on mit le feu. Deux Annamites de la caravane
subirent le même sort; les cornacs, affolés, s'enfuirent
et ramenèrent les éléphants à la mission catholique
du Kontoum, tandis qu'un Annamite allait prévenir en
hâte le poste de milice de Cheo-reo; cela se passait le
7 avril 1904.

Le 9 mai, M. Bardin, résident du Darlac, averti du
meurtre, arrivait à P. Tour avec trente-quatre miliciens
et deux cent vingt-cinq partisans; il en repartait le 10
pour P. Koang où il rassemblait les bagages qu'Odend'-
hal y avait laissés; le même soir, il atteignait Patao
Pouï — le village du Sadet. — Le hameau était désert;
dans les décombres de la case où le malheureux voya-

geur avait été brûlé, le résident recueillait les ossements de la victime. Le lendemain arrivait à son tour la colonne de répression, forte de deux cents miliciens, conduite par un inspecteur de milice et six gardes principaux.

Revenu à P. Tour, M. Bardin y construisit le poste qui s'y élève actuellement. Ces regrettables événements marquèrent le début d'une ère de troubles dans toute cette région méridionale des Jarai ; la colonne de répression dut occuper effectivement toute la contrée, où elle éleva de nombreux postes de milice qui devaient être réunis plus tard sous les ordres de l'administrateur-résident du Kontoum, province qui, fondée par arrêté en date du 4 juillet 1905, comprenait tout l'hinterland moï des provinces annamites du Phuyen et du Binh-dinh (1).

Actuellement la région a retrouvé le calme, et l'actif garde principal de P. Tour vient même d'étendre notre influence d'une façon définitive sur les encombrantes tribus hadrong qui peuplent les cantons au nord-ouest du poste jusqu'à la vallée moyenne de la Sésane. Des routes charretières et muletières sillonnent d'ores et déjà toute l'ancienne province ; vers le sud-est, s'ouvre la grand'route en voie d'achèvement qui joindra P. Tour à la délégation du Cheo-reo, sur une longueur de 40 kilomètres environ ; de P. Tour, dans le nord-ouest, s'ouvre la route de P. Gong (90 kilomètres), atteignant le cœur des districts nouvellement soumis ;

____

(1) Cette province fut supprimée en 1907 et divisée en deux délégations : celle de Cheo-reo au sud, relevant du Phuyen, et celle du Kontoum, au nord, relevant du Binh-dinh (Quinhon).

vers le nord, se déroule celle de P. Taï (28 kilomètres),
siège de l'ancienne résidence du Kontoum et qui se
continue sur la nouvelle délégation du Kontoum
(50 kilomètres), centre de l'importante mission catholique du même nom; dans le nord-est, n'existe encore
qu'une simple sente sur le poste de milice de P. Bang
(40 kilomètres), sis sur la rive gauche de l'Ayoun, au
nord de Cheo-reo auquel le relie une route muletière.

C'est à regret que je quitte le toit du charmant hôte
qu'est le garde principal de P. Tour, mais il me faut
regagner le Darlac; je ferai néanmoins un crochet afin
d'aller, guidé par mon nouvel ami, rendre visite au
Sadet du Feu dont le village est à une petite heure de
marche du poste, à droite de la nouvelle route de Cheo-
reo. P. Tour est la résidence du vieux chef. Courbé par
l'âge, les cheveux blancs, sec, ratatiné comme une
vieille écorce, le Sadet du Feu n'a pas grande mine; le
gouvernement français l'a relégué en ce coin de brousse
sous la surveillance du poste, auquel il doit aller se présenter à date fixe; sa femme, une énorme maritorne,
l'aide à supporter son sort. Le village est dans le bassin
du Ya Ké, qui est un affluent de l'Ayoun; celui où fut
massacré Odend'hal est à une heure de là. Un modeste
tronc d'arbre commémoratif rappelle le meurtre; l'endroit est d'ailleurs parfaitement désert.

Une dernière poignée de main et nous sautons en
selle; à travers les fûts espacés de la forêt-clairière, je
peux, quelque temps, suivre des yeux la silhouette de
mon aimable guide qui disparaît à un tournant et, tout
songeur, je m'éloigne à mon tour de ces lieux enso-

leillés mais tristes, tachés du sang de l'un de nos compatriotes. Par les ondulations et la forêt desséchée et rocheuse, nous sommes revenus à **P.** Kègne pour atteindre, à peu de distance, le gros village de P. Poé.

D'ici, nous allons piquer dans le sud sur le village de P. Tali, à travers les étendues désertiques de la forêt-clairière qui se déroule morne et s'enfonce à l'ouest sur la basse Srépok et la province cambodgienne de Stung-treng.

Peu après le village, nous passons la Ya Bleù qui se précipite en belle chute de 6 mètres de haut sur les assises de grès schisteux, et la marche reprend dans la forêt jaunie et caillouteuse; le Ya Liao s'y creuse un lit sablonneux presque à sec en cette saison. Quelques mamelons boisés, séparés par des vallons à peu près sans eau, nous amènent au bord du Ya Drang dont le chenal mesure une quinzaine de mètres de largeur. L'étape a été dure sous l'implacable soleil et, sur un banc de sable, dans le lit même du cours d'eau, la hutte de branchages s'élève, tandis que près des faisceaux, miliciens et cornacs allument les feux et préparent le repas du soir.

21-27 février.

La sente escalade les collines qui hérissent la vallée méridionale du Ya Drang et ne finissent guère qu'après le Ya Bla; un peu avant B. Tieuà, dans un coin de brousse, de curieuses tombes jarai dont l'une est ornée d'une maisonnette fort bien peinte surmontée du toit démesuré caractéristique de l'architecture bahnar; quelques chaînons accidentent encore la route qui plonge enfin à nouveau dans la forêt-clairière roussie, au sol noir de cendres, aux pierres calcinées par l'incendie; la chaleur est étouffante; les cendres légères du sous-bois, détruit par les flammes, voltigent sous les pas et se collent à la peau et aux vêtements en une fine et aveuglante poussière.

Nous rejoignons le Darlac central par Pl. Tali, qui se trouve maintenant bien à l'ouest de l'ancien emplacement où, en juillet 1906, une population accueillante fêtait notre arrivée au milieu du charivari des gongs.

Les maudites pierres roulantes rendent encore l'étape du 22 extrêmement fatigante; la chaleur est atroce et se réverbère sur la terre surchauffée; les chevaux, à bout de forces, trébuchent à chaque pas sur les cailloux et les souches; les arroyos sont à sec et les malheureuses bêtes n'en peuvent plus lorsque, tard dans l'après-midi, nous atteignons B. Ket; depuis le matin, nous marchons sans trêve et tout le monde est encore à jeun.

Par les villages atham du Darlac septentrional, nous regagnons les cantons occidentaux, du Mé-oal à B. Tiour d'où nous nous rabattons enfin sur la route de B. Don; le 27, les toits de la résidence s'étalent à nouveau devant nous.

IV

Mars 1908.

La saison touche à sa fin et la chaleur lourde annonce la venue prochaine des premiers orages du printemps.

Avant de quitter le Darlac d'où me chassent, après plus de deux ans et demi de séjour, les tenaces fièvres paludéennes, il me faut compléter quelques-uns de mes itinéraires ; pour ma dernière tournée, j'ai choisi les cantons inconnus du bas Krong knô et ceux de la rive gauche de la Srépok.

5-7 mars.

Partis avant-hier de B. mé-thuot, nous avons couché hier au poste Mé-bac ; dans la nuit, le premier orage de la saison a éclaté avec furie, mais les eaux sont encore basses et je crois pouvoir gagner sans encombre par terre la poche libre de B. Tiet.

Ce matin 5 mars, mes quinze miliciens en file indienne, mes éléphant chargés, nous prenons la route des Marais d'où l'eau s'est heureusement retirée d'entre les grandes herbes ; le soir, nous atteignons B. Thoong en arrière des mamelons rapides qui nous cachent l'étang de B. Tiet. Le 6, nous piquons droit au sud sur les imposantes crêtes qui séparent le bassin du Krong hana de celui du Krong nô ; du haut de la crête du Yok Yang, la vue découvre toute la région des marais du bas Krong hana ; dans l'ouest, une mer de collines pressées, puissamment boisées ; la brume, malheureusement, voile les contours. A flanc des hauteurs brûlées par les feux de brousse, la sente s'accroche, scabreuse, dévalant sur le bassin du Krong knô ; entre les contreforts qui l'enserrent de toute part, la poche marécageuse du village mnong de B. Laïch. De B. Laïch à B. Boulouk, il nous faut franchir une nouvelle chaîne orientée est-ouest à laquelle nous mènent des marais visqueux où

nous barbotons désespérément; l'ascension est pénible
et fatigante à l'extrème. A notre gauche, se dresse
maintenant dans toute son imposante stature le massif
du Pnam Ka, cette haute table aux deux cornes légèrement renflées qui dominent toute la région et que, par
les jours de grande pureté, l'on aperçoit de B. mé-thuot;
tout autour des poches à rizières, qui se faufilent entre
le pied des hauteurs, s'élèvent des villages radé enfermés ici en une colonie isolée, enclavée entre les Pih et
les Mnong, sans aucune communication avec le reste
de la tribu. Ces villages sont au nombre d'une dizaine;
ils appartiennent, me disent les naturels, à la famille
des Radé Kpa et sont venus, il y a une soixantaine
d'années, de la région de B. Knir et de B. Takang (sud-
est de la résidence) d'où les chassait le manque de
terres. Malgré cette transplantation au milieu de familles étrangères et profondément différentes, ils ont
conservé intacts leur dialecte, leur costume et leurs
mœurs; les maisons sont sur pilotis, mais les champs
de montagnes n'existent que peu ou point. Ils cultivent
les rizières comme les Pih et les Mnong du lac; dans
les oreilles, ils portent le clou d'étain passé dans un
morceau de flanelle rouge.

De B. Tatch-lang où nous avons passé la nuit, nous
partons en caravane légère pour nous enfoncer dans le
sud vers le bassin montagneux du moyen Krong knô.
Le fleuve, sur le bord duquel s'élève le village, coule
ici sur un lit de sable encombré de bancs à sec; sa largeur est de 80 mètres environ; nous le traversons pour
le suivre sur sa rive gauche couverte d'herbe paillote
et de strychnées. En face de nous, bordant la rive sep-

tentrionale, l'imposante muraille de Pnam Ka qui se dresse au-dessus des eaux d'un jet superbe comme une inexpugnable forteresse.

Une marche assez courte nous fait gagner B. Kehang, premier village mnong sis sur la rive droite; des pieux fétiches le dominent; les huttes, qui sont à même le sol, sont vastes; des échafaudages de bois de chauffage empilés entre les cases, et maintenus entre des bambous constituent une importante réserve de combustible.

En arrière de B. Kehang, nous traversons le Dak Rieô qui vient de B. Dlé sur la route directe du lac au Lang-biang; encaissé entre des berges sablonneuses à pic, la rivière, large d'une quinzaine de mètres, est un affluent du Krong-knô; et nous nous engageons à nouveau dans cette contrée mamelonnée, couverte de forêts-taillis, de bambous, d'herbes géantes qui sont des cannes juteuses, aux feuilles coupantes plantées sur un sol cabossé de rocs.

Le Krong knô-ou — Krong kaé, comme l'appellent les Mnong — ne tarde pas à cesser d'être navigable; les pirogues du lac, qui sont venues m'attendre à B. Tatchlang et qui naviguent de conserve sur la rivière, doivent s'arrêter sur les premiers rapides, un peu en amont de l'embouchure du Dak-Rieô. Le fleuve ne présente plus qu'un chaos de rocs où les eaux grondent; c'est le Draé Chep, cataracte de 2^m,50 environ de hauteur; un îlot s'étale au milieu de cet enfer de blocs titaniques; en amont des cataractes, une nappe de roches sur laquelle les eaux mugissent; aux grandes crues, le spectacle doit être splendide. Les assises rocheuses, formées d'une sorte de grès, sont bizarrement creusées de trous circulaires parfaitement lisses, de 0^m,30 à 0^m,75 de diamètre et profonds parfois d'un mètre, au fond desquels stagne une eau verdâtre. Et les Mnong me disent que ce sont là des empreintes d'un animal fantastique vivant « il y a excessivement longtemps, le rê-ran ». Cette bête était, discnt-ils, un éléphant de taille extraordinaire et possédant quatre défenses dont les deux supérieures pointaient, recourbées, vers le ciel.

Cette tradition d'un éléphant antédiluvien dont la vague description rappelle celle du mastodonte est fort curieuse et existe d'ailleurs chez les autres peuplades du Darlac. Les Radé qui m'accompagnent me racontent à son sujet la légende suivante :

Autrefois, me disent-ils, une vieille femme du nom de Touan-soun, ramassa dans un ruisseau un escargot qu'elle donna à son petit-fils nommé Y-rit; cet escargot merveilleux, qui avait le don de chanter, fut un jour échangé par son propriétaire contre une orange dont il sema la graine. Quelques années plus tard, l'oranger qui avait poussé donna beaucoup de fruits mûrs qui tombaient et devenaient la proie des bêtes de la forêt; seul, le « ré-ran », muni de huit défenses, dit la légende radé, s'attaqua à l'arbre lui-même. Effrayée par la taille de l'animal, Toan-soun se cacha en une auge à pourceaux, mais Y-rit, revenu des champs, entra en une violente colère et se mit à la poursuite du « rê-ran » qu'il atteignit. Il lui versa alors sur la tête de la chaux à bétel et la sève rouge de l'écorce de l'arbre « bal »; se croyant blessé et pensant que la chaux était de sa cervelle et le « ya bal » de son sang, le pachyderme, pour

apaiser Y-rit, lui donna une paire de ses défenses ; la
défense de droite devait être remise à un roi au sujet duquel le conteur a été incapable de me donner de plus
amples renseignements, celle de gauche devait être
gardée par Y-rit. Rentré chez lui, ce dernier con-
serva le cadeau du « rê-ran » ; quelque temps après il en
voyait sortir des femmes et des hommes qui se mirent à
travailler chez lui. Y-rit épousa ces femmes. Longtemps
ils vécurent ensemble fort riches et puissants, mais un
beau jour, Y-rit, sa grand'mère et toute sa nouvelle
famille remontèrent au ciel où ils allèrent s'établir dans
la lune.

En plus de ces curieuses empreintes, les seuils
rocheux renferment un grand nombre de blocs aux
formes bizarres que l'imagination des naturels entoure
de grotesques légendes ; cette pierre affectant la forme
d'une tête de cheval est bien, me dit-on, tout ce qui
reste d'un cheval pétrifié par les génies ; d'autres trous
plus petits, qui percent les assises, sont des mortiers à
riz ; enfin, une sorte d'épine rosâtre en saillie sur un
bloc rocheux est, paraît-il, un python pétrifié dont l'on
me montre même la gueule prête à mordre.

Tout ce chaos de pierres, que séparent des tas de sable
d'une éclatante blancheur, est fort curieux et d'un pittoresque étrange avec ces trous d'une régularité parfaite affectant les formes les plus diverses et criblant
les assises de grès comme un gâteau de ruche.

En amont de ces cataractes, le fleuve n'est plus qu'une
gorge sauvage hérissée de rapides et de rochers ; la sente
s'en éloigne pour s'enfoncer dans les collines pressées ;

des villages s'abritent sur des têtes de bosses au pied
des hauteurs escarpées; toute cette région est habitée
par les Mnong Gar dont les cultures s'étalent au flanc
des collines.

8-11 mars.

De **B. Khang** où nous avons couché hier à **B. Péco**,
la sente se poursuit en une plaine bizarre plantée de
bambous femelles, de bois taillis, d'herbes géantes et
juteuses, coupée de marais labourés par les empreintes
des bœufs, des buffles et des éléphants que capturent
les naturels en des fosses qui jalonnent la sente. Le
Krong knô, que nous atteignons au bout de cette lande,
roule ici sur un lit à peu près tranquille; Péco se dresse
sur l'autre rive en haut de la berge qu'il couronne de sa
quadruple palissade.

Maintenant, devant nous, moutonne le chaos des
montagnes roulant jusqu'au Lang-biang leurs vagues
pressées que domine le puissant massif du Yok Rmai
derrière lequel coule le D. Rmang; la sente, grimpant
et dévalant, escalade les sommets recouverts de jeunes
bambous hauts de 4 à 5 pieds. Le village de Pampeï
Don, en haut de la berge du D. Nour, où je cou-
chai, voilà deux ans, est aujourd'hui désert; les cases
croulent lamentablement et les guides doivent aller fort
loin chercher les villageois en leur nouveau hameau;
mais impossible de me faire indiquer la sente menant
aux villages du D. Rmang; pas de route, disent-ils en
essayant de m'entraîner vers B. Pampeï Nom et la route
connue du Lang-biang, et ce n'est qu'à contre-cœur,
cédant à la force, que mes nouveaux porteurs me suivent

dans la direction de l'ouest. La sente, il est vrai, est à peine tracée entre des cannes juteuses hautes de 3 mètres, et bientôt le guide s'arrête, le pied blessé d'une lancette de bambou ; une reconnaissance envoyée en avant-garde rapporte que la brousse est jonchée de ces dangereux engins et force nous est de descendre dans le lit du D. Nour qui coule sur un lit de sable et de gravier.

Une heure durant nous marchons dans la rivière, qui n'a pas tardé à se joindre au D. Rsal ; les beaux ponts suspendus en rotin et en bambou que j'admirais, il y a deux ans, n'existent plus, emportés par la crue ; le D. Rsal, large de 15 à 25 mètres, n'a pas plus d'un à 4 pieds de profondeur, mais la marche est épuisante sur ces cailloux roulés qui me blessent douloureusement les pieds. A moins d'un kilomètre du confluent avec le D. Rmang, dans le lit même du D. Rsal, sur un banc de sable fin, nous installons le bivouac à la nuit presque tombante.

Le massif du Y. Rmai est à notre gauche, élevant sa masse puissante au-dessus de la vallée.

La nuit a été fraîche et, ce matin, c'est transis de froid que nous quittons le lit du torrent pour nous engager dans les pentes du Y. Rmai ; les feuilles sèches qui recouvrent la sente sont trempées de rosée et la marche est des plus pénibles au milieu de la végétation horriblement touffue, forêt-taillis et bambous qui nous aspergent de gouttes froides. L'escalade devient même d'une difficulté extrême et les chutes se multiplient ; d'anciennes cultures couvertes d'herbes épineuses, de troncs d'arbres pourris culbutés dans la jungle retardent encore la marche ; le pic du Y. Rmai n'est plus séparé

de nous que par un ravin profond disparaissant sous le
fouillis des bois. Nous atteignons la crête par 700 mètres
d'altitude ; les flancs sud-ouest sont déboisés par les cultures, et la marche, en corniche, parmi les souches, sur
une piste le plus souvent effacée, en haut d'un ravin
abrupt, est des plus dangereuses. Une descente extrêmement raide nous conduit dans le lit du torrent ; la
contrée est analogue à celle des Mnong Kil. Un dernier
chaînon et l'on atteint B. Pé-brik aux cases fortement
palissadées et entourées chacune de son enceinte.

Ce village, qui appartient à un groupe presque
inconnu, est habité par des Mnong Briet — prononciation que je crois être celle altérée du mot « Phiet » —.
Les cases, vastes et propres, posées à même le sol, renferment de curieux spécimens de sculptures ; un oiseau
aux ailes articulées, un éléphant aux défenses faites de
dents de chien, aux yeux en éclats de quartz, surmonté
de tout un échafaudage de cornacs, ornent la hutte du
chef. Sur la petite place, devant les cases, un beau poteau au pied enjolivé de dessins grossiers, peints en
rouge et au sang représentant notamment un homme
conduisant un buffle, soutient des gris-gris divers, pendentifs circulaires et allongés en bois fort mince et
peinturluré.

Les tubes à libations soigneusement gravés sont parfois du plus bel effet et le village renferme des forgerons
qui fabriquent le petit couteau à courte lame et à manche
de fer recourbé, d'un seul morceau et que les Mnong
montagnards portent, fiché dans la chevelure.

Nous quittons B. Pé-prik et, par une contrée sauvage,
visitons les villages voisins, tapis dans la jungle derrière

leur palissade; le long du D. Rmang, à flanc des collines qui le bordent, nous nous faufilons péniblement, rejetés sur la rive gauche par les lancettes de bambou qui, bientôt, défendent le passage. A l'ancien village de B. Pang tang, il nous faut franchir à nouveau la rivière; large d'une trentaine de mètres, roulant, en aval, ses eaux sur un lit de rocs et de pierres, profond de 4 pieds à peine, elle est ici creusée d'une fosse dangereuse, guéable par 1^m,60 de fond; il faut se mettre nu pour faire heureusement passer les charges que les porteurs tiennent à bout de bras au-dessus de leur tête.

Le nouveau village est derrière les collines pressées en une mer continue, couverte de bambous nains décelant d'anciennes cultures; depuis la crête, sous le rayonnement du soleil couchant, le moutonnement de cet océan de hauteurs apparaît, splendide, mer verte, infinie, noyée à l'horizon dans le rougeoiement du crépuscule. B. Pang-tang est juché sur une crête aplanie en haut d'un ruisseau d'où l'on grimpe par une pente tellement raide que les indigènes l'ont taillée en escalier aux marches protégées par des bordures de bambou. La nuit est presque close lorsque, les jarrets brisés, nous entrons dans le village par les poternes percées dans la quadruple palissade d'enceinte.

Le hameau est une belle agglomération mnong composée de maisons fort bien construites; chacune possède trois entrées, une au centre, une à chaque bout de la cloison extérieure. Un lit de camp de bambous tressés s'étend le long de la paroi du fond; sur ce lit de camp un tam-tam de petites dimensions et une belle collection de jarres énormes et ventrues.

Chaque extrémité de la maison est occupée par les vastes greniers à riz que supportent de massifs piliers en bois ajouré ; entre ces greniers, au centre de la hutte, sous le toit, des claies de bambou supportent toute une collection de paniers, de nasses à poissons, d'ustensiles divers ; le fond des greniers est constitué par une robuste pièce de bois équarrie en quart de lune, peu élevée au-dessus du sol. Pas de chambrettes comme chez les Mnong Phiet ; les femmes se tiennent autour des foyers, près des greniers. Dans l'intérieur de la hutte, adossées à la paroi de face, se trouvent les réserves de bois de chauffage, les greniers cylindriques à paddy.

L'entrée centrale est ornée de la perche fétiche enjolivée d'amulettes diverses. Parfois une sorte de chemin de bambous fins, élevés d'un pied au-dessus du sol, court le long de la façade, formant une manière de chemin de ronde de 0ᵐ,30 à 0ᵐ,40 de large et s'avançant en véranda devant la porte centrale. Les poternes de la quadruple enceinte sont ornées de dépouilles d'animaux, crânes de cerfs, de bœufs, de buffles, de calebasses diverses, offrandes faites aux génies. Les villages ne comptent guère plus de quatre à six maisons abritant un ensemble de quarante à soixante-dix habitants ; elles sont disposées au gré de leur propriétaire et ne sont point orientées nord-sud comme chez les Radé. Les portes ne mesurent pas plus d'un mètre à 1ᵐ,20 au-dessus du sol ; la hauteur maxima du faîtage au-dessus de terre ne dépasse pas 4 à 5 mètres ; dans les maisons pauvres, elle est à peine de 2ᵐ,50 ou 3 mètres.

Hommes et femmes sont littéralement couverts d'ornements de verroterie, de cuivre et d'étain ; les boucles d'oreilles sont des bouchons d'ivoire et de bois.

Le 10 au matin, nous quittons B. Pang-tang; une épaisse nappe de brouillard enveloppe les hauteurs, puis monte et se déchire, s'accrochant aux arbres avant de se dissiper sous le soleil; la sente suit la ligne des crêtes déboisées qui se détachent violemment comme sur une carte en relief; les vallées ne sont que d'affreux ravins terriblement encaissés; par 580 mètres, nous passons le D. Ti, affluent du D. Rmang, et atteignons, par 730 mètres, le village de B. Noh habité par les Mnong Gar et juché sur la corne d'une belle chaîne dont la crête se déroule en un palier large, à demi déboisé, arrosé par les sources du D. Ti que nous franchissons par 700 mètres d'altitude.

Au delà, c'est le versant du D. Ting — le Ya Teung des Radé, — affluent direct du Krong knô. Dans le chaos des collines, sur les sentes feutrées de feuilles sèches, nous avançons péniblement, descendons à 550 mètres pour remonter à 720; avant B. Rbout-pou-deung, nous peinons dans le fouillis des troncs abattus qui recouvrent les flancs de la colline, risquant à chaque pas de nous empaler sur les souches coupées en biseau; vers l'ouest-nord-ouest, s'ouvre la sente des villages briet B. Djieng-djiou et B. Pé-pri, qui ne doivent pas être loin de la chaîne de partage des eaux du bas Krong knô et de la moyenne Srépok.

C'est dans ces parages que fut attaquée, en 1902, la colonne de milice Canivey; surprise en embuscade, elle était criblée de flèches; son chef recevait quatre traits dont l'un à la hauteur du poumon droit; le garde principal Barbu était également blessé à l'épaule.

Au milieu de la nuit, me rejoignent le doï et une partie des miliciens laissés à B. Tatch-lang et qui m'apportent en grande hâte des marchandises de renfort ; tout mon stock a, en effet, été épuisé et j'ai dû, pour payer les derniers porteurs, envoyer à marche forcée l'un de mes miliciens moï me quérir le reste de mes marchandises d'échange.

Le 11, nous rejoignons enfin B. Tatch-lang et le Krong knô par des villages radé et mnong perchés sur des mamelons au-dessus de poches marécageuses cultivées en rizières.

12-16 mars.

Tout mon monde réuni à nouveau, je m'embarque ce matin sur les canots et les pirogues qui vont nous faire descendre le Krong knô et regagner la région des Pih ; les chevaux et les éléphants, rafraîchis par six jours de repos, se dirigeront par terre sur B. Plaosieng.

Sur le fleuve majestueux, resserré entre les collines, nos embarcations glissent en grinçant sur les bancs de sable ; dans la matinée, nous abordons à la sente de B. Pseuk, village radé insoumis, perché derrière ses rizières sur un contrefort montagneux. La sente est semée d'innombrables piquets et nous avançons avec prudence, le fusil prêt à faire feu. Les miliciens ont chaussé leurs sandales de cuir et, courbés sur la terre, arrachant les lancettes, nous gravissons lentement la pente rapide ; mais soudain, je m'arrête ; une lancette vient de m'atteindre, traversant le cuir épais de ma chaussure comme une simple toile. La dangereuse baguette effilée s'est heureusement brisée et l'éclat, long

de 2 à 3 pouces, s'est contenté de m'érafler la peau ; au
même instant, une lancette me blesse à la main ; nous
redoublons de prudence. Les portes de l'enceinte sont
fermées et barricadées par de solides troncs d'arbres
engagés dans les chambranles taillés en **V** ; de chaque
côté des abatis inextricables où se dissimulent des bambous appointis de toutes tailles ; ce n'est qu'avec la plus
grande difficulté que nous enfonçons tous ces obstacles ;
dans les taillis voisins, des coups de hachette résonnent
et la chute des arbres décèle la fuite des villageois. Le
hameau est désert ; seuls quelques poulets effarouchés
se sauvent à notre approche ; il est impossible d'entrer
en pourparlers et inutile d'entreprendre une poursuite
dans les taillis encombrés de lancettes et d'abatis ; aussi
j'ordonne la retraite.

Le fleuve se déroule, sinueux, vers le nord-nord-ouest,
resserré entre des monticules rocheux, semé de bancs
de sable. Dans l'après-midi, nous arrivons à **B. Phok**, à
une heure de **B. Plaosieng**. Sur l'autre rive, s'étale une
grande poche de rizières autour de laquelle s'étagent,
sur des contreforts de terre argileuse et jaune, une collection de villages pih.

Le 13, nous continuons la descente du Krong knô ;
sur la rive droite, occupée par des massifs montagneux,
s'étend une curieuse nappe d'eau libre séparée du fleuve
par la berge et une bosse boisée qui trempe dans les
marais ; cette mare, profonde en cette saison de 1^m,60
à 2 mètres, inonde, aux crues, l'étendue marécageuse
qui la sépare du fleuve. Les collines de pourtour
viennent baigner leur pied dans l'eau calme ; cette
poche d'effondrement, dont la nappe libre peut mesurer

une quinzaine d'hectares, est semée de quatre petits flots formés de tuf jaunâtre, élevés de 5 à 8 mètres au-dessus des eaux et dont les deux plus éloignés, séparés par un chenal de 10 mètres de large à peine, sont surmontés des huttes de B. Kseur, village mnong pou-teung, aux huttes sur pilotis, retiré en cet inexpugnable asile comme un repaire de pirates.

A nos appels, une petite pirogue apparaît enfin, conduite par un indigène debout à la poupe; le doï et moi pouvons seuls y prendre place et encore l'embarcation donne-t-elle des signes non équivoques d'une inquiétante instabilité. B. Kseur, où nous abordons, est un village de chasseurs; dans les huttes exiguës abondent les dépouilles d'éléphants, de rhinocéros, de tigres, des cornes de cerfs, des plumes de paons, d'oiseaux divers; éléphants et rhinocéros sont capturés par des fosses que les naturels creusent dans les montagnes.

Et, de nouveau, nous glissons sur le Krong knô que ride une gênante brise du nord-est; sur les bancs où dorment les crocodiles, les échouages sont fréquents; la rive gauche, herbeuse, est couverte de marais et de faux cotonniers aux branches dénudées, menant aux immenses marais et prairies des villages pih du bas fleuve.

Toute la journée du 14, nous avons parcouru ces étendues mornes, couvertes d'herbes vertes et que bornent les derniers mamelons des hautes chaînes d'arrière. Le 15, sous la brume glacée, nous courons en pirogues les branches secondaires du Krong hàna qui se tordent en marigots dans les marais semés de

pistes d'éléphants sauvages. Dans la nuit, sous la clarté
bleue de la lune, les canots filent doucement entre les
rives qu'éclaire le rougeoiement des feux de brousse et,
tard, nous arrivons à **B**. Tour, grelottant sous nos
légers habits de toile.

Chaque matin et chaque nuit, la nappe dense des
brouillards blancs s'abat sur les marais boueux; la
température est presque froide et tout mon monde est
enrhumé. Aujourd'hui, 16 mars, nous avons atteint
B. Kplang sur la rive gauche du bas Krong knô, prêts
à partir pour les cantons inconnus qui s'étendent à
l'ouest de la moyenne Srépok. Les guides ne sont pas
faciles à trouver, les villages mettent une extraordinaire répugnance à nous conduire en ce district lointain, habité, paraît-il, par des populations peu accueil-
lantes et vindicatives. Nous remontons pendant quelque
temps la rive gauche du fleuve et nous nous engageons
dans des collines et des bosses hérissées de pierres roulantes, grises, volcaniques, percées comme des éponges
et qui rendent la marche extrêmement pénible. Nous
atteignons ainsi le Ya Senô, étang libre encastré entre
les collines et se déversant dans le Krong knô par un
étroit affluent; cette poche d'effondrement, qui fait
pendant à celle du **B**. Kseur, est plus étendue que
cette dernière et ne contient pas un îlot. Une sente
abominable nous conduit par des mamelons très bas
mais accidentés, velus d'une épaisse végétation, aux
rizières de **B**. Drô; le village palissadé, aux huttes sur
pilotis, est désert. La porte principale est ornée d'un
curieux échafaudage de perches, de fétiches, d'autels
en bambous que domine la dépouille d'un beau singe

gris, assis, un petit bouclier en fibres de bambou tressées au bras droit, un petit sabre droit passé dans la peau à hauteur de la ceinture.

Tous nos efforts pour joindre les habitants seront restés vains et nous campons dans ce hameau solitaire; pour comble de malheur, les éléphants n'apparaissent pas. Vers 9 heures du soir, les cornacs surgissent enfin; leurs bêtes ne peuvent se dépêtrer de l'horrible sentier que défendent des amas de lianes et il est impossible, dans la nuit, de se tirer du mauvais pas. Miliciens, guides et gens du convoi sont envoyés en renfort et il est une heure du matin lorsque les pachydermes arrivent sous le clair de lune superbe, à demi déchargés, accompagnés de mes serviteurs éreintés; les lourdes bêtes ont mis douze heures pour franchir moins de 13 kilomètres.

17-20 mars.

Ce matin, nos recherches continuent, mais en vain; les villageois restent invisibles. A la boussole, je pique sur le nord-ouest et les guides de B. Kplang se décident à contre-cœur à nous mettre sur la bonne sente; la forêt-clairière se montre à nouveau et derrière des marais, sur une ligne de coteaux bas, apparaît enfin le village de B. ma-wé dont les gens nous conduisent à B. Ol qui s'élève derrière le Ya Lok, rivière marécageuse, aux rives embarrassées sous les prodigieuses racines aériennes d'une sorte de palétuvier géant. B. Ol n'est pas palissadé; les huttes sont sur pilotis, de style radé; la population est mnong kpa, qui est le nom local des Mnong pou-teung, tribu qui s'étend jusqu'à B. Don.

Le 18, nous touchons enfin la Srépok à la belle chute de Draé Nour où il n'y a plus que fort peu d'eau; le fleuve, que nous suivons, tord ses eaux encombrées de rapides entre les collines volcaniques couvertes de forêt-clairière; les villages de cette rive gauche ont la porte d'enceinte ornée du même singe gris fiché sur l'entassement des autels de bambous.

La forêt-clairière, morne, desséchée, au sous-bois détruit par les flammes, déroule ses inextricables giao rabougris et sans feuilles qui semblent les stalactites de ce sol gris et caillouteux.

Les rivières sont à sec; le plateau finit à pic sur la Srépok qui coule sur notre droite, encombrée de rapides. Le Proh Tseur-bao, le plus considérable de tous, est en forme d'assises de grès schisteux de 4 à 5 mètres de hauteur et d'où la rivière tombe avec fracas; en aval, les rapides et les cataractes se continuent sans cesse, rendant toute navigation impossible.

C'est dans ces vastes forêts-clairières arides que vivent, me disent mes guides, les fameux chiens sauvages sur lesquels courent les plus fantastiques histoires; cette race serait également répandue dans le Darlac central, mais il n'est donné que très rarement d'en apercevoir. D'une férocité sans égale, ces chiens vivent par meutes de sept, conduits par un chef qui se tient toujours en arrière-garde. Seul entre tous, ce dernier a la queue touffue; quand il veut boire, il la trempe dans l'eau et la suce ensuite pour se désaltérer. Les autres individus ont la queue longue et mince comme celle du chien domestique; leur pelage est d'un roux fauve.

Le tigre lui-même fuit devant eux; les chevreuils et les cerfs sont leurs ordinaires victimes; leur urine est un poison aussi violent que le poison des flèches; elle leur sert à aveugler la bête traquée dans les yeux de laquelle ils ont le pouvoir de la projeter avant de se ruer à l'attaque. Ils mangent d'abord les yeux, puis l'arrière-train des proies ainsi abattues; le chef ne prend point part au combat.

Ces récits burlesques sont sans doute inspirés par la crainte que répand cette féroce bête; les Laotiens chasseurs en connaissent deux espèces; l'une à queue touffue, « sau bo », l'autre à queue courte, « sau bri », qui est celle mangée par les trappeurs.

Par les villages mnong et laotiens dispersés dans la forêt-clairière, nous regagnons B. Don, le 20 mars au soir.

*
* *

Dans la soirée, le tonnerre gronde et les orages éclatent; la saison des pluies va s'ouvrir sur les hauts plateaux d'Annam.

ÉPILOGUE

Mai 1908.

Et maintenant, couché par la fièvre dans un palanquin de torture, je descends tristement vers la côte, en route vers Saïgon. Lentement, j'aurai déroulé ce grand ruban rouge que, si souvent, sous l'éclatant soleil ou sous la pluie lancinante, j'ai parcouru au galop de mes fringantes montures; en arrière, suivent les éléphants; mais, hélas! ce n'est plus le convoi des tournées glorieuses, mais bien celui du malade évacuant les hauts plateaux.

Et le cœur se serre à pleurer quand, chaque jour davantage, s'effacent les ondulations familières, s'envole, pour la dernière fois peut-être, la fumée des villages amis où je passais, droit sur la selle, à la tête des miliciens d'escorte.

Ninh-hoa, Nhatrang, la mer. Que son murmure paraît triste au voyageur qui la salue au départ d'une contrée chérie. Darlac, plateau perfide, je quitte tes miasmes de fièvre, mais, avec le poison que tu distilles, j'emporte au plus profond de mon être le charme dont tu m'as enveloppé, l'inoubliable souvenir des ivresses que j'ai goûtées en tes forêts superbes, en ta brousse onduleuse, en tes montagnes velues sur tes marais jaunes et chevelus d'herbes transies; mais aussi j'emporte l'indomptable désir de te revoir encore et d'encore galoper sous tes embruns ou ton soleil, dans ton vent de tempête, par monts et par vaux, en tête de tous ceux que je laisse derrière moi, modestes serviteurs dévoués qui furent les compagnons constants de mes courses aventureuses.

Et je serai heureux si mes récits simples et sincères ont pu faire comprendre au lecteur tout le charme profond qui jaillit de cette vie de brousse, tout cet ensorcellement délicieux auquel se prend le voyageur en cette Indo-Chine prestigieuse; si j'ai pu faire quelque peu aimer ces plateaux encore si peu connus, peuplés d'une race que notre civilisation atteint encore à peine.

*
* *

Contre la mousson du sud-ouest, le *Yarra* laboure les vagues, en route vers la France; à l'horizon se sont effacées les dernières bandes grises qui sont les rivages de Cochinchine. Le Darlac est loin désormais en arrière; sous l'assaut des embruns, la fièvre peu à peu s'apaise, mais en même temps grandit une indéfinissable tristesse de quitter la terre aimée. En pleine mer, nous courons maintenant sous le furieux choc des lames; la nuit tombe, et la mer hurle; et, accoudé sur la lisse, je me prends à songer encore à cet autre vent de foudre qui mugissait là-bas, sur les hauts plateaux moï, à ces forêts-clairières, vastes comme les océans et déserts comme eux, à cette autre mer dont les vagues figées étaient les collines abruptes que, le soir, ouataient les brumes...

Alors, dans le soir qui tombe, groupés sur la poupe en une même pensée, ceux qui, comme moi, viennent des jungles lointaines, lèvent lentement leur coiffure vers l'horizon d'arrière, l'horizon gris couleur de cendre où se sont écroulées les dernières lignes de l'Indo-Chine, notre seconde patrie.

En mer, à bord du *Yarra*,
juin 1908.

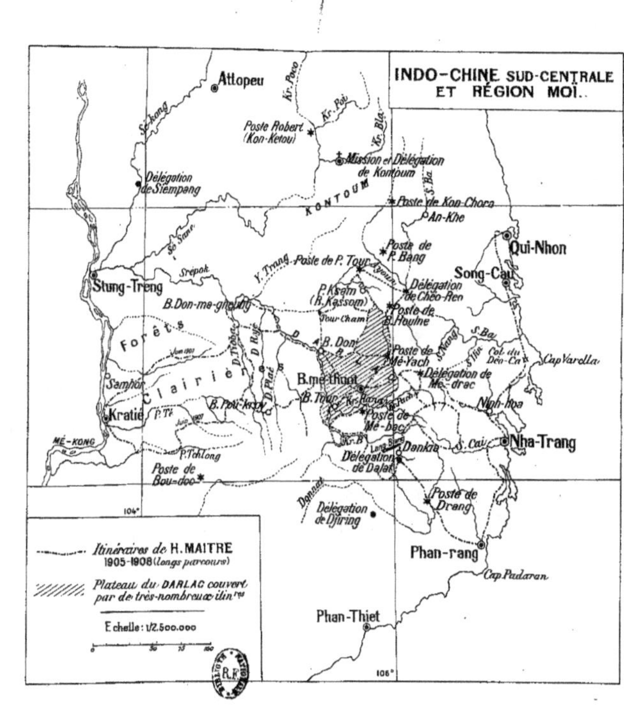

INDO-CHINE SUD-CENTRALE
ET RÉGION MOÏ.
Attopeu
Poste Robert
(Kon-Ketou)
Mission et Délégation
de Kontoum
Délégation
de Siempang
Poste de Kon-Chora
An-Khe
Poste de Kon-Chora
Qui-Nhon
Poste de P. Tour
Poste de
P. Bang
Y. Trang
Song-Cau
Stung-Treng
B.Don-me-ghalili
Délégation
de Chéo-Reo
P.Ksom
(B.Kassom)
Tour Cham
Poste de
B.Houlne
Forêts
B.Don
S.Ba
Col du
Déo-Ca
Cap Varella
Poste de
Mé-Yach
Samhor
Clairières
B.me-thuot
Délégation de
Mé-drac
Kratié
B.Pou-krap
B.Tour
Ninh-Hoa
Poste de
Mé-bac
MÉ-KONG
P.Tchlong
Dankia
S.Cai
Nha-Trang
Délégation
de Dalat
Poste de
Bou-doc
Poste de
Drang
Donnai
Délégation
de Djiring
Phan-rang
Cap Padaran
Phan-Thiet
Itinéraires de H. MAITRE
1905-1908 (longs parcours)
Plateau du DARLAC couvert
par de très-nombreux ilin res
Echelle : 1/2.500.000

TABLE DES MATIÈRES

PREMIÈRE PARTIE

LES POPULATIONS MOÏ
NOTES D'ETHNOGRAPHIE ET D'HISTOIRE

CHAPITRE PREMIER
DE NHATRANG AU DARLAC

CHAPITRE II
LES PLATEAUX MOÏ INDO-CHINOIS

CHAPITRE III
LE PLATEAU DU DARLAC

CHAPITRE III

EXCURSIONS ET RECONNAISSANCES

CHAPITRE IV

DE LA CÔTE D'ANNAM AU MÉKONG ET RETOUR
PAR LE PAYS DES MNONG INSOUMIS

CHAPITRE V

EXCURSIONS ET RECONNAISSANCES

PARIS. — TYP. PLON-NOURRIT ET C\u1d62ᵉ, 8, RUE GARANCIÈRE. — 12213.

9 782014 091656